JN253111

印刷庁編

昭和年間法令全書

昭和二十六年—35

告示（続）

◉通商産業省告示第百五十二号

昭和二十五年三月通商産業省告示第三十九号（鉱工業品の品目指定の公表に関する件）の一部を次のように改正する。

昭和二十六年六月一日　　通商産業大臣　横尾　龍

シヤツトルの次に次の二品目を加える。

超硬工具類（超硬合金チツプ、超硬バイト、超硬平フライス、超硬側フライス、超硬モールステーパシヤンクエンドミル、超硬メタルソー、超硬モールステーパシヤンクドリル、超硬線引ダイスに限る。）（昭和二十六年五月二十三日指定）

犬くぎ（〃）

◉通商産業省告示第百五十三号

工業標準化法施行規則（昭和二十四年総理府令、文部省令、厚生省令、農林省令、通商産業省令、運輸省令、郵政省令、電気通信省令、労働省令、建設省令第一号）第六十五條第二項の規定により、超硬工具類（次の表の品目欄にあるものに限る。）、犬くぎの表示の様式等を次のように定める。

昭和二十六年六月一日　　通商産業大臣　横尾　龍

品目	表示 場所（見やすい所に）	表示 方法	表示 内容
超硬工具類（超硬合金チツプ、超硬バイト、超硬平フライス、超硬側フライス、超硬モールステーパシヤンクエンドミル、超硬メタルソー、超硬モールステーパシヤンクドリル、超硬線引ダイスに限る。）	包装ごと	印刷（または書く。）	日本工業規格番号、日本工業規格による種類、許可番号、製造業者名（または略号）（D—10 mm 以上）
犬くぎ	下のどちらか　一本ごと	刻印	製造業者名（または略号）（D—5 mm 以上）
	包装ごと	印刷（または書く。）	日本工業規格番号、許可番号、製造業者名（または略号）（D—20 mm 以上）

◉通商産業省告示第百五十四号

輸入貿易管理規則（昭和二十四年通商産業省令第七十七号）第一條の規定に基き、輸入に関する事項の公表を次の通り行い、昭和二十六年五月三十日から適用する。

昭和二十六年六月四日　　通商産業大臣　横尾　龍

輸入公表（第三十回）

商品番号	品目	仕入地域	船積期	輸入限度（米弗）	担保の比率および種類	外貨資金割当証明書	銀行受付開始日	銀行受付締切日	その他の要件
7341（683―0110） 7349（683―0290） 7344（284―0121）	ニッケル地金	米	国不指定	100,000	1％	要	5月30日	6月30日	

備考　この公表の商品番号の項中、括弧内の数字は、昭和二十六年四月一日から適用される商品番号を示す。

◉通商産業省告示第百五十五号

昭和二十五年六月厚生省農林省通商産業省告示第一号（輸出品取締法に基く第三條輸出品の指定等に関する件）の一部を次のように改正し、昭和二十六年七月四日から施行する。

昭和二十六年六月五日

通商産業大臣　横尾　龍

C　繊維及び繊維製品の項(七)綿織物及びス・フ織物（日本薬局方によるガーゼ及びほう帯を除く。）の項中「日本輸出規格輸出一七〇（三條第二項を除く。）とする。」を「同右一一〇三（一九五一）（3の(2)項及び(3)項を除く。）とする。」に改め、(三)絹織物及び人絹織物の項を削り、(三)エンドレスフエルト及びジヤケットの項の次に次の二項を加える。

(三)絹織物　日本工業規格L一三〇四（一九五一）（3の(2)項を除く。）とする。

(三の二)人絹織物　同右一五〇二（一九五一）（3の(2)項を除く。）とする。

等級を表示すべき様式繊維及び繊維製品中綿織物及びス・フ織物（日本薬局方によるガーゼ及びほう帯を除く。）の項中「輸出規格輸出一七〇に記載の通りとする。」を「同右一一〇三（一九五一）に記載の通りとする。」に改め、絹織物及び人絹織物の項を削り、エンドレスフエルト及びジヤケットの項の次に次の二項を加える。

絹織物　日本工業規格L一三〇四（一九五一）に記載の通りとする。

人絹織物　同右一五〇二（一九五一）に記載の通りとする。

◉通商産業省告示第百五十六号

昭和二十六年四月通商産業省告示第百二十三号（輸入に関する事項の公表（第二十七回）に関する件）の一部を次のように改正し、昭和二十六年六月一日から適用する。

昭和二十六年六月五日

通商産業大臣　横尾　龍

仕入地域ドル地域の項中ベルギーおよびその属領の項黒砂糖、燐鉱石、原綿、黄麻、ラテックス、くずゴム、バガスパルプおよび雑輸入品の欄に「〇」を、同項中協定国の項キヤトルハイドおよび雑原皮の欄に「〇（琉球）」を、黒砂糖、燐鉱石、菜種粕、綿実粕、ホップ、原綿、ちよ麻、黄麻、亜麻、サイザル、ヘネケン、パルミラファイバー、獣毛、豚毛、カポック、コツトンリンターロー、コツトンリンターパルプ、つむぎ、綿ぼろ、兎毛、玉まゆ、副蚕糸　さく蚕糸およびさく蚕副蚕糸、故麻、骨粉、大麻類、マゲンおよびカントン、故ガニーバツクくず（故ヘツシアンバツグを含む。）、アンペラ、アセテートフレーク、コイセクアイバーおよびコイセーヤーン、鉄鉱石、銑鉄、銅鉱石、アンチモニー鉱石、クローム鉱石、亜鉛鉱石、亜鉛地金、硫化鉱、モリブデン鉱石、フエロモリブデン、金属コバルト、くず鉄およびくず鋼、亜鉛かす　亜鉛くずまたは亜鉛灰、銅くずおよび銅合金くず、アルミくず、ニツケルくずおよびニツケル合金くず、錫くず、鉛くずおよび鉛合金くず、ボーキサイド、タングステン鉱、ニツケル製品、ニツケル合金製品、白ボーキサイド、ばんど頁岩およびクレイ（カヤナイトを含む。）、滑石、イルメナイト、珠石、内張石、石こう、カオリン、マグネサイトまたはマグネシアクリンカー、螢石または氷晶石、雲母、ギルソナイト、酸化コバルト、チリー硝石、ベンゾール、ほう砂原鉱ほう砂およびほう酸、ラクチツクカゼイン、レンネツトカゼイン、工業用塩化カリ、シーリングコンパウンド、五倍子、粗酒石、ロツグウツド・エキス、ヘマチン・エキス、アルカリ・ブルトンナー、ノーマル・ヘキサン、パインオイル（ヤーマFまたはGNS#五相当品）、デリス根、ワツトル樹皮およびエキス、ケブラチオエキス、マングローブ樹皮、雑タンニン材およびそのエキス、シエラツク、ステイツクラツク、松脂、アラビヤゴム、トラガカントゴム、ダマールゴム、コパールゴム、ラテツクス、くずゴム、ガタパーチヤ、強粘結炭、ラワン材、チーク、リグナムバイター、コルク樹皮、コルクくず、とう、インセンスシダー、レーヨンパルプ、サルフアイトパルプ、サルフエイトパルプ、バガスパルプ、ジユートパルプ、クラフトペーパー（一平方米につき六〇グラム以上）、コンデンサーペーパー（厚さ〇・〇一粍以下）、パールエツセンス、ぼたん用貝がら、象牙、オセイン、ピツグトウシエル、動物性にかわ原料、綿実、ひまし、カポツク種子、えごま、麻実、けし実、からし種子、パーム核、桐油、パーム油、オイテシカ油、オリーブ油、牛脂、菜種、みつろう、アイボリーナツトおよびダムナツト、生うるし、オーレオマイシン、クロロマイセチン、テラマイシン、乳糖、脱水ラノリン、純ピリヂン、葉酸、麻黄、D・L・メチオニン、甘草および雑輸入品の欄に「〇」を、同項中非協定国の項可紡落綿の欄に「〇（エヂプト）」を、原綿、獣毛、豚毛、コツトンリンターロー、コツトンリンターパルプ、亜鉛地金、モリブデン鉱石、フエロモリブデン、金属コバルト、くず鉄およびくず鋼、亜鉛かす亜鉛くずまたは亜鉛灰、銅くずおよび銅合金くず、アルミくず、ニツケルくずおよびニツケル合金くず、錫くず、鉛くずおよび鉛合金くず、ニツケル製品、酸化コバルト、ベンゾール、パインオイル（ヤーマFまたはGNS#五相当品）、松脂、ラテツクス、くずゴム、ガタパーチヤ、レーヨンパルプ、サルフアイトパルプ、サルフエイトパルプ、桐油、パーム油およびオイテシカ油の欄に「〇（米国を除く。）」を、黒砂糖、燐鉱石、菜種粕、綿実油、ホツプ、ちよ麻、黄麻、亜麻、サイザル、ヘネケン、パルミラファイバー、カポツク、つむぎ、綿ぼろ、兎毛、玉まゆ、副蚕糸さく蚕糸およびさく蚕副蚕糸、故麻、骨粉、大麻類、マゲンおよびカントン、故ガニーバッグくず（故ヘツシアンバツグを含む）、アンペラ、アセテートフレーク、コイセクフアイバーおよびコイセーヤーン、鉄鉱石、銑鉄、銅鉱石、アンチモニー鉱石、クローム鉱石、亜鉛鉱石、硫化鉱、ボーキサイド、タングステン鉱、ニツケル合金製品、白ボーキサイド、ばんど頁岩およびクレイ（カヤナイトを含む）、滑石、イルメナイト、珠石、内張石、石こう、カオリン、マグネサイトまたはマグネシヤクリンカー、螢石または氷晶石、雲母、ギルソナイト、チリー硝石、ほう砂原鉱　ほう砂およびほう酸、ラクチツクカゼイン、レンネツトカゼイン、工業用塩化カリ、シーリングコンパウンド、五倍子、粗酒石、ロツグウツド・エキス、ヘマチン・エキス、アルカリ・ブルトンナー、ノーマル・ヘキサン、デリス根、ワツトル樹皮およびエキス、ケブラチオエキス、マングローブ樹皮、雑タンニン材およびそのエキス、シエラツク、ステイツクラツク、アラビヤゴム、トラガカントゴム、ダマールゴム、コパールゴム、強粘結炭、ラワン材、チーク、リグナムバイター、コルク樹皮、コルクくず、とう、インセンスシダー、バガスパルプ、ジユートパルプ、クラフトペーパー（一平方米につき六〇グラム以上）、コンデンサーペーパー（厚さ〇・〇一粍以下）、パールエツセンス、ぼたん用貝がら、象牙、オセイン、ピツグトウシエル、動物性にかわ原料、綿実、ひまし、カポツク種子、えごま、麻実、けし実、からし種子、パーム核、オリーブ油、牛脂、菜種、みつろう、アイボリーナツトおよびダムナツト、生うるし、オーレオマイシン、クロロマセチン、テラマイシン、乳糖、脱水ラノリン、純ピリヂン、葉酸、麻黄、D・L・メチオニンおよび甘草の欄に「〇」を、雑輸入品の欄に「〇（別表第二に掲げる国（米国を除く。）についてのもの）」を、仕入地域スターリング地域の項黒砂糖、燐鉱石、黄麻、ラテツクス、くずゴム、バガスパルプおよび雑輸入品の欄に「〇」を、仕入地域オープン・アカウント地域の項中ブラジルの項雑原皮を除く全品目の欄に「〇」を、同項中オランダの項原毛（ウールトツプを除く）、ウールノイルおよびウールラツグおよびショデイを除く全品目の欄に「〇」を、同項中スエーデンの項全品目の欄に「〇」を加え、商品番号の項チリー硝石の欄の「(271—0200, 511—0938, 511—0954) 5221, 5222, 5230」を「(271—0200) 5222」に、その他の要件第九号中「別表」を「別表第一」に改める。

「別表」を「別表第一」に改め、同表の次に次の表を加える。

別表第二
(1)熱伝対線
(2)青銅・アルミニューム溶接棒および剤
(3)抵抗体
(4)トール・オイル
(5)シリコンレジン

◉通商産業省告示第百五十七号

昭和二十四年八月通商産業省告示第六十五号（石油製品配給規則第五條、第六條、第九條、第十一條および第十二條の規定を適用しない石油製品の品目指定に関する件）の一部を次のように改正する。

昭和二十六年六月六日

通商産業大臣　横尾　龍

2、9および12の規格表荷姿欄中「1,800cc以下」を「1ガロン以下」に改める。

13の規格表荷姿欄中「1,800cc以上」を「1ガロン以下」に改める。

13精密機械油の項の次に次の四項を加える。

14　滑精三号

精製鉱油にエステル系および金属石けん系の添加剤を混合した混成油で、主としてオート三輪および軽二輪車の潤滑用に適した品質のもので、次表の規格に合格したもの。

反応	引火点	粘度	粘度指数	ぎょう固点	残留炭素	安定度	腐しょく試験	荷姿
中性	175°C以上	(100°C)45秒以上	50以上	0°C以下	0.5%以上	0°C×時間160×12	合格	1ガロン以下

15　滑精四号

高粘度精製鉱油に塩素化、有機化合物の適量を加えた混成油で、主として小型自動車の極圧潤滑用に適した品質のもので、次表の規格に合格したもの。

試験項目／名称	反応	引火点	粘度	ぎょう固点	残留炭素	灰分	腐しょく試験	荷姿
A	中性	190°C以上	(100°C)90±20秒	0°C以下	3.0%以下	0.1%以下	合格	1ガロン以下
B	中性	240°C以上	130±20秒	0°C以下	3.0%以下	0.1%以下	合格	1ガロン以下

16　フロワー油

鉱物油に適当な芳香油および乾性油脂を配分した混成油で、床の清掃防じん用に適した品質のもので、次表の規格に合格したもの。

反応	引火点	粘度	ぎょう固点	芳香油および油脂	荷姿
中応	120±5°C	(30°C)35±5秒	−5°C以下	2%以上	1ガロン以下

17　洗じょう油

精製した軽質油に強力な洗じょう剤を小量加えた混成油であつて、次表の規格に合格したもの。

試験項目／名称	反応	引火点	初りゅう・乾点	腐しょく試験	添加剤	荷姿
一号	中性	常温	30°C～150°C	合格	2%以上	1ガロン以下
二号	中性	30°C以上	150°C～250°C	合格	2%以上	1ガロン以下
三号	中性	50°C以上	250°C～300°C	合格	2%以上	1ガロン以下

◉通商産業省告示第百五十八号

昭和二十六年三月通商産業省告示第八十五号（特別鉱害復旧臨時措置法第二十五條第一項の規定による昭和二十六年二月十四日までに認可の申請をした者等に係る同法第二十四條の規定による納付金の国庫納付期日等に関する件）の一部を次のように改正し、昭和二十六年三月二十日から適用する。

昭和二十六年六月六日

通商産業大臣　横尾　龍

第一号および第二号中「同年三月二十日」を「同年六月二十五日」に改める。

◉通商産業省告示第百五十九号

自転車生産施設合理化補助金交付規程を次のように制定する。

昭和二十六年六月七日

通商産業大臣　横尾　龍

自転車生産施設合理化補助金交付規程

（目的）

第一條　通商産業大臣は、自転車（リヤカーならびに自転車およびリヤカーの部品および附属品を含む。以下同じ。）工業の合理化を促進助長するため、この規程の定めるところにより、予算の範囲内において、自転車生産施設合理化補助金(以下「補助金」という。)を交付する。

(交付の対象)

第二條　補助金の交付は、自転車工業の生産施設の合理化を実施するために必要な費用のうち、左に掲げるものについて行う。

一　設備および装置の新設、増設および改造に要する費用

二　機械器具の買受および据付ならびに製造に要する費用

三　前各号に掲げるものの外通商産業大臣が特に必要と認める費用

(申請の手続)

第三條　補助金の交付を受けようとする者は、様式第一による自転車生産施設合理化補助金交付申請書(以下「申請書」という。)四通に、それぞれ様式第二による生産施設合理化計画書(以下「合理化計画書」という。)を添えて、その計画を実施する事業場(事業場が二以上にわたる場合は、おもな事業場)の所在地を管轄する通商産業局長(以下「所轄通商産業局長」という。)を経由して通商産業大臣に提出しなければならない。

2　前項の申請書の提出期限は、通商産業大臣が告示で定める。

(参考書類の提出)

第四條　通商産業大臣は、必要があると認めるときは、前條第一項の申請書を提出した者に対し、補助金交付のために参考となる書類を提出させることができる。

(交付の決定)

第五條　通商産業大臣は、第三條の申請書その他参考となる書類を審査し、補助金を交付すべき者を決定し、その旨を当該決定に係る者に指令するものとする。

2　通商産業大臣は、前項の指令について必要な條件を附することができる。

(請書)

第六條　前條の指令を受けた者は、様式第三による請書三通を所轄通商産業局長を経由して通商産業大臣に提出しなければならない。

(補助金の交付および使用制限)

第七條　通商産業大臣は、前條の請書を提出した者に対し、補助金を交付する。

2　補助金は補助の目的以外に使用してはならない。

(帳簿記載)

第八條　第六條の規定により、請書を通商産業大臣に提出した者(以下「被交付者」という。)は、帳簿を備え、補助金交付の対象となつた費用による生産施設の合理化計画(以下「合理化計画」という。)の実施についての収支総額および使途を記載しなければならない。

2　被交付者は、合理化計画の実施に当つては、当該支出に関する証拠書類を整理保管しなければならない。

(事故発生に関する報告書)

第九條　被交付者は、合理化計画の実施に重大な支障を与える事故が発生したときは、遅滞なく、当該事故の原因および状況ならびにこれに対する措置に関する報告書三通を所轄通商産業局長を経由して通商産業大臣に提出しなければならない。

(通商産業大臣の承認を要する場合)

第十條　被交付者は、左に掲げる場合は、通商産業大臣の承認を受けなければならない。

一　合理化計画書に記載された合理化計画を著しく変更しようとするとき。

二　合理化計画の実施を中止し、または廃止しようとするとき。

三　合理化計画の実施完了後、補助金交付の対象となつた費用に係る生産施設を譲り渡そうとするとき。

2　被交付者は、前項の承認を受けようとするときは、承認申請書三通を所轄通商産業局長を経由して通商産業大臣に提出しなければならない。

(完了の報告)

第十一條　被交付者は、合理化計画が完了したときは、完了の日から二十日以内に完了報告書四通および合理化計画の実施に要した費用の収支決算報告書四通を所轄通商産業局長を経由して通商産業大臣に提出しなければならない。

(報告および検査)

第十二條　通商産業大臣は、必要があると認めるときは、被交付者に対し、合理化計画の実施の状況またはその実施に関する帳簿、書類その他必要な物件につき報告させまたは検査を行うことができる。

(指令の取消、補助金の減額または返還)

第十三條　通商産業大臣は、被交付者が左の各号の一に該当すると認めるときは、指令を取り消し、補助金の額を減少し、または期限を附し既に交付した補助金の全部もしくは一部の返還を命ずることができる。

一　この規程または交付指令の條件に違反したとき。

二　合理化計画の実施上不正、怠慢その他不当と認められる行為があつたとき。

三　合理化計画の実施を遂行する見込がなくなつたとき。

四　第十條の規定による通商産業大臣の承認を受けたとき。

五　補助金交付の対象となつた費用の決算額が、補助金額に達しなかつたとき。

(延滞利息)

第十四條　通商産業大臣は、被交付者が前條の規定により補助金の返還を命ぜられ、その返還の期限後なお未納金のある場合は、当該金額に対し、政府契約の支拂遅延防止等に関する法律(昭和二十四年法律第二百五十六号)第八條第一項の規定に基き大蔵大臣の定める利率の利息を賦課するものとする。

附　則

この規程は、告示の日から施行する。

様式第一

自転車生産施設合理化補助金交付申請書

（用紙の大きさは、B列４号）

昭和　　年　　月　　日

通商産業大臣　　　　　殿

申請者　住　所
氏名または名称および印

別紙の生産施設合理化計画書により「　　　　　」をするため、昭和　　年度補助金　　　円の交付を受けたいので申請します。

様式第二

生産施設合理化計画書

（用紙の大きさは、B列４号）

一　生産施設合理化の対象項目

二　生産施設合理化の目的

三　生産施設合理化計画の説明

１　生産施設合理化計画の内容（具体的に詳述のこと。）

２　この生産施設合理化計画の実施によつて最も期待される効果

四　生産施設合理化計画の実施

１　実施の場所

２　実施責任者の氏名および略歴

３　実施予定表

４　所要資金とその調達方法

イ　一覧表

所要資金総計	所要資金内訳		所要資金調達方法	
	設備資金	その他	自己調達	補助金

ロ　別紙一による予算明細表

五　現在の事業内容（生産品目および年間生産量）

六　最近期末における取引銀行別の取引高一覧表

七　昭和十六年以降補助金等の交付を受けたことがある場合にはその交付対象および金額

八　別紙二による生産施設合理化計画一覧表

別紙一　予算明細表

㈠　予算総括表

区分	費目	金額	備考
支出	施設費		
	機械器具費		
	合計		
収入	自己調達		
	補助金		
	合計		

㈡　予算費目内訳

(1)　施設費

名　　称	仕　様	数　量	單　価	金　　額	備　　考
計					

(2)　機械器具費

名　　称	仕　様	数　量	單　価	金　　額	備　　考
計					

（注）

1　この予算の説明資料および設備または装置の配置図（各設備または装置の仕様書を添付）を添付すること。

2　予算費目の内容および費目の金額は、別記によること。

3　仕様とは、形状、性能および構造をいう。

別記一　費目内容

(1)　施設費　建物費（建物の新築、増築または改築に要する経費および建物に附属する設備の新設、増設または改造等に要する経費を含む。）、構築物資（土地に定着する土木施設の新設、増設または改造に要する経費）および土地費をいう。

(2)　機械器具費　機械装置の新設、増設または改造等に要する経費および工具または器具等の買受けに要する経費をいう。

別記二　各費目に計上する金額

(1)　予算内訳の各費目に計上する金額は、年度（国の会計年度による。）内の収支予定の金額を計上すること。

(2)　自家製造または自家工事の予算金額は、製造原価予算額または工事見積額を計上すること。

(3)　貯蔵品は、購入価格（購入時期を異にしたものにあつては、平均購入価格）によること。

(4)　生産施設合理化計画による各費目支出の時期を費目内訳の各項目備考欄に記載すること。

別紙二　生産施設合理化計画一覧表

（用紙の大きさは、B列４号）

対　象　項　目		
申　請　者	氏名または名称	
	住　　所	
実施責任者の氏名および略歴		
他よりの指導者または協力者の氏名		

目的							
この生産施設合理化計画の基礎となる研究または計画							
内容							
実施場所							
実施日程	開始	年　月　日		終了	年　月　日		
期待しうる成果							
予算総括表	施設費			自己調達			
	機械器具費			補助申請額			
	計			計			

※部　門	
※番　号	

※印は、申請者において記入しないこと。

様式第三

請　　　書

（用紙の大きさは、B列4号）

昭和　　年　　月　　日

通商産業大臣　　　　殿

申請者　住　所
　　　　氏名または名称および印

昭和　　年　　月　　日附通商産業省指令　　機第　　号により指令のあつた自転車生産施設合理化補助金による自転車生産施設合理化計画の実施については、自転車生産施設合理化補助金交付規程(昭和　　年　　月通商産業省告示第百五十九号)および交付指令の條件を守り、責任をもつて完成します。

◉通商産業省告示第百六十号

昭和二十六年四月通商産業省告示第百二十三号（輸入に関する事項の公表（第二十七回）に関する件）の一部を次のように改正し、昭和二十六年六月四日から適用する。

昭和二十六年六月七日

通商産業大臣　横尾　龍

仕入地域オープン・アカウント地域のスエーデンの項の「〇」を削る。

◉通商産業省告示第百六十一号

昭和二十六年一月通商産業省告示第十二号（輸入に関する事項の公表（第三回）に関する件）の一部を次のように改正する。

昭和二十六年六月九日

通商産業大臣　横尾　龍

商品番号の項中雲母の欄「6661」を「6661
6662」に改める。

◉通商産業省告示第百六十二号

昭和二十六年四月通商産業省告示第百二十三号（輸入に関する事項の公表（第二十七回）に関する件）の一部を次のように改正する。

昭和二十六年六月九日

通商産業大臣　横尾　龍

商品番号の項中雲母の欄「6661(272—1310)」を「6661(272—1310)
6662(272—1320)」に改める。

◉通商産業省告示第百六十三号

外国自動車譲受規則（昭和二十六年通商産業・運輸省令第一号）第三條の規定により販売業者の登録の申請書の提出期間を次のように定める。

昭和二十六年六月九日

通商産業大臣　横尾　龍

昭和二十六年六月　九日から
昭和二十六年六月十五日まで

◉通商産業省告示第百六十四号

特別鉱害復旧臨時措置法（昭和二十五年法律第百七十六号）第二十四條の規定による昭和二十六年度以降の納付金の国庫納付期日等を次のように定める。

昭和二十六年六月九日

通商産業大臣　横尾　龍

一、特別鉱害復旧臨時措置法（以下「法」という。）第二十四條第一項の規定による昭和二十六年度以降の納付金の国庫納付期日は、左の通りとする。ただし、昭和二十六年六月五日までに法第二十五條第一項の規定による認可を受けた者および当該期日までに同項の認可があるかどうか未確定の者については、別に告示する。

イ　第一期　当該年の六月二十五日
ロ　第二期　当該年の九月二十五日
ハ　第三期　当該年の十二月二十五日
ニ　第四期　翌年の三月二十五日

二、法第二十四條第二項第一号および第二号の一定期間は、左の通りとする。

イ　第一期　当該年の一月一日から三月三十一日まで。ただし、昭和二十六年三月八日以降同年六月五日までに、法第二十五條第一項の認可のなかつたものについては、昭和二十六年度に関しては、昭和二十四年九月十六日から昭和二十六年三月三十一日まで。

ロ　第二期　当該年の四月一日から六月三十日まで。

ハ　第三期　当該年の七月一日から九月三十日まで。

ニ　第四期　当該年の十月一日から十二月三十一日まで。

◉通商産業省告示第百六十五号

特別鉱害復旧臨時措置法（昭和二十五年法律第百七十六号）第二十五條第一項の規定により、昭和二十六年六月五日までに認可を受けた者等に係る同法第二十四條の規定による昭和二十六年度以降の納付金の国庫納付期日等を次のように定める。

昭和二十六年六月九日

通商産業大臣　横尾　龍

一、昭和二十六年三月七日までに特別鉱害復旧臨時措置法（以下「法」という。）第二十五條第一項の認可を受けた者の法第二十四條第一項の規定による昭和二十六年度以降の納付金の国庫納付期日は、その者に係る特別鉱害の復旧工事のうち、昭和二十六年度以降国の各会計年度ごとに国の公共事業費または行政部費が支出されるべきものに関し、法第二十五條第一項および第二項の規定による算出方法の例により算出される金額について、左の通りとする。

イ　第一期　当該年の六月二十五日

ロ　第二期　当該年の九月二十五日

ハ　第三期　当該年の十二月二十五日

ニ　第四期　翌年の三月二十五日

二、昭和二十六年三月八日以降同年六月五日までに、法第二十五條第一項の認可を受けた者の法第二十四條第一項の規定による昭和二十六年度以降の納付金の国庫納付期日は、その者に係る特別鉱害の復旧工事のうち、昭和二十五年度および昭和二十六年度以降国の各会計年度において国の公共事業費または行政部費が支出され、または支出されるべきものに関し、法第二十五條第一項および第二項の規定による算出方法の例により算出される金額について、左の通りとする。ただし、昭和二十六年六月五日の現在において、法第二十五條第一項の認可があるかどうか未確定の者については、別に告示する。

イ　第一期　当該年の六月二十五日

ロ　第二期　当該年の九月二十五日

ハ　第三期　当該年の十二月二十五日

ニ　第四期　翌年の三月二十五日

◉通商産業省告示第百六十六号

昭和二十六年一月通商産業省告示第十一号（輸出貿易管理令別表第一第四十号の規定に基く仕向国における意匠権を侵害するおそれのある貨物の指定の件）の一部を次のように改正する。

昭和二十六年六月十一日

通商産業大臣　横尾　龍

同第四十号の次に次の四号を加える。

同第四十一号

同第四十二号

同第四十三号

同第四十四号

◉通商産業省告示第百六十七号

輸入貿易管理規則（昭和二十四年通商産業省令第七十七号）第一條の規定に基き、輸入に関する事項の公表を次の通り行う。

昭和二十六年六月十三日

通商産業大臣　横尾　龍

輸入公表（第三十一回）

商品番号	品目	仕入地域	船積期	輸入限度（米弗）	担保の比率および種類	外貨資金割当証明書	銀行受付開始日	銀行受付締切日	その他の要件
4101, 4111, 4121 (313—0330) 4102, 4112, 4122 (313—0340) 4113, 4123 (313—0350)	重油	米国	不指定	700,000	1％	要	6月15日	7月31日	
4220 (313—0490) 4230 (313—0510) 4240 (313—0410)	特殊潤滑油	米国	不指定	100,000	1％	要	6月15日	7月31日	
1411 (262—0100) 1412 (262—0200) 1413 (262—0710)	原毛	スターリング地域	不指定	300,000	1％	要	6月15日	7月31日	
7277 (681—0270)	（フエロバナジユウム）	米国	不指定	20,000	1％	要	6月15日	7月31日	
	O. S. S. 物資	ドル地域、スターリング地域、アルゼンチン、ブラジル、フランス連合、オランダ、スエーデン、西ドイツ	不指定	400,000	1％	要	6月15日	7月31日	
	外人用ホテル用品	ドル地域、スターリング地域	不指定	20,000	1％	要	6月15日	7月31日	

備考　(1)この公表の仕入地域の項にいうスターリング地域とは、標準決済方法に関する規則（昭和二十五年外国為替管理委員会規則第十五号）別表第一に掲げる地域をいい、ドル地域とは、スターリング地域、オープン・アカウント地域、中国、ウルグワイおよびソビエト連邦以外の地域をいう。

(2)この公表の商品番号の項中括弧内の数字は、昭和二十六年四月一日から適用されるはずの商品番号を示す。

◉通商産業省告示第百六十八号

昭和二十六年三月通商産業省告示第七十七号(輸入に関する事項の公表(第十九回)に関する件)の一部を次のように改正し、昭和二十六年六月十一日から適用する。

昭和二十六年六月十三日

通商産業大臣　横尾　龍

商品番号の項中トマトペイストの欄「0759」を「0990」に改める。

◉通商産業省告示第百六十九号

昭和二十六年四月通商産業省告示第百二十三号(輸入に関する事項の公表(第二十七回)に関する件)の一部を次のように改正する。

昭和二十六年六月十四日

通商産業大臣　横尾　龍

仕入地域オープン・アカウント地域韓国の項に「○」を加え、仕入地域ドル地域非協定国の項くずゴムの欄の「(米国を除く。)」を削る。

◉通商産業省告示第百七十号

昭和二十六年四月通商産業省告示第百二十三号(輸入に関する事項の公表(第二十七回)に関する件)の一部を次のように改正する。

昭和二十六年六月十九日

通商産業大臣臨時代理
国務大臣　池田　勇人

商品番号の項獸毛の欄中「262―0600」を削る。

◉通商産業省告示第百七十一号

昭和二十六年四月通商産業省告示第百二十三号(輸入に関する事項の公表(第二十七回)に関する件)の一部を次のように改正する。

昭和二十六年六月十九日

通商産業大臣臨時代理
国務大臣　池田　勇人

商品番号の項ちよ麻の欄「265―0310」を「265―0310 265―0320」に、同項黄麻の欄「264―0110」を「264―0110 264―0120」に、同項亜麻の欄「265―0110」を「265―0110 265―0120」に、同項サイザルの欄「265―0400」を「265―0400 655―0631」に、同項ヘネケンの欄「265―0400」を「265―0400 655―0631」に改める。

◉通商産業省告示第百七十二号

昭和二十六年六月通商産業省告示第百六十七号(輸入に関する事項の公表(第三十一回)に関する件)の一部を次のように改正し、昭和二十六年六月十五日から適用する。

昭和二十六年六月十九日

通商産業大臣臨時代理
国務大臣　池田　勇人

輸入限度の項O・S・S・物資の欄「400,000」を「200,000」に、同項外人用ホテル用品の欄「20,000」を「10,000」に改める。

◉通商産業省告示第百七十三号

明治四十四年勅令第二百九十六号(電気計器の公差、検定および検定手数料に関する件)第三條の規定により、電気計器の型式を次のように追加承認した。

昭和二十六年六月二十日

通商産業大臣臨時代理
国務大臣　池田　勇人

型式番号	名称	型名および型の記号	製造者名	使用回路の種類	定格の標準値 電圧(V)	電流(A)	周波数(～)	備考
163―3	積算電力計	誘導型 Y―3型 Y―3G型	株式会社日立製作所	交流単相二線式	100 110	5 10 20 30	50 60	1. 型名を変更した。 2. 温度特性を改良した。 3. 過負荷特性を改良した。

◉通商産業省告示第百七十四号

昭和二十六年四月通商産業省告示第百二十三号(輸入に関する事項の公表(第二十七回)に関する件)の一部を次のように改正し、昭和二十六年六月十九日から適用する。

昭和二十六年六月二十一日

通商産業大臣臨時代理
国務大臣　池田　勇人

仕入地域スターリング地域の項とうもろこしまたはこうりやん(飼料用)の欄に「○」を加える。

◉通商産業省告示第百七十五号

昭和二十六年四月通商産業省告示第百二十三号(輸入に関する事項の公表(第二十七回)に関する件)の一部を次のように改正し、昭和二十六年六月十九日から適用する。

昭和二十六年六月二十一日

通商産業大臣臨時代理
国務大臣　池田　勇人

仕入地域オープン・アカウント地域のフインランドの項の「○」を削る。

◎通商産業省告示第百七十六号

電気用品取締規則（昭和十年逓信省令第三十号）第三條の規定により、昭和二十六年一月二十日次のように電気用品の型式を承認した。

昭和二十六年六月二十一日

通商産業大臣臨時代理
国務大臣　池田　勇人

型式承認番号	主な営業所の所在地	氏名または名称	電気用品名	型
▽第一一一四一号	東京都北区田端新町一丁目八五番地	京三電線株式会社	第四種絶縁電線	六〇〇ボルトゴム絶縁電線、錫めつき軟銅撚線、一〇〇平方ミリメートル、八〇平方ミリメートル、六〇平方ミリメートル、五〇平方ミリメートル
▽第一一一四二号	〃	〃	〃	六〇〇ボルトゴム絶縁電線、錫めつき軟銅撚線、三八平方ミリメートル、三〇平方ミリメートル、二二平方ミリメートル
▽第一一一四三号	〃	〃	〃	六〇〇ボルトゴム絶縁電線、錫めつき軟銅撚線、一四平方ミリメートル、八・〇平方ミリメートル、五・五平方ミリメートル
▽第一一一四四号	〃	〃	〃	六〇〇ボルトゴム絶縁電線、錫めつき軟銅撚線、三・五平方ミリメートル、二・〇平方ミリメートル、一・二五平方ミリメートル、〇・九平方ミリメートル
▽第一一一八五号	東京都荒川区尾久町六丁目二四三番地	西浦電線株式会社	〃	六〇〇ボルトゴム絶縁電線、錫めつき軟銅単線、三・二ミリメートル
▽第一一一八六号	〃	〃	〃	六〇〇ボルトゴム絶縁電線、錫めつき軟銅単線、二・六ミリメートル、二・〇ミリメートル、一・六ミリメートル
▽第一一一八七号	〃	〃	〃	六〇〇ボルトゴム絶縁電線、錫めつき軟銅単線、一・四ミリメートル
▽第一一二八五九号	東京都荒川区日暮里町五丁目七七〇番地	三和電線工業株式会社	キヤブタイヤ線	二種、軟銅撚線、二・〇平方ミリメートル、二心
▽第一一二八六〇号	〃	〃	〃	二種、軟銅撚線、二・〇平方ミリメートル、一心
▽第一一二八六三号	香川県木田郡川添村大字元山八〇五番地	四国電線株式会社	第一種絶縁電線	硬銅単線、一・六ミリメートル、二・〇ミリメートル、二・六ミリメートル
▽第一一二八六四号	〃	〃	〃	硬銅撚線、二二平方ミリメートル、三〇平方ミリメートル、三八平方ミリメートル
▽第一一二八六七号	東京都港区芝田村町五丁目二番地	矢崎電線工業株式会社	第四種絶縁電線	錫めつき軟銅撚線、一四平方ミリメートル、八・〇平方ミリメートル、五・五平方ミリメートル
▽第一一二八六八号	布施市御厨三八番地	タツタ電線株式会社	第一種絶縁電線	硬銅単線、二・六ミリメートル、一・六ミリメートル、二・〇ミリメートル
▽第一一二八六九号	〃	〃	第四種絶縁電線	錫めつき軟銅単線、二・六ミリメートル、二・〇ミリメートル、一・六ミリメートル
▽第一一二八七〇号	〃	〃	〃	錫めつき軟銅撚線、一四平方ミリメートル、八・〇平方ミリメートル、五・五平方ミリメートル
▽第一一二八七一号	東京都世田谷区喜多見町二二二七番地	坂口特殊電線株式会社	〃	錫めつき軟銅単線、二・六ミリメートル、二・〇ミリメートル、一・六ミリメートル

番号	住所	名称	品名	規格
▽第一―二八七二号	〃	〃	〃	錫めつき軟銅撚線、一四平方ミリメートル、八・〇平方ミリメートル、五・五平方ミリメートル
▽第一―二八七三号	〃	〃	第一種絶縁電線	硬銅単線、二・六ミリメートル、二・〇ミリメートル
▽第一―二八七四号	仙台市長町字東裏北三〇番地	北日本電線株式会社	〃	硬銅単線、五・〇ミリメートル
▽第一―二八七五号	〃	〃	〃	硬銅単線、四・〇ミリメートル、三・二ミリメートル
▽第一―二八七六号	〃	〃	〃	硬銅単線、二・六ミリメートル、二・〇ミリメートル、一・六ミリメートル
▽第二―八三八号	布施市御厨三八番地	タツタ電線株式会社	第一種可撓紐線	錫めつき軟銅撚線、一心、一二コ撚、五・五平方ミリメートル、三・五平方ミリメートル、二・〇平方ミリメートル、一・二五平方ミリメートル
▽第二―八三九号	〃	〃	小型器具用可撓紐線	錫めつき軟銅撚線、二心、袋打、〇・七五平方ミリメートル、〇・五平方ミリメートル
▽第二―八四〇号	東京都江東区深川平久町一丁目四番地	藤倉電線株式会社	小型器具用可撓紐線（ビニコード）	錫めつき軟銅撚線、二心、丸形、〇・七五平方ミリメートル、
▽第二―八四一号	〃	〃	〃	錫めつき軟銅撚線、三心、丸形、〇・七五平方ミリメートル
▽第三―一五五六号	東京都港区下高輪町二四番地	石井電機株式会社	金属管接手	薄鋼電線管用カップリング、軟鋼引抜、乾式亜鉛と、差込接続、5/8インチ（称呼）、3/4インチ（称呼）、一インチ（称呼）
▽第三―一五五七号	尼崎市上坂部畑五七六番地一野	日新パイプ製造株式会社	金属管	薄鋼電線管、軟鋼熔接、乾式亜鉛と、ねじ接続、5/8インチ、3/4インチ、一インチ
▽第三―一五五八号	大阪市西成区桜井町四八番地	柏原パイプ製造株式会社	〃	〃
▽第三―一五五九号	東京都台東区浅草雷門一丁目三番地	日進工業株式会社	〃	薄鋼電線管、熔接、乾式亜鉛と、ねじ接続、5/8インチ、3/4インチ、一インチ
▽第三―一五六〇号	大阪市西成区桜井町四八番地	柏原パイプ製造株式会社	〃	薄鋼電線管、軟鋼熔接、乾式亜鉛と、ねじ接続、1 1/4インチ、1 1/2インチ、二インチ
▽第四―六一四号	東京都足立区千住橋戸町二三番地	千住金属工業株式会社	爪付ヒューズ	半丸型銅爪、鉛ヒューズ、五アンペア、二五〇ボルト
▽第四―六一九号	瀬戸市春雨町六番地	浅井電機製作所 浅井静衛	カットアウト	一〇アンペア、二五〇ボルト、単極、単線、磁器台および同ふた、封印型
▽第五―一六三八号	瀬戸市京町二丁目四三番地	河村産業合資会社	引込開閉器	一五アンペア、二五〇ボルト、二極、陶磁器ふたおよび同台
▽第五―一六三九号	〃	〃	〃	三〇アンペア、二五〇ボルト、二極、陶磁器ふたおよび同台
▽第五―一六四九号	東京都品川区五反田一丁目二六三番地	大崎電気工業株式会社	分電盤ユニット開閉器	三〇アンペア、二五〇ボルト、二極、単投、速切装置なし、ヒューズ筒用、フェノールレジン成型品外かく

▽第五一一六五〇号　東京都世田谷区若林町二〇五番地　藤川電機製作所　藤川三次郎　開放刃形開閉器　三〇アンペア、二五〇ボルト、三極、単投、速切装置あり、爪付ヒューズ用、表面接続、フェノールレジン成型品ふた、陶磁器台、折曲クリップ

▽第五一一六五一号　瀬戸市汗干町二番地　吉橋電機製作所　吉橋国三　引込開閉器　一五アンペア、二五〇ボルト、二極、陶磁器ふたおよび同台

▽第五一一六五二号　東京都台東区浅草橋場二丁目五番地　国光電機株式会社　函開閉器　U8型、一〇〇アンペア、二五〇ボルト、一五キロワット、二〇馬力、三極、単投、速切装置なし、爪付ヒューズ用、鉄板箱、電流計および表示燈付

▽第五一一六五三号　神奈川県津久井郡與瀬町七一九番地　日東電機株式会社　開放刃形開閉器　一五アンペア、二五〇ボルト、二極、単投、速切装置なし、爪付ヒューズ用、表面接続、フェノールレジン成型品ふた、陶磁器台、折曲クリップ

▽第五一一六五四号　東京都世田谷区若林町二〇五番地　藤川電機製作所　藤川三次郎　〃　三〇アンペア、二五〇ボルト、二極、単投、速切装置あり、爪付ヒューズ用、表面接続、フェノールレジン成型品ふた、磁器台、折曲クリップ

▽第五一一六五五号　大阪府北河内郡門真町大字門真一〇四八番地　松下電工株式会社　〃　六〇アンペア、二五〇ボルト、二極、単投、速切装置なし、爪付ヒューズ用、表面接続、フェノールレジン成型品ふた、陶磁器台、折曲クリップ

▽第五一一六五六号　〃　〃　〃　六〇アンペア、二五〇ボルト、三極、単投、速切装置なし、爪付ヒューズ用、表面接続、フェノールレジン成型品ふた、陶磁器台、折曲クリップ

▽第五一一六五七号　神奈川県津久井郡與瀬町七一九番地　日東電機株式会社　〃　三〇型、三〇アンペア、二五〇ボルト、二極、単投、速切装置なし、爪付ヒューズ用、表面接続、フェノールレジン成型品ふた、磁器台、折曲クリップ

▽第五一一六五八号　滋賀県滋賀郡小松村大字北比良　株式会社山本電機製作所　〃　三〇アンペア、二五〇ボルト、三極、単投、速切装置なし、爪付ヒューズ用、表面接続、フェノールレジ成型品ふた、磁器台、植込クリップ

▽第五一一六五九号　〃　〃　〃　六〇アンペア、二五〇ボルト、三極、単投、速切装置なし、爪付ヒューズ用、表面接続、フェノールレジン成型品ふた、磁器台、植込クリップ

◉通商産業省告示第百七十七号

電気用品取締規則（昭和十年逓信省令第三十号）第三條の規定により、昭和二十六年一月二十日次のように電気用品の型式を承認した。

昭和二十六年六月二十二日

通商産業大臣臨時代理
国務大臣　池田　勇人

型式承認番号	主な営業所の所在地	氏名または名称	電気用品名	型
▽第一一二八六一号	香川県木田郡川添村大字元山八〇五番地	四国電線株式会社	第四種絶縁電線	錫めつき軟銅単線、二・六ミリメートル、二・〇ミリメートル、一・六ミリメートル
▽第一一二八六二号	〃	〃	〃	錫めつき軟銅撚線、五・五平方ミリメートル
▽第二一八三五号	〃	〃	小型器具用可撓紐線	軟銅撚線、二心、袋打、〇・七五平方ミリメートル
▽第二一八三六号	東京都港区芝田村町五丁目二番地	矢崎電線工業株式会社	第一種可撓紐線	錫めつき軟銅撚線、二心、二コ撚、〇・九平方ミリメートル、〇・七五平方ミリメートル、〇・五平方ミリメートル
▽第二一八三七号	〃	〃	小型器具用可撓紐線	錫めつき軟銅撚線、二心、袋打、〇・九平方ミリメートル、〇・七五平方ミリメートル、〇・五平方ミリメートル

番号	所在地	名称	品目	仕様
▽第四一六〇九号	東京都足立区千住橋戸町一三番地	千住金属工業株式会社	糸ヒューズ	鉛ヒューズ、一アンペア、二アンペア、三アンペア、五アンペア
▽第四一六一〇号	〃	〃	爪付ヒューズ	半丸形銅爪、鉛ヒューズ、一〇アンペア、二五〇ボルト
▽第四一六一一号	〃	〃	〃	半丸形、銅爪、鉛ヒューズ、一五アンペア、二〇アンペア、二五アンペア、三〇アンペア、二五〇ボルト
▽第四一六一二号	〃	〃	〃	半丸形銅爪、鉛ヒューズ、四〇アンペア、五〇アンペア、六〇アンペア、二五〇ボルト
▽第四一六一三号	〃	〃	〃	半丸形銅爪、鉛ヒューズ、七五アンペア、一〇〇アンペア、二五〇ボルト
▽第五一一六一四号	名古屋市瑞穂区井戸田町一丁目三一番地	合資会社三明電機製作所	開放刃形開閉器	六〇アンペア、二五〇ボルト、二極、単投、速切装置なし、爪付ヒューズ用、表面接続、フェノールレジン成型品ふた、陶磁器台、植込クリップ
▽第五一一六一五号	〃	〃	〃	六〇アンペア、二五〇ボルト、三極、単投、速切装置なし、爪付ヒューズ用、表面接続、フェノールレジン成型品ふた、陶磁器台、植込クリップ
▽第五一一六一七号	東京都台東区浅草橋場二丁目五番地	国光電機株式会社	函開閉器	U3型、三〇アンペア、五馬力、二五〇ボルト、三極、速切装置なし、爪付ヒューズ用、鉄板箱、電流計および表示燈附
▽第五一一六一九号	東京都世田谷区赤堤町一丁目二九八番地	株式会社原田製作所	開放刃形開閉器	三〇アンペア、二五〇ボルト、二極および三極、単投、速切装置なし、表面接続、ヒューズ筒用、大理石台、植込クリップ
▽第五一一六三〇号	〃	〃	〃	六〇アンペア、二五〇ボルト、二極および三極、単投、速切装置なし、表面接続、ヒューズ筒用、大理石台、植込クリップ
▽第五一一六三一号	〃	〃	〃	一〇〇アンペア、二五〇ボルト、二極および三極、単投、速切装置なし、表面接続、ヒューズ筒用、大理石台、植込クリップ
▽第五一一六三二号	東京都港区芝田村町二丁目五番地	株式会社斎田電機製作所	引込開閉器	一五アンペア、二五〇ボルト、二極、陶磁器ふたおよび同台
▽第五一一六三四号	大阪府北河内郡門真町大字門真一〇四八番地	松下電工株式会社	開放刃型開閉器	二〇アンペア、二五〇ボルト、二極、単投、速切装置なし、爪付ヒューズ用、表面接続、フェノールレジン成型品ふた、陶磁器台、折曲クリップ
▽第五一一六三七号	瀬戸市窯神町八三番地	陶都電器工業株式会社	引込開閉器	一五アンペア、二五〇ボルト、二極、陶磁器ふたおよび同台
▽第五一一六四〇号	石川県石川郡野々市町ッ一番地	株式会社大日特殊工作所	開放刃形開閉器	三〇アンペア、二五〇ボルト、二極、単投、速切装置なし、爪付ヒューズ用、表面接続、フェノールレジン成型品ふた、陶磁器台、植込クリップ
▽第五一一六四一号	京都市下京区吉祥院西ノ庄門口町二五番地	株式会社浦谷電機製作所	函開閉器	FB型、三〇アンペア、二五〇ボルト、五馬力、三極、単投、速切装置あり、爪付ヒューズ用、鉄板箱
▽第五一一六四二号	〃	〃	〃	FB型、六〇アンペア、二五〇ボルト、七・五馬力、三極、単投、速切装置あり、爪付ヒューズ用、鉄板箱
▽第五一一六四三号	〃	〃	〃	FB型、三〇アンペア、二五〇ボルト、五馬力、三極、単投、速切装置あり、爪付ヒューズ用、鉄板箱、電流計附

▽第五一一六四四号	〃	〃	〃	FB型、六〇アンペア、二五〇ボルト、七・五馬力、三極、単投、速切装置あり、爪付ヒューズ用、鉄板箱、電流計附
▽第五一一六四五号	大阪市東成区大今里北五丁目一七八番地	双葉電機工業株式会社	開放刃形開閉器	三〇アンペア、二五〇ボルト、二極および三極、単投、速切装置なし、爪付ヒューズ用、表面接続、大理石台、植込クリップ
▽第五一一六四六号	大阪市浪速区恵美須町四丁目二八番地	日満電気株式会社	〃	〃
▽第五一一六四七号	〃	〃	〃	六〇アンペア、二五〇ボルト、二極および三極、単投、速切装置なし、爪付ヒューズ用、表面接続、大理石台、植込クリップ
▽第五一一六四八号	〃	〃	〃	一〇〇アンペア、二五〇ボルト、二極および三極、単投、速切装置なし、爪付ヒューズ用、表面接続、大理石台、植込クリップ
▽第六一　五五五号	金沢市武蔵ケ辻大和ビル	平野電器株式会社	起倒型点滅器	六アンペア、二五〇ボルト、単極、速切装置あり、ヒューズあり、フエノールレジン成型品ふたおよび台、露出用
▽第六一　五六四号	大阪市生野区片江町六丁目八番地	藤井電機製作所 藤井三次郎	回転点滅器	六アンペア、二五〇ボルト、単極、速切装置あり、ヒューズなし、金属外被、磁器台、露出用
▽第六一　五六五号	東京都文京区新諏訪町三番地の一	山根製作所 山根富男	起倒型点滅器	角型、一〇アンペア、一二五ボルト、六アンペア、二五〇ボルト、単極、速切装置あり、ヒューズなし、磁器台、埋込用
▽第六一　五六六号	東京都目黒区下目黒四丁目一〇二八番地	明工社 韓大乙	〃	三アンペア、二五〇ボルト、六アンペア、一二五ボルト、単極、速切装置あり、ヒューズなし、フエノールレジン成型品ふたおよび台、露出用
▽第七一一四七〇号	東京都品川区中延一丁目二七二番地	合資会社山下電器製作所	挿込栓	一〇アンペア、二五〇ボルト、極配置＝、フエノールレジン成型品外かく
▽第七一一四七三号	大阪府北河内郡門真町大字門真一〇四八番地	松下電工株式会社	分岐挿込接続器	一〇アンペア、二五〇ボルト、極配置＝、分岐数三、フエノールレジン成型品外かく、露出用
▽第七一一四七七号	東京都目黒区下目黒四丁目一〇二八番地	明工社 韓大乙	捻込栓	六アンペア、二五〇ボルト、極配置＝、フエノールレジン成型品外かく
▽第七一一四七八号	東京都品川区小山三丁目一四番地	株式会社松本製作所	キーソケット	普通型、六アンペア、二五〇ボルト
▽第七一一四七九号	東京都品川区小山四丁目一五八番地	関口電器製作所 関口米七	分岐ソケット	ト型、六アンペア、二五〇ボルト、分岐数二(F二―六)、フエノールレジン成型品外かく
▽第七一一四八〇号	東京都品川区小山七丁目四九〇番地	有限会社三和合成工業所	捻込栓	六アンペア、二五〇ボルト、極配置＝、フエノールレジン成型品外かく
▽第七一一四八一号	〃	〃	紐線接続器	一〇アンペア、二五〇ボルト、極配置＝、フエノールレジン成型品外かく
▽第七一一四八二号	東京都品川区小山三丁目一四番地	株式会社杉本製作所	分岐挿込接続器	一〇アンペア、二五〇ボルト、極配置＝、分岐数三、フエノールレジン成型品外かく

番号	所在地	名称	品名	型式等
▽第七一一四八三号	東京都目黒区中根町一一三三番地	株式会社双柏電機製作所	捻込栓	六アンペア、二五〇ボルト、極配置Ⅱ、フェノールレジン成型品外かく
▽第七一一四八四号	東京都品川区小山三丁目一四番地	株式会社杉本製作所	分岐ソケット	六アンペア、二五〇ボルト、極配置Ⅱ、分岐数三（E二六受金、さし込二）、フェノールレジン成型品外かく
▽第七一一四八五号	東京都品川区西大崎二丁目一四八番地	合資会社三ツ星電器製作所	捻込栓受	六アンペア、二五〇ボルト、ヒューズありおよびなし、フェノールレジン成型品ふたおよび台、露出用
▽第七一一四八六号	東京都品川区小山三丁目一四番地	株式会社杉本製作所	〃	六アンペア、二五〇ボルト、ヒューズなし、フェノールレジン成型品ふたおよび台、露出用
▽第七一一四八七号	東京都大田区糀谷二丁目一〇〇五番地	株式会社西川電機製作所	挿込栓受	一〇アンペア、二五〇ボルト、三極、極配置Y、ヒューズなし、磁器ふたおよび台、露出用
▽第七一一四九三号	東京都品川区平塚二丁目六八三番地	進興電器製作所　千田順久	キーソケット	普通型、六アンペア、二五〇ボルト、フェノールレジン成型品外かく
▽第七一一五〇一号	東京都大田区糀谷二丁目一〇〇五番地	株式会社西川電機製作所	挿込栓受	一〇アンペア、二五〇ボルト、極配置Ⅱ、ヒューズなし、フェノールレジン成型品ふたおよび台、露出用
▽第七一一五〇五号	東京都品川区平塚四丁目二七番地	中村電器製作所　中村嘉一	分岐ソケット	ト型、六アンペア、二五〇ボルト、分岐数二（F二六）、フェノールレジン成型品外かく
▽第七一一五〇六号	東京都大田区糀谷町二丁目一〇五番地	株式会社西川電機製作所	挿込栓受	一〇アンペア、二五〇ボルト、極配置Y―、極数三、ヒューズなし、フェノールレジン成型品ふたおよび台、露出用
▽第七一一五一〇号	東京都目黒区向原町二五五番地	若林産業有限会社	器具用挿込栓	六アンペア、二五〇ボルト、極配置●●、フェノールレジン成型品外かく
▽第七一一五一二号	愛知県東春日井郡水野村大字中水野二六九番地	日東工業株式会社	防水ソケット	線付六アンペア、二五〇ボルト、磁器外かく
▽第七一一五一三号	〃	〃	挿込栓受	一〇アンペア、二五〇ボルト、二極、極配置Ⅱ、ヒューズなし、フェノールレジン成型品ふた、磁器台、露出用
▽第七一一五一六号	東京都文京区新諏訪町三丁目一番地	山根製作所　山根富男	〃	一〇アンペア、二五〇ボルト、二極、極配置Ⅱ、ヒューズなし、磁器外かく、埋込用
▽第七一一五一八号	東京都品川区小山四丁目一五八番地	関口電器製作所　関口米七	分岐ソケット	ト型、六アンペア、二五〇ボルト、分岐数二、フェノールレジン成型品外かく
▽第七一一五一九号	東京都品川区西大崎二丁目一四八番地	合資会社三ツ星電器製作所	挿込栓受	一〇アンペア、二五〇ボルト、極配置Ⅱ、ヒューズあり、フェノールレジン成型品ふたおよび台、露出用
▽第七一一五二〇号	瀬戸市前田町二三番地	伊藤電機製作所　伊藤桂一	ローゼット	並台、六アンペア、二五〇ボルト、極数二、ヒューズなし、磁器ふたおよび台、露出用
▽第七一一五二一号	瀬戸市陶原町一丁目八番地	瀬戸配電器具工業株式会社	〃	並台、六アンペア、二五〇ボルト、極数二、ヒューズなし、磁器ふたおよび台、露出用
▽第七一一五二二号	〃	〃	〃	高台、六アンペア、二五〇ボルト、極数二、ヒューズなし、磁器ふたおよび台、露出用

番号	住所	氏名	品名	仕様
▽第七一一五二三号	東京都品川区平塚三丁目七八六番地	双葉電器製作所 蜂谷孫七	捻込栓	六アンペア、二五〇ボルト、極配置＝、フェノールレジン成型品外かく
▽第七一一五二四号	東京都杉並区天沼一丁目二二二番地	大平洋電機株式会社	キーソケット	新型、六アンペア、二五〇ボルト、フェノールレジン成型品外かく
▽第七一一五二六号	東京都目黒区下目黒四丁目一〇二八番地	明工社 韓大乙	〃	ラジオキーソケット、新型、六アンペア、二五〇ボルト、極配置＝、フェノールレジン成型品外かく
▽第七一一五二七号	東京都大田区市野倉町二八番地	合資会社山田電器製作所	〃	新型、六アンペア、二五〇ボルト、フェノールレジン成型品外かく
▽第七一一五二八号	大阪府北河内郡門真町大字門真一〇四八番地	松下電工株式会社	分岐挿込接続器	三角型、一〇アンペア、二五〇ボルト、極配置＝、分岐数三、フェノールレジン成型品外かく
▽第七一一五三〇号	東京都品川区西戸越二丁目八七六番地	合資会社倉持ソケット製作所	分岐ソケット	ト型、六アンペア、二五〇ボルト、分岐数二(E二六)、フェノールレジン成型品外かく
▽第七一一五三一号	大阪市西成区柳通七丁目五番地	トキワ電機株式会社	捻込栓受	新型、六アンペア、二五〇ボルト、ヒューズなし、フェノールレジン成型品ふたおよび台、露出用
▽第八一一五三五号	東京都千代田区有楽町一丁目三番地	東光電気株式会社	電気天火	一〇〇ボルト、六〇〇ワット、四段切換、鉄板外かく
▽第八一一五四五号	東京都墨田区向島二丁目三番地	相浦電機製作所 相浦徹男	電気アイロン	一〇〇ボルト、三〇〇ワット、三ポンド、鉄板カバー、アルミニユーム鋳物架台附属、携帯用
▽第八一一五四六号	〃	〃	電気裁縫こて	一〇〇ボルト、五〇ワット、アルミニユーム鋳物架台附属
▽第八一一五四一号	川口市青木町三丁目一〇六番地	太陽電気製作所 秀泰順	電気アイロン	一〇〇ボルト、二〇〇ワット、五ポンド、鉄鋳物カバー、アルミニユーム板 木板組合せ、架台附属
▽第八一一五四二号	〃	〃	〃	一〇〇ボルト、二五〇ワット、四ポンド、鉄鋳物カバー、アルミニユーム板 木板組合せ、架台附属
▽第九一一二八九号	東京都台東区浅草北松山町五三番地	株式会社下村電友舎製作所	反撥起動誘導電動機	DRT型、一〇〇/二〇〇ボルト、〇・二五キロワット(1/3馬力)、五〇/六〇サイクル、四極
▽第九一一二八七号	東京都北区神谷町一丁目六六五番地	株式会社栗田電機製作所	〃	3/4馬力、一〇〇/二〇〇ボルト、五〇/六〇サイクル、四極、外被通風型
▽第九一一二八五号	神戸市葺合区脇浜町一丁目三六番地の一	株式会社神戸製鋼所	電気扇	一〇〇ボルト、五〇/六〇サイクル、二極、隅取線輪式二〇センチ四枚羽根
▽第二一一三三三号	東京都世田谷区玉川奥沢町一丁目二七五番地	株式会社日幸電機製作所	電流制限器	RM型、単相、単極、単素子、一〇〇ボルト、一/二アンペア、五〇/六〇サイクル

◉通商産業省告示第百七十八号

輸入貿易管理規則（昭和二十四年通商産業省令第七十七号）第一條の規定に基き、輸入に関する事項の公表を次の通り行い、昭和二十六年六月二十日から適用する。

昭和二十六年六月二十三日

通商産業大臣臨時代理
国務大臣　池田　勇人

輸　入　公　表(第三十二回)

商品番号	品目	仕入地域	船積期	輸入限度(米弗)	担保の比率および種類	外貨資金割当証明書	銀行受付開始日	銀行受付締切日	その他の要件
0002(042—0210) 0003(042—0220) 0011(043—0110) 0012(043—0120) 0020(041—0160)	主要食糧	ドル地域の非協定国	不指定	5,000,000	1%	要	6月22日	7月31日	
0612(061—0100) 0613(061—0200)	砂糖	ドル地域	7—9月 10—12月	3,000,000	1%	要	6月27日	7月31日	
4000—4030 (312—0110～ 312—0140)	原油	ドル地域、スターリング地域	不指定	2,000,000	1%	要	6月21日	7月31日	
4131(313—0310) 4132(313—0320)	軽油	米国	不指定	300,000	1%	要	6月25日	7月31日	
4300(313—0520)	パラフインワックス	米国、西ドイツ	不指定	40,000	1%	要	6月25日	7月31日	
1012(263—0120)	原綿	米国	不指定	500,000	1%	要	6月25日	7月31日	
1984(263—0300)	可紡落綿	米国	不指定	1,000,000	1%	要	6月30日	7月31日	
	進駐軍拂下物資	米国	不指定	20,000	1%	要	6月25日	7月31日	
7351(689—0110)	金属コバルト	米国	不指定	20,000	1%	要	6月23日	7月31日	
7080(283—0700)	マンガン鉱石	ドル地域	不指定	1,000,000	1%	要	6月21日	7月31日	
7031(283—0410)	鉛鉱石	香港	不指定	20,000	1%	要	6月23日	7月31日	
6682(272—1620)	鱗状黒鉛	スターリング地域	不指定	60,000	1%	要	6月21日	7月31日	
		ベルギーおよびその属領、カナダ	7—9月 10—12月						
		オーストリア、スターリング地域、スエー	7—9月 10—12月						

7203—7289 7299 (681—0120～ 681—1400, 681—1500)	鉄鋼製品	デン、西ドイツ	1—3月(52)	200,000	1%	要	6月21日	7月31日	
		米国	不指定						
			7—9月						
			10—12月						
			1—3月(52)						
		フランス連合	7—9月						
6021(662—0310)	耐火錬瓦	米国	不指定	150,000	1%	要	6月20日	7月31日	
			7—9月						
			10—12月						
3600(121—0110)	葉煙草	スターリング地域	不指定	100,000	1%	要	6月25日	7月31日	
7011(283—0310)	ボーキサイト	インドネシヤ	7—9月	1,200,000	1%	要	6月21日	7月31日	
			10—12月						
6601(272—0510)	塩	フランス連合、インドネシヤ、タイ	不指定	100,000	1%	要	6月25日	7月31日	
2040(242—0110)	パルプ用材	米国	不指定	100,000	1%	要	6月23日	7月31日	
8001—8989 (711—0100～ 735—0990)		ドル地域	不指定						
			7—9月						
			10—12月						
			1—3月(52)						
			4—6月(52)						
			10—12月(52)						

6000—9080 (861—0111～861—0199, 861—0310～861—0999, 864—0111～864—0269)	機械類		1—3月(53)	500,000	1%	要	6月25日	7月31日	
		スターリング地域	不指定						
			7—9月						
			10—12月						
			7—9月(52)						
		西ドイツ	7—9月						
			10—12月						
			1—3月(52)						
8283(735—0220) 8284(755—0230, 735—0990)	機械類(Ⅱ)	ドル地域 香港	不指定	1,000,000	1%	要	6月25日	7月31日	
			7—9月						
		スターリング地域	不指定						
			7—9月						
			10—12月						
	解体船舶	香港	不指定	237,000	1%	要	6月21日	7月31日	
2059(242—0299)	台湾ひのき	台湾	不指定	50,000	1%	要	7月1日	7月31日	
	O.A.S.物資	スターリング地域	不指定	50,000	1%	要	6月30日	7月31日	
0873(112—0430)	酒(泡盛)	琉球	不指定	50,000	10%(現金)	不要	6月25日	7月31日	(1)酒税法（昭和二十五年法律第三十五号）の規定により酒類販売業者としての政府の免許を受けた者でなければ輸入承認申請をすることができない。(2)上記の免許を受けていることを証する書類（免許書または国税局の発行する証明書）二通を添えて輸入承認申請をすること。
3890(292—0990)	サイカス葉	琉球	不指定	50,000	10%(現金)	不要	6月25日	7月31日	

3821(292—0611)	百合根	琉球	不指定	50,000	10%(現金)	不要	6月25日	7月31日	
1152(655—0933)	宮古上布	琉球	不指定	5,000	10%(現金)	不要	6月25日	7月31日	
5039(533—0190)	織物染色用ピグメントレヂンカラーならびにフイクサーまたはバインダー	米国	不指定	50,000	10%(現金)	不要	6月26日	7月31日	(1)外国サプライヤーとの商取引関係のあることを証明する書類二通ならびに需要者の発注証明書二通を添えて輸入承認申請をすること。(2)フイクサーまたはバインダーを分離して輸入することはできない。
5010—5019(531—0110～531—0170, 531—0199)	染料	スイス、米国、スターリング地域、西ドイツ	不指定	50,000	10%(現金)	不要	6月26日	7月31日	需要者の発注証明書二通を添えて輸入承認申請をすること。
2130(243—0100)	枕木およびその用材	琉球	不指定	300,000	10%(現金)	不要	6月20日	7月31日	輸入承認申請にあたつては米国第八軍との契約書を提示すること。
5168(292—0446)	海人草	琉球	不指定	20,000	10%(現金)	不要	6月26日	7月31日	

備考 1. この公表の仕入地域の項にいうスターリング地域とは、標準決済方法に関する規則（昭和二十五年外国為替管理委員会規則第十五号）別表第一に掲げる地域をいい、ドル地域とは、スターリング地域、オープン・アカウント地域、中国、ウルグワイおよびソビエト連邦以外の地域をいい、ドル地域の非協定国とは、ドル地域のうち、協定国（ベルギーおよびその属領、チリー、コロムビア、メキシコ、ペルー、琉球、スペインおよびベネズエラ）以外の地域をいう。

2. この公表の商品番号の項中括弧内の数字は、昭和二十六年四月一日から適用される筈の商品番号を示す。

3. この公表の船積期の項中(52)および(53)は、西暦1952年および1953年を示す。

4. この公表の品目の項における進駐軍拂下物資とは、在日米軍によつて拂い下げられる屑鉄および屑鋼、非鉄金属ならびに屑ゴムをいう。

◉**通商産業省告示第百七十九号**

自転車生産施設合理化補助金交付規程（昭和二十六年六月通商産業省告示第百五十九号）第三條第二項の規定により、昭和二十六年度の申請書の提出期限を次のように定める。

昭和二十六年六月二十五日

通商産業大臣臨時代理
国務大臣　池田　勇人

自転車生産施設合理化補助金交付規程（昭和二十六年六月通商産業省告示第百五十九号）第三條第一項の規程による昭和二十六年度の申請書の提出期限は、昭和二十六年七月十五日とする。

◉**通商産業省告示第百八十号**

輸入貿易管理規則（昭和二十四年通商産業省令第七十七号）第一條の規定に基き、輸入に関する事項の公表を次の通り行う。

昭和二十六年六月二十五日

通商産業大臣臨時代理
国務大臣　池田　勇人

輸入公表（第三十三回）

商品番号	品目	仕入地域	船積期	輸入限度（米弗）	担保の比率および種類	外貨資金割当証明書	銀行受付開始日	銀行受付締切日	その他の要件
7276(681—0260)	スエロモリブデン	米国	不指定	50,000	1%	要	6月27日	7月31日	
3240(292—0216)	松脂	米国	不指定	30,000	1%	要	6月27日	7月31日	
4410(551—0111)	パインオイル(YamaF または GNS#5 相当品)	米国	不指定	32,000	1%	要	6月27日	7月31日	
5810(231—0210)	合成ゴム	米国	不指定	300,000	1%	要	6月27日	7月31日	
3031(211—0200)	カーフスキンおよびキツプスキン	米国	不指定	450,000	1%	要	6月27日	7月31日	
8220(732—0110) 8223(732—0120)	中古自動車	米国	不指定	20,000	1%	要	6月27日	7月31日	

◉**通商産業省告示第百八十一号**

昭和二十六年六月通商産業省告示第百七十八号（輸入に関する事項の公表（第三十二回）に関する件）の一部を次のように改正し、昭和二十六年六月二十七日から適用する。

昭和二十六年六月三十日

通商産業大臣　横尾　龍

解体船舶の欄中仕入地域の項「香港」を「非ドル協定国の地域／香港」に、輸入限度の項「287,000」を「580,000／287,000」に改める。

◉通商産業省告示第百八十二号

輸入貿易管理規則(昭和二十四年通商産業省令第七十七号)第一条の規定に基き、輸入に関する事項の公表を次の通り行う。

昭和二十六年七月二日

通商産業大臣 横尾 龍

輸入公表(第三十四回)

商品番号	品目	仕入地域	船積期	輸入限度(米弗)	担保の比率および種類	外貨資金割当証明書	銀行受付開始日	銀行受付締切日	その他の要件
7341(683—0110) 7349(683—0290) 7344(284—0121)	ニッケル	カナダ	不指定	100,000	1%	要	7月2日	7月31日	
0205(051—0300)	バナナ	台湾	不指定	50,000	1%	要	7月2日	7月31日	
0209(051—0690) 0225(053—0115) 0229(053—0119)	生鮮またはかん詰果物	台湾	不指定	10,000	10%(現金)	不要	7月6日	7月31日	
0205(051—0300)	バナナ	台湾	不指定	50,000	10%(現金)	不要	7月6日	7月31日	(1)担保の預入を受けた外国為替銀行は預託の日から15日間当該担保を日本銀行に預託しなければならない。 (2)輸入承認申請金額は一件につき、20,000米弗以上でなければならない。

◉通商産業省告示第百八十三号

昭和二十六年四月通商産業省告示第百二十一号（輸入に関する事項の公表（第二十六回）に関する件）の一部を次のように改正し、昭和二十六年六月二十九日から適用する。

昭和二十六年七月三日

通商産業大臣　横尾　龍

銀行受付締切日の項石油コークス、マニラ麻およびラワン材の欄「6月30日」を「7月31日」に改める。

◉通商産業省告示第百八十四号

昭和二十六年四月通商産業省告示第百二十七号（電気事業主任技術者資格検定規則による第二次試験施行に関する件）で告示した第二次試験の試験期日および試験場所を次のように定める。

昭和二十六年七月三日

通商産業大臣　横尾　龍

一、試験期日

昭和二十六年七月二十五日、二十六日、二十七日

午前九時から午前十一時三十分まで

午後一時から午後三時三十分まで

二、試験場所

試験地	試験場所
札幌	北海道大学工学部（札幌市北十二條西八丁目）
仙台	東北大学工学部教室（仙台市片平丁）
東京	財団法人電気学園（東京都千代田区錦町三丁目二番地）
名古屋	名古屋市立菊里高等学校（名古屋市中区菊里町一八番地）
富山	富山県立富山工業高等学校（富山市五福町）
大阪	大阪工業大学（大阪市旭区豊里町一七五八番地）
広島	広島大学工学部（広島市千田町三丁目）
多度津	香川県立多度津高等学校（香川県仲多度郡多度津町）
福岡	福岡商科大学短期大学（福岡市平和台）

◉通商産業省告示第百八十五号

昭和二十六年通商産業省告示第百二十三号（輸入に関する事項の公表（第二十七回）に関する件）の一部を次のように改正し、昭和二十六年七月一日から適用する。

昭和二十六年七月四日

通商産業大臣　横尾　龍

仕入地域全地域の項「〇」を削る。

◉通商産業省告示第百八十六号

連合国人商標戦後措置令（昭和二十五年政令第九号）第三條第六項の規定により、昭和二十六年三月三十一日同條第三項の規定に基き通商産業大臣が指定した日を次のように告示する。

昭和二十六年七月四日

通商産業大臣　横尾　龍

国名	指定の日
チェッコスロヴァキア	昭和十四年九月一日

◉通商産業省告示第百八十七号

輸入貿易管理規則（昭和二十四年通商産業省令第七十七号）第一條の規定に基き、輸入に関する事項の公表を次の通り行う。

昭和二十六年七月五日

通商産業大臣　高橋龍太郎

輸入公表（第三十五回）

商品番号	品目	仕入地域	船積期	輸入限度（米弗）	担保の比率および種類	外貨資金割当証明書	銀行受付開始日	銀行受付締切日	その他の要件
4460 (412-1100)	桐油	米国	不指定	3,600	1%	要	7月5日	7月31日	

備考　この公表の商品番号の項中、括弧内の数字は、昭和二十六年四月一日から適用されるはずの商品番号を示す。

◉通商産業省告示第百八十八号

昭和二十六年六月通商産業省告示第百五十四号（輸入に関する事項の公表（第三十回）に関する件）の一部を次のように改正し、昭和二十六年七月三日から適用する。

昭和二十六年七月五日

通商産業大臣　高橋龍太郎

商品番号の項「7341(683―0110) 7349(683―0290) 7344(284―0121)」を「7062(283―0220) 7341(683―0110) 7349(683―0290) 7344(284―0121)」に、銀行受付締切日の項「6月30日」を「7月31日」に改める。

◉通商産業省告示第百八十九号

昭和二十三年四月商工省告示第三十号（度量衡に関し地方長官に委任する事項（大正五年農商務省令第二十七号）の規定による指定の件）の一部を次のように改正し、昭和二十六年七月二十日から適用する。

昭和二十六年七月七日

通商産業大臣　高橋龍太郎

第五号を次のように改める。

五　第三号ノ五の事項については、北海道、青森県、宮城県、山形県、福島県、茨城県、栃木県、神奈川県、山梨県、長野県、新潟県、石川県、岐阜県、京都府、兵庫県、奈良県、岡山県、山口県、徳島県、香川県、高知県、長崎県、大分県、佐賀県、熊本県及び鹿児島県以外の都府県を除く。

◉通商産業省告示第百九十号

熱管理技能試験規程（昭和二十三年商工省令第二号）に基いて実施する第十回熱管理技能試験の期日および場所を次のように定める。

昭和二十六年七月七日

通商産業大臣　高橋龍太郎

一　試験期日

甲種試験　昭和二十六年八月二十三日、二十四日および二十五日

乙種試験　昭和二十六年八月二十七日、二十八日および二十九日

二　試験施行日

甲種試験および乙種試験とも各通商産業局所在地

三　受験願書提出期限

甲種試験および乙種試験とも昭和二十六年七月三十一日までとする。

四　科目別時間割

施行期日	九時から一〇時三〇分まで	一〇時四五分から一二時一五分まで	一三時から一四時三〇分まで	一四時四五分から一六時一五分まで
甲種八月二十三日 乙種八月二十七日		熱蒸汽および熱伝達	炉材および保温材	蒸汽かんおよび給水
甲種八月二十四日 乙種八月二十八日	熱管理および燃料概論	燃焼工学および熱精算	工業用窯炉	冶金用窯炉
甲種八月二十五日 乙種八月二十九日	燃焼方法および装置	燃料試験法および熱管理計測器	乾りう、およびガス化装置	蒸りう、蒸発および乾燥装置

各科目とも筆記試験のみとし、口頭試験は行わない。

五　受験手続、試験場その他詳細は、各通商産業局に照会されたい。

◉通商産業省告示第百九十一号

昭和二十四年八月通商産業省告示第五十二号（石炭鉱山保安規則第五十八条第一項の建設物、工作物その他の施設につき認可を要する事項）の一部を次のように改正する。

昭和二十六年七月十日

通商産業大臣　高橋龍太郎

第三号に次のように加える。

3　坑内において使用する内燃機関車の使用燃料の種類またはその運転坑道の通気量

第九号6中「電車線路および軌道については、左の事項」を「電車線路、リールケーブルおよび軌道については、左の事項」に、「イ　電気鉄道方式（相および架空単線式、架空複線式その他の方式の別をいう。」を「イ　電気鉄道方式（直流と交流との別、相および架空単線式、架空複線式その他の方式の別をいう。」に、「ハ　前二号のほか、三に掲げる事項」を「ニ　前三号のほか、三に掲げる事項」に改め、同号6ロの次に次のように加える。

ハ　リールケーブルの種類または構造

◉通商産業省告示第百九十二号

昭和二十四年八月通商産業省告示第五十四号（石炭鉱山保安規則第六十條第二項の計画書および工事設計明細書に記載すべき事項）の一部を次のように改正する。

昭和二十六年七月十日

通商産業大臣　高橋龍太郎

第一号(三)2チ中「および機関車の燃料の種類および積載量」を「ならびに機関車の燃料の種類および積載量（坑内において使用するときは、その運転坑道の通気方法、通気量および通気管理法、坑内の車庫、燃料補給所および修理所の位置および構造ならびに排気処理装置の構造も記載するものとする。）」に改め、同号(九)2中「ハ　電車線路および軌道については、左の事項」を「ハ　電車線路、リールケーブルおよび軌道については、左の事項」に、「(1)　電気鉄道方式（相および架空単線式、架空複線式その他の方式の別をいう。」を「(1)　電気鉄道方式（直流と交流との別、相および架空単線式、架空複線式その他の方式の別をいう。」」に、「(2)　電車線の電圧」を「(2)　電車線またはリールケーブルの電圧」に、「(3)　電車線路および軌道の構造については、左の事項」を「(3)　電車線路、リールケーブルおよび軌道の構造については、左の事項」に改め、同号(九)2ハ中「(4)　電気機関車の集電装置の種類ならびに原動機のキロワット数、回転数および箇数」を「(4)　電気機関車の集電装置の種類、リールケーブル巻取装置の構造ならびに原動機のキロワット数、回転数および箇数」に改め、同号(九)2ハ(3)中bおよびcをそれぞれdおよびeとし、aの次に次のように加える。

b　リールケーブルの種類および構造ならびにその心線の種類、数および太さ

c　リールケーブルの電源側引留装置の構造

◉通商産業省告示第百九十三号

工業標準化法施行規則（昭和二十四年総理府令、文部省令、厚生省令、農林省令、通商産業省令、運輸省令、郵政省令、電気通信省令、労働省令、建設省令第一号）第六十四条、第六十四条の二第二項および第六十五条第二項の規定により、次のように、指定商品を公表し、その指定商品の表示許可申請書および表示の様式等を定める。

昭和二十六年七月十三日

通商産業大臣　高橋龍太郎

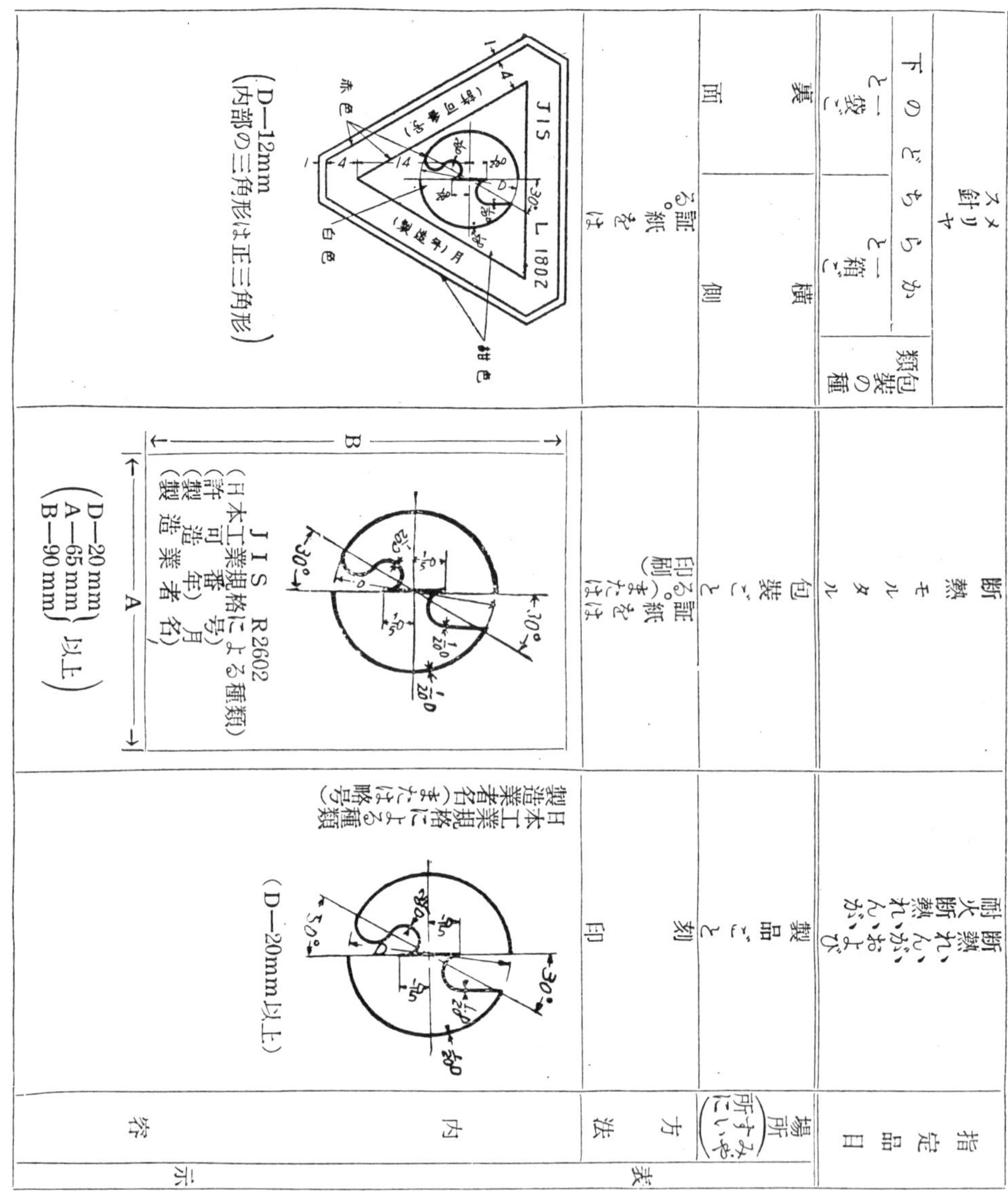

指定品目	断熱れんが、耐火断熱れんがおよび	断熱モルタル	メリヤス針
表示場所	製品ごと	包装ごと	下のどちらか 包装の種類：一袋ごと ／ 一箱ごと 裏面 ／ 横側
表示方法	刻印	印刷（または証紙をはる。）	証紙をはる。
表示内容	日本工業規格による種類（または略号）製造業者名 （D—20mm以上）	JIS　R 2602 （日本工業規格による種類） （許可番号）　年　月 （製造業者名） （D—20mm　A—65mm　B—90mm　以上）	JIS　L 1802 （D—12mm　内部の三角形は正三角形） 赤色　白色　紺色

油性塗料類（ボイル油・堅練ペイント・調合ペイントに限る。） 新聞インキ	容器ごと	証紙をはる。（または書く。）	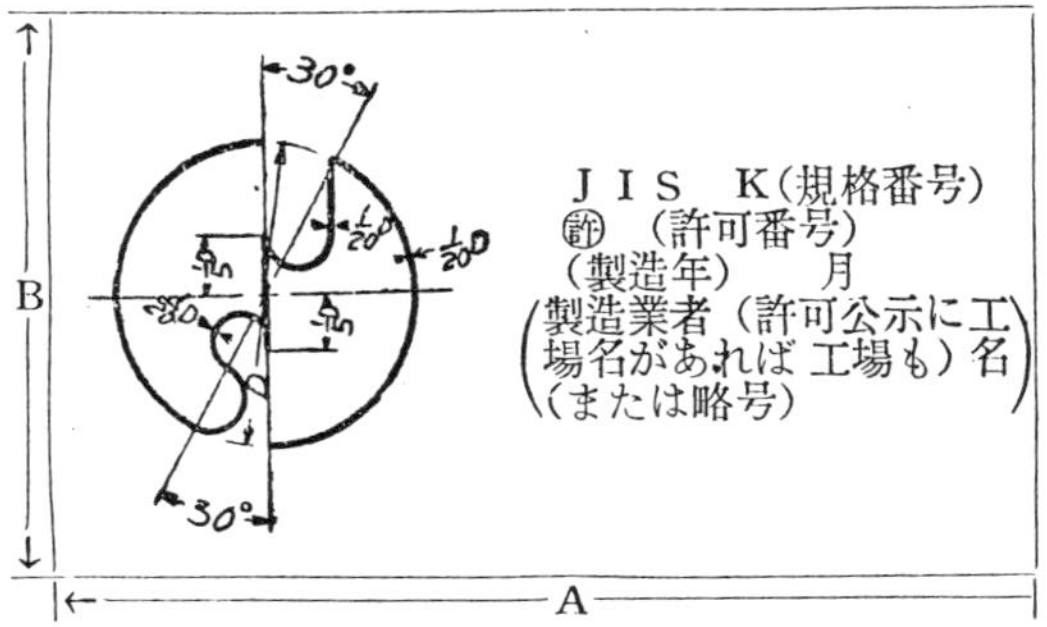 JIS　K（規格番号） ㊓（許可番号） （製造年）　月 製造業者（許可公示に工場名があれば工場も）名（または略号） （D—10 mm A—40 mm B—20 mm 以上 $\frac{B}{A}$—$\frac{1}{2}$）
レーヨンパルプ	荷造り単位ごとまたは車体（ばら積の場合）ごと	荷札をつける。	日本工業規格番号 日本工業規格による種類 許可番号 商品の製造年 製造業者（許可公示に工場名があれば工場も）名（または略号） 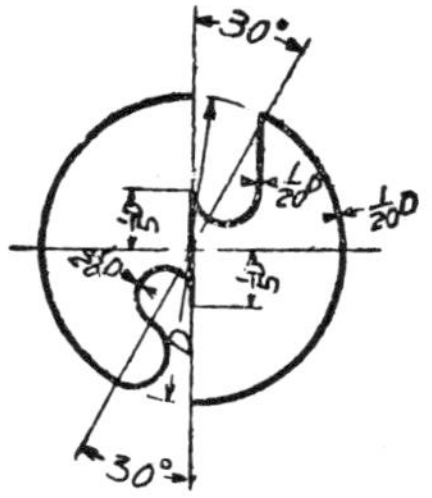 （D—50mm以上）
クロム化合物（重クロム酸ソーダ・無水クロム酸・酸化クロム・重クロム酸カリに限る。）	包装ごと	証紙をはる。	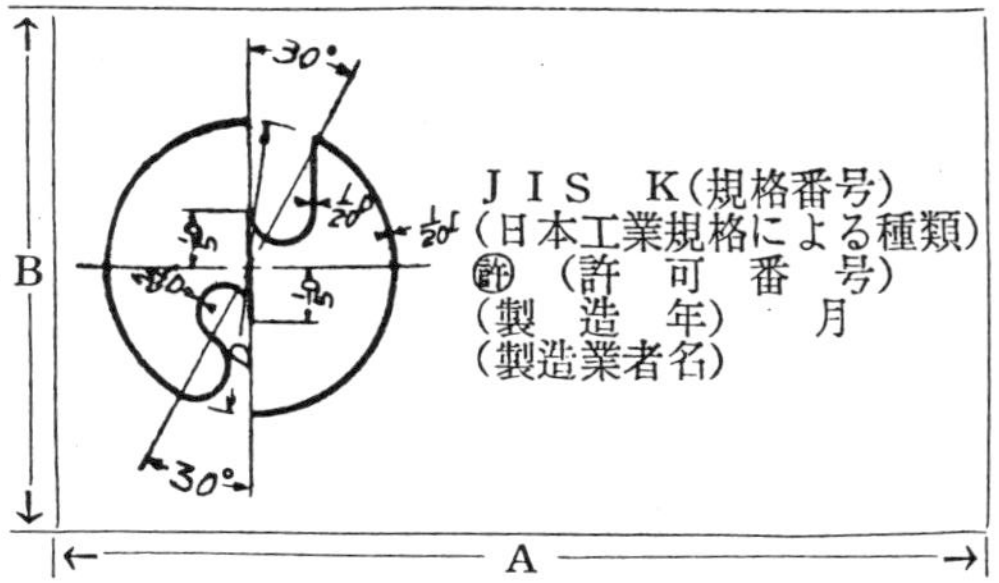 JIS　K（規格番号） （日本工業規格による種類） ㊓（許可番号） （製造年）　月 （製造業者名） （D—30 mm A—60 mm B—40 mm 以上 $\frac{B}{A}$—$\frac{2}{3}$）

ハクソー	包装（または容器）ごとに書く。	日本工業規格番号 許可番号 製造業者名（または略号）	（D—10mm以上）
	製品ごとに消えにくい方法で書く。	製造業者名（または略号）	（D—6mm以上）
ねじ回し	包装（または容器）ごとに書く。	日本工業規格番号 日本工業規格による等級 許可番号 製造業者名（または略号）	（D—10mm以上）
	製品ごとに消えにくい方法で書く。	日本工業規格による等級 製造業者名（または略号）	（D—5mm以上）

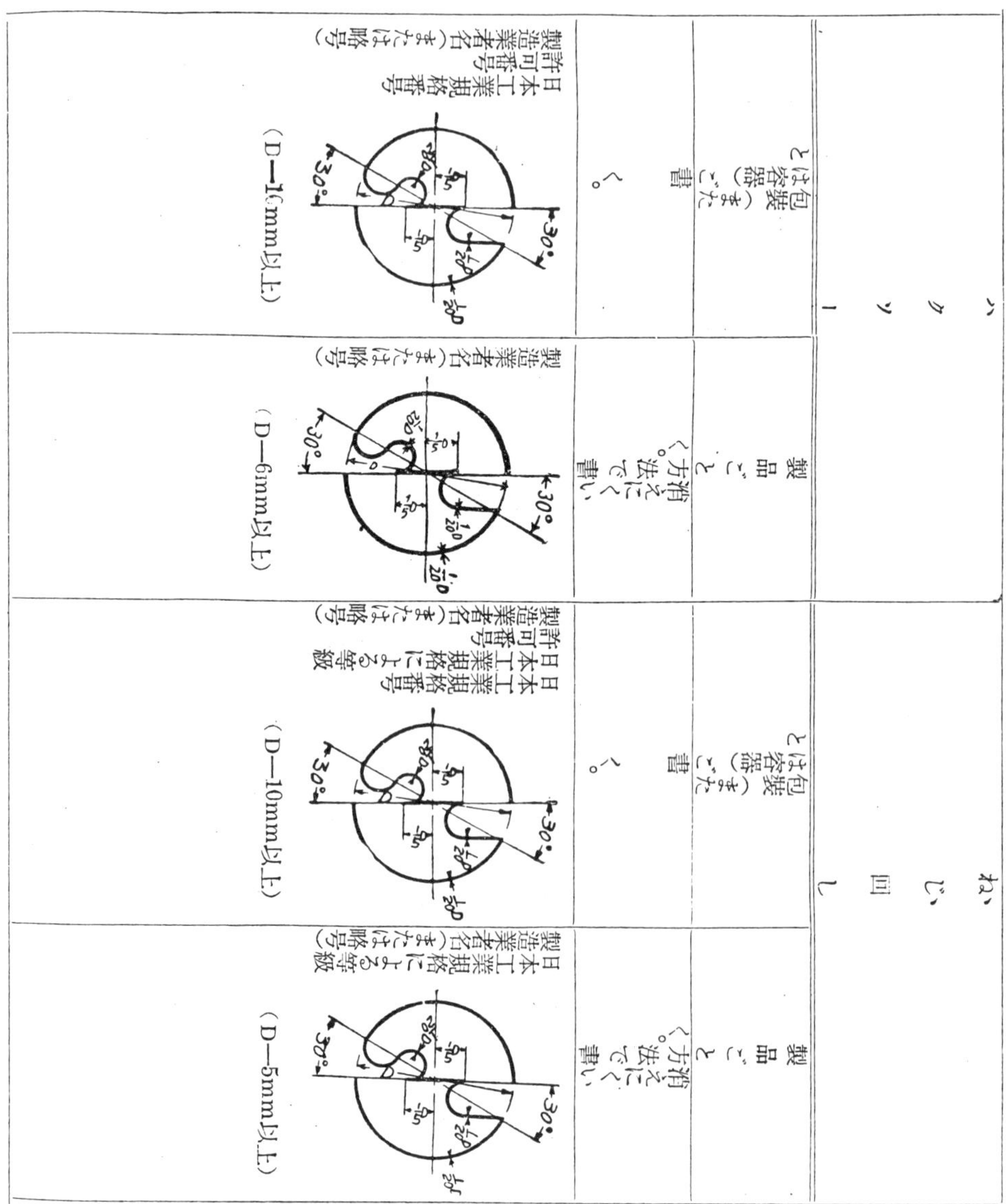

これらの品目に関する表示許可申請書の様式等は、昭和二十五年三月通商産業省告示第四十号（日本工業規格表示許可申請書の様式等に関する件）の様式等と同じ。

◎通商産業省告示第百九十四号

昭和二十六年四月通商産業省告示第百二十一号（輸入に関する事項の公表（第二十六回）に関する件）の一部を次のように改正し、昭和二十六年七月十一日から適用する。

昭和二十六年七月十六日

通商産業大臣　高橋龍太郎

銀行受付締切日の項、雑輸入品の欄「6月30日」を「6月30日（韓国から輸入する場合は7月31日）」に改める。

◉通商産業省告示第百九十五号

度量衡講習規程（昭和二年六月商工省告示第十四号）の一部を次のように改正する。

昭和二十六年七月十九日

通商産業大臣　高橋龍太郎

第一條中「九月一日ヨリ十二月二十四日ニ至ル」を「四箇月トス」に改める。

◉通商産業省告示第百九十六号

昭和二十四年八月通商産業省告示第四十四号（電気計器検定番号に冠する検定局所の略名に関する件）の一部を次のように改め、昭和二十六年五月十五日から適用する。

昭和二十六年七月二十七日

通商産業大臣　高橋龍太郎

電気試験所大阪支所の項摘要の欄中「同宍吹試験所」を「同多度津試験所」に改める。

◉通商産業省告示第百九十七号

昭和二十六年一月通商産業省告示第十一号（輸出貿易管理令別表第一第四十号の規定に基く仕向国における意匠権を侵害するおそれのある貨物の指定の件）の一部を次のように改正する。

昭和二十六年七月二十八日

通商産業大臣　高橋龍太郎

前文中「第四十号」を「第三十号」に改める。

同第四十四号の次に次の二号を加える。

同第四十五号

同第四十六号

◉通商産業省告示第百九十八号

昭和二十六年一月通商産業省告示第十九号（輸出貿易管理令別表第一第四十号の規定に基く仕向国における特許権、意匠権又は商標権を侵害するおそれのある貨物の指定の件）の一部を次のように改正する。

昭和二十六年七月二十八日

通商産業大臣　高橋龍太郎

前文中「第四十号」を「第三十号」に改める。

◉通商産業省告示第百九十九号

鉱山坑内用品検定規則（昭和二十四年通商産業省令第三十六号）第十七条第一項の規定により、鉱山坑内用品の検定手数料等を次のように定める。

昭和二十六年八月一日　　通商産業大臣　高橋龍太郎

一　種類別検定または型式検定手数料

1　火薬および爆薬　一件につき　三一、五〇〇円

2　火工品

イ　導火線および電気導火線　一件につき　三、〇〇〇円

ロ　工業雷管　一件につき　三、二五〇円

ハ　電気雷管　一件につき　三、七五〇円

ニ　導爆線　一件につき　一五、〇〇〇円

3　爆薬安全被筒　一件につき　三一、五〇〇円

4　発破用電気点火器　一件につき　三、七五〇円

5　電気機械器具

イ　大型（五十センチメートル立方以上）　一件につき　一二、〇〇〇円

ロ　中型（三十センチメートル立方以上）　一件につき　六、二〇〇円

ハ　小型　一件につき　三、〇〇〇円

6　電線　一件につき　二、五〇〇円

7　照明用器具

イ　携帯用安全電燈　一件につき　五、八五〇円

ロ　定着安全電燈　一件につき　六、七五〇円

8　内燃機関車（デイーゼルロコ）　一件につき　二四、〇〇〇円

9　各種ガス検定器

イ　簡易可燃性ガス検定器　一件につき　一〇、五〇〇円

ロ　精密可燃性ガス検定器　一件につき　一三、五〇〇円

ハ　炭酸ガス検定器　一件につき　一〇、五〇〇円

ニ　一酸化炭素検定器（検知管式を除く。）　一件につき　一〇、五〇〇円

ホ　検知管式一酸化炭素検定器　一件につき　九、〇〇〇円

ヘ　一酸化炭素検定器の検知管　一件につき　七、〇〇〇円

10　測風器（カタ寒暖計式微風計を含む。）　一件につき　二、二五〇円

11　自動警報器

イ　可燃性ガス自動警報器　一件につき　一〇、五〇〇円

ロ　通気自動警報器　一件につき　七、五〇〇円

12　酸素呼吸器　一件につき　一三、五〇〇円

13　測じん器　一件につき　一三、五〇〇円

二　箇別検定手数料

1　精密か燃性ガス検定器　一件につき　三〇〇円

2　測風器（カタ寒暖計式微風計を含む。）　一件につき　一〇〇円

3　可燃性ガス自動警報器　一件につき　三〇〇円

4　通気自動警報器　一件につき　二〇〇円

5　酸素呼吸器　一件につき　三〇〇円

三　抜取検定手数料

一酸化炭素検定器の検知管　百本以内からの抜取一本ごとに　四〇円

四　特別型式検定手数料

1　発破用電気点火器　一件につき　七五〇円

2　電気機械器具

イ　大型（五十センチメートル立方以上）　一件につき　一、七五〇円

ロ　中型（三十センチメートル立方以上）　一件につき　九〇〇円

ハ　小型　一件につき　四〇〇円

3　電線　一件につき　四〇〇円

4　照明用器具

イ　携帯用安全電燈　一件につき　八五〇円

ロ　定着安全電燈　一件につき　九〇〇円

五　検査手数料

種類別検定または型式検定手数料に準ずる。

六　各種申請手数料

1　検定合格証または誤差表の再交付申請

種類別検定、型式検定または特別型式検定をうけたもの　一〇〇円

箇別検定または抜取検定をうけたもの　五〇円

2　検定成績書の交付申請

一通につき紙数一枚ごと　二〇円

図面または写真一枚ごと　五〇円以上二〇〇円以下

◉通商産業省告示第二百号

昭和二十五年十月通商産業省告示第百九十九号（小型自動車競走場の登録規格に関する件）の一部を次のように改正する。

昭和二十六年八月四日

通商産業大臣　高橋龍太郎

一の(2)を次のように改める。

(2)　競走路の両側には、それぞれ三メートル以上の回避地帯を設ける。

二を次のように改める。

二　附帯施設

(1)　正面にメインスタンドを設け、メインスタンドには観客席の外、執務上必要な構造を有する競走監督官席および開催執務委員長席を設ける。

(2)　観客の立ち入るおそれのない場所に、競走車置場、点検室、燃料倉庫、選手控室、選手待機室、出場選手検査室、医務室、電話交換室および場内放送室を設ける。

(3)　入場券発売所、勝車投票券発売所、払戻金交付所および返還金交付所を設け、これらの窓口は、左表に掲げる数以上とし、かつ、勝車投票券発売所、払戻金交付所および返還金交付所の窓口は、金網張りとする。

入場券の発売用窓口	八以上	窓口は、〇・九メートル間隔ごとに一個の割合とし、各窓口の前には、観客の交流を妨げない程度の空地を設けなければならない。
勝車投票券の発売用窓口	百三十以上	
払戻金および返還金の交付用窓口	三十以上	

(4)　競走車下見場を設け、その周囲は、柵で囲むものとする。

(5)　競走路の外側に設けた回避地帯の外側には、競走により観客が受ける危害を防ぎ、かつ、観客が競走路に立ち入ることのできない構造を有する柵を設ける。ただし、観客が立ち入るおそれのない箇所にあつては、この限りでない。

(6)　警察官席は、場内の秩序維持に必要な位置に観客席としや断して設ける。

(7)　場内の全観客に明りように聞える場内放送設備を設ける。

(8)　競走運営のため必要な電話施設を設ける。この場合において、発走合図場所、審判台および場内放送室と開催執務委員長席との間は、直通電話とする。

(9)　勝車投票券発売所の附近に確定出場選手名の掲示設備を、払戻金交付所の附近に勝車投票券の発売枚数および確定払戻金額の掲示設備を、観客の見易い場所に着順の掲示設備を設ける。

(10)　出発線の附近に発走合図委員および補助員の退避場所を設ける。

(11)　決勝線の片側に審判委員および係員の執務を公正かつ安全に行うために必要な審判台を、その反対側に着順判定補助板を設け、審判台と観客席との間には審判妨害がおこらないように相当程度の距離を置く。

(12)　着順決定のための写真撮影の設備を設ける。

(13)　競走場の周辺には柵を設ける。

(14)　附帯施設および競走路の内側の要所に消火器を置く。

(15)　競走路面の補修に必要な器具を備える。

◉通商産業省告示第二百一号

工業技術庁設置法施行令（昭和二十三年政令第二百七号）第十四條第二項の規定により、試験研究所が売り拂うことのできる物品の品目を次のように指定し、昭和二十三年八月一日から適用し、昭和二十五年七月通商産業省告示第百二十六号（工業技術庁設置法施行令第十四條第二項の規定による試験研究所が売り拂うことのできる物品の指定に関する件）は、廃止する。

昭和二十六年八月七日

通商産業大臣　高橋龍太郎

試験研究所名	物品名
東京工業試験所	ゼーゲル温度計 標準指示薬 純金属
大阪工業試験所	日本標準規格分析用試薬
電気試験所	標準電池
燃料研究所	熱量標定用安息香酸

◉通商産業省告示第二百二号

輸入貿易管理規則（昭和二十四年通商産業省令第七十七号）第一條の規定に基き、輸入に関する事項の公表を次の通り行い、昭和二十六年七月二十五日から適用する。

昭和二十六年八月八日

通商産業大臣　高橋龍太郎

輸　入　公　表(第三十六回)

商品番号	品目	仕入地域 ドル地域 ベルギーおよびその属領	ドル地域 協定国	ドル地域 非協定国	スターリング地域	オープン・アカウント地域 アルゼンチン	ブラジル	フィンランド	フランス連合	香港	インドネシヤ	韓国	オランダ	フィリッピン	スエーデン	台湾	タイ	ドイツ連邦	輸入限度(米弗)	担保の比率
0629(061—0999)	黒砂糖	×	琉球	×	×					×	×			×		×			20,000	5%
0702(074—0120)	紅　茶																		10,000	5%
0990(099—0999)	トマトペイスト																		20,000	2%
5140(292—0413)	ホップ																		30,000	5%
3571(271—0110)	骨　粉	×	×	×															200,000	2%
3522(081—0320)	綿実粕																		200,000	2%
3523(081—0330)	菜種粕																		200,000	5%
0037(045—0931) 0040(044—0100) 0020(041—0100)	飼　料																		900,000	2%
6340(313—0920)	石油コークス	×	×	×															200,000	1%
6350(313—0930)	煆焼石油コークス	×	×	×															200,000	1%
1411(262—0100) 1412(262—0200)	原　毛(ウールトツプを除く。)	×	×	×	×	×			×				×						3,000,000	1%
1510(265—0310) 1985(265—0320)	ちょ麻																		400,000	2%
1530(264—0110) 1985(264—0120)	黄　麻																		800,000	2%
1500(265—0110) 1985(265—0120)	亜　麻		×	×															200,000	2%
1560(265—0400) 1612(655—0631)	サイザル																		200,000	2%
1550(265—0500)	マニラ麻	×	×	×															800,000	2%
1520(265—0210) 1985(265—0220)	大麻類																		50,000	5%

1415(262—0320)	カシミヤ毛																		200,000	5%
1416(262—0330)	らくだ毛																		200,000	5%
1419(262—0390)	モヘヤー																		200,000	5%
1417(262—0340)	アルパカ																		200,000	5%
1820(262—0400)	兎　毛																		200,000	5%
1820(262—0400)	獸　毛																		20,000	5%
1540(265—0911)	カポツク																		50,000	5%
1810(291—0912)	豚　毛																		50,000	5%
1991(267—0121)	綿ぼろ																		300,000	5%
1984(263—0300)	可紡落綿																		500,000	2%
1981(262—0800)	ウールノイル	×	×	×		×			×				×						100,000	2%
1981(262—0600) 1992(267—0122)	ウールラツグおよびショデイ																		100,000	5%
1560(265—0400) 1590(265—0998)	マゲーおよびカントン																		50,000	5%
1672(656—0120)	古麻袋（古ヘシアンバツグを含む。）																		100,000	5%
1986(267—0110) 1994(267—0124) 1985(265—0999)	牧　麻																		100,000	5%
1116(261—0290) 1982(261—0310)	副蚕糸柞蚕糸および柞蚕副蚕糸	×	琉球	×															200,000	5%
1102(261—0110)	玉まゆ																		50,000	5%
5840(512—0929)	アセテートフレーク																		50,000	2%
1009(263—0200)	コツトンリンター			（米国を除く。）															500,000	2%
2474(657—0330)	アンペラ																		20,000	5%

1001(251—0500)	コットンリンターパルプ			(米国を除く。)															500,000	8%
1560(265—0400)	メキシコファイバー																		10,000	5%
7201(681—0110) 7202(681—0119)	銑　鉄																		1,000,000	1%
7311(685—0110)	鉛地金																		200,000	2%
7331(686—0110) 7333(686—0120)	亜鉛地金																		300,000	2%
7351(689—0110) 7359(689—0210)	金属コバルト																		100,000	2%
7009(281—0100)	鉄マンガン鉱																		1,000,000	2%
7090(283—0800)	クローム鉱石																		200,000	2%
7040(283—0600)	錫鉱石																		200,000	2%
7100(283—1100)	タングステン鉱																		100,000	2%
7080(283—0700)	マンガン鉱石																		500,000	1%
7031(283—0410) 7032(283—0420)	鉛鉱石																		200,000	2%
7201(283—0100) 7022(283—0120)	銅鉱石																		500,000	2%
7062(283—0220) 7061(283—0210)	ニツケル鉱石																		300,000	2%
7070(283—1910)	アンチモニー鉱石																		100,000	2%
7051(283—0510) 7052(283—0520)	亜鉛鉱石																		300,000	2%
7291(282—0110) 7292(282—0190)	くず鉄およびくず鋼																		500,000	1%
7323(284—0125)	錫くず																		100,000	2%
7307(284—0111) 7408(284—0119) 7308(284—0131)	銅くずおよび銅合金くず																		300,000	2%
7052(283—0520) 7334(284—0124) 7339(286—0290)	亜鉛かす亜鉛くずまたは亜鉛灰																		300,000	2%

7315(284—0123) 7496(284—0139)	鉛くずおよび鉛合金くず																		300,000	2%
7001(272—1960)	硫化鉱																		400,000	2%
6510(272—0710)	珠　石																		10,000	2%
6561(663—0110) 6562(663—0120)	内張石																		10,000	2%
7012(283—0320) 7019(283—0390)	ばん土頁岩およびクレイ（カヤナイトを含む。）																		20,000	2%
6242(272—1929)	石こうゝ																		20,000	2%
6000(272—0490)	カオリン																		5,000	2%
6681(272—1610) 6682(272—1620)	黒鉛（精錬済を除く。）																		100,000	2%
6531(272—1910)	滑　石																		50,000	2%
6621(272—1510) 6622(272—1520)	マグネサイトまたはマグネシヤクリンカー																		800,000	1%
6630(272—1420) 6640(272—1430)	螢石または氷晶石																		300,000	1%
7140(283—1950)	イルメナイト																		100,000	2%
6661(272—1310)	雲　母																		100,000	2%
5021(533—0111)	酸化コバルト																		20,000	2%
5820(599—0411)	レンネツトカゼイン																		10,000	2%
3400(292—0121)	五倍子																		40,000	2%
5850(621—0110)	シーリングコンパウンド																		50,000	2%
5680(512—0912)	粗酒石																		20,000	2%
3420(292—0124) 3480(432—0250)	ワットル樹皮およびエキス																		150,000	2%

3401(292—0122) 3499(292—0129) 3439(532—0236) 3460(532—0260)	雑タンニン剤およびエキス																		50,000	2%
6610(511—0945) 5648(511—0140) 5670(272—1930)	硼砂原鉱、硼砂および硼酸																		50,000	2%
5709(512—0990)	液体プロパン																		70,000	2%
5039(533—0190)	織物染色用ピグメントレジンカラーならびにフイクサーまたはバインダー																		50,000	2%
3220(292—0218)	シエラツク																		10,000	2%
3212(292—0217)	ステイツクラツク																		50,000	2%
3280(292—0215)	トラガカントゴム																		10,000	2%
3260(292—0213)	ダマールゴム																		10,000	2%
3270(292—0214)	コパールゴム																		10,000	2%
3240(292—0216)	松　脂																		30,000	2%
3110(231—0120)	ラテツクス																		100,000	2%
3120(231—0130)	ガタパーチヤ																		30,000	2%
3180(231—0400)	くずゴム																		200,000	5%
5810(231—0210) 5709(512—0913) 5990(512—0990)	合成ゴムならびにその配合剤			(米国を除く。)															200,000	2%
6330(311—0110)	無煙炭	×	×	×															300,000	1%
2010(242—0310)	ラワン材																		400,000	2%
2066(242—0370) 2111(243—0320)	チーク																		50,000	5%

2065(242—0360)	リグナムバイター																		10,000	2%
2510(244—0190)	コルク樹皮																		50,000	2%
2540(244—0110)	コルクくず																		40,000	2%
2430(292—0320)	とうい																		10,000	2%
2120(631—0910)	インセンスシーダ																		20,000	2%
2059(242—0299)	台湾ひのき																		50,000	2%
2630(251—0500)	バガスパルプ																		200,000	2%
2630(251—0500)	ジュートパルプ																		200,000	2%
2800(641—0310)	クラフトペーパー（一平方米につき60グラム以上）																		300,000	2%
2880(641—0790)	コンデンサーペーパー（厚さ0.01粍以下）																		100,000	2%
3740(291—0125)	釦用貝がら																		40,000	5%
3716(291—0112)	オセイン																		20,000	2%
3740(291—0125)	ピッグトウシェル																		10,000	2%
3710～3713 3715～3717 (291—0934～291—0937 291—0111 291—0999)	動物性にかわ原料																		20,000	5%
3799(291—0999)	インナーハイド（ゼラチン原材料）	×	×	×															20,000	5%
3715(291—0111)	クラッシュドボーン	×	×	×															20,000	5%
5075(533—0360)	パールエッセンス																		20,000	5%

3310(221—0200)	コプラ	×	×	グワム	×									×					400,000	5%
3380(221—0700)	ひまし																		200,000	2%
4500(412—0500)	オリーヴ油																		20,000	5%
4700(411—0210)	牛　脂																		150,000	5%
4460(412—1100)	桐　油			(米国を除く。)															500,000	2%
4599(412—1911)	オイテシカ油																		50,000	2%
4720(413—0410)	蜜ろう																		20,000	5%
5051(292—0911)	生うるし																		100,000	5%
3840(292—0920)	アイボリナツトおよびダムナツト																		20,000	5%
5184(061—0910)	乳　糖																		10,000	5%
4790(411—0290)	脱水ラノリン																		20,000	5%
5189(541—0990)	葉　酸																		20,000	5%
5156(292—0437)	麻　黄																		20,000	5%
5189(541—0990)	D, L, メチオニン																		5,000	5%
5187(541—0330)	オーレオマイシン																		400,000	5%
5189(541—0390)	テラマイシン																		300,000	5%
5146(292—0419)	甘　草																		20,000	5%
5189(541—0390)	クロロマイセチン																		500,000	5%
5169(292—0449)	くず茶																		40,000	5%
	雑輸入品																		5,000	3%

1　その他の要件

(1)この公表による輸入承認申請書の外国為替銀行における受付は、昭和二十六年七月二十五日から開始する。

(2)この公表による輸入承認申請については、一申請者につき、一品目当りの申請額が当該品目の輸入限度を越えてはならない。

(3)担保の種類は現金とする。担保の預入れを受けた外国為替銀行は、預託の日から十五日間当該担保を日本銀行に預託しなければならない。

(4)この公表の仕入地域の項にいう各地域は、次の通りとする。

a　「スターリング地域」とは、標準決済方法に関する規則（昭和二十五年外国為替管理委員会規則第十五号）別表第1に掲げる地域をいう。

b　「ドル地域」とは、スターリング地域およびオープン・アカウント地域以外の地域をいう。

c　「ドル地域の協定国」とは、チリー、コロンビア、メキシコ、ペルー、琉球、スペインおよびベネズエラをいう。

d　「ドル地域の非協定国」とは、ドル地域のうちベルギーおよびその属領、協定国およびウルグワイ以外の諸国をいう。

(5)中国、満州およびソビエト連邦から輸入する場合は、Back to Back L/C または Escrow L/C によつて決済しなければならない。

(6)ブラジルから輸入する場合は、ブラジル政府の輸出許可書またはその許可を受けていることを証する写真版二通（輸出許可書の番号を証する電報原文一通でもよい。）を添えて、外国為替銀行に輸入の承認を申請しなければならない。

(7)仏領印度支那から無煙炭を輸入する場合は、肥料用石灰窒素またはガスコークス製造業者の発注証明書を二通添えて外国為替銀行に輸入の承認を申請しなければならない。

(8)飼料用小麦を輸入する場合は、食糧庁の発行する買入承諾書を添えて外国為替銀行に輸入の承認を申請しなければならない。

(9)この公表にいう雑輸入品とは、別表第一および第二に掲げるものをいう。

(10)別表第二に掲げる品目は、米国から輸入することはできない。

2　備　考

(1)貨物を輸入することができる仕入地域は、この公表の仕入地域の項中「×」印をもつて指定されない地域（国名を特記した場合は、その国）に限る。

(2)この公表を変更する必要がある場合は、この公表を改正する旨の輸入公表を行う。

(3)この公表の商品番号の項中括弧内の数字は、昭和二十六年四月一日から適用されるはずの商品番号を示す。

別表第一

一　雑貨関係

1　原石(水晶、めのう、猫目石その他工芸品用原料)

2　茶金石

3　石版石(中古品)

4　卯白

5　黒たんおよび紫たん

6　つう草紙

7　鯨歯

8　白及

9　エメリー粉

10　トリポリ粉

11　牛角

12　牛てい

13　牛骨

二　機械関係

1　熱伝対線

2　時計宝石

三　金属関係

1　金属ジリニウム

2　金属チタン

3　青銅アルミニユウムの溶接棒および溶接剤

4　抵抗体

ニクロム線、ジユメツト線、導入線(電球用)

5　イリジウム合金

6　けい光粉末

7　ゲルマニユム粉

8　金属表面硬化剤

9　ゲルマニユウム金属

四　医薬品関係

A　1　槐花

2　オウチン

3　センナ葉

4　ゲンチアナ根

5　モツコウ根

6　コンジユラゴ根

7　ウバウルシ葉

8　シユクシヤ

9　ホシカ子

10　セネガ根

11　ガジユツツ

12　サンダラツク

13　蘆会

14　ナツメ

15　カシア皮

16　丁字

17　遠心

18　紅花

19　大黄末

20　沈香

21　吐根

B　1　牛黄

2　じや香

3　センソ

4　くまの胆

5　水犀角

C　1　デイエチルアミノエタノール

五　化学品関係

A　天然樹脂

1　エレガントガム

2　バルサム

3　コバイバ、バルサム

4　ガムエスター

5　シーザ、ガム

6　血粉

B　有機貨

1　ソルベントナフサ

2　トールオイル

3　デイ・2・エチルヘキシールアジペイト

4　アルキルベンゾール

5　くえん酸石灰

C　無機類

1　ふつ化水素酸

2　塩化亜鉛

3　鉛白

4　鉛丹

5　塩化マグネシユウム

6　クロールスルホン酸

7　塩化ロジウム

8　鉄黒

9　明ばんい

D　合成有機樹脂

1　ポリエチレン

2　ポリスチレン

3　ポリビニールブチラール

4　シリコンレジン

六　食糧関係

1　香辛料

別表第二

1　熱伝対線

2　青銅アルミニユウム溶接棒および剤

3　抵抗体

4　金属表面硬化剤

◉通商産業省告示第二百三号

輸入貿易管理規則（昭和二十四年通商産業省令第七十七号）第一條の規定に基き、輸入に関する事項の公表を次の通り行い、昭和二十六年七月二十五日から適用する。

昭和二十六年八月九日

通商産業大臣　高橋龍太郎

輸　入　公　表（第三十七回）

商品番号	品目	仕入地域	船積期	輸入限度（米弗）	担保の比率および種類	外貨資金割当証明書	銀行受付締切日	銀行受付締切日
0002（042—0210） 0003（042—0220） 0011（043—0110） 0012（043—0120） 0020（041—0100）	主要食糧	ドル地域	不指定 10—12月 1—3月（52）	20,000,000	1％	要	8月1日	9月29日
		スターリング地域、フランス連合、香港、台湾	不指定					
0612（061—0100） 0613（061—0200）	砂糖	香港、インドネシア	不指定	2,000,000	1％	要	8月1日	9月29日
5200（271—0300）	燐鉱石	ドル地域の非協定国	不指定	1,500,000	1％	要	8月1日	9月29日
		スターリング地域	不指定 10—12月 1—3月（52） 4—6月（52）					
1012（263—0120）	原綿	ドル地域、スターリング地域、ブラジル、台湾	不指定	15,000,000	1％	要	7月25日	9月29日
1412（262—0100） 1412（262—0200） 1413（262—0710）	原毛	スターリング地域、アルゼンチン	不指定	8,000,000	1％	要	8月1日	9月29日
1992（267—0122）	ウールラッグ	米国	不指定	200,000	1％	要	8月1日	9月29日
4131（313—0310） 4132（313—0320）	軽油	ドル地域	不指定	300,000	1％	要	8月1日	9月29日
4101 4111 }（313—0330） 4121 4102 }（313—0340） 4112 4122（313—0350）	重油	ドル地域、スターリング地域	不指定	700,000	1％	要	8月1日	9月29日

4300 (313—0530)	パラフインワツクス	ドル地域、ドイツ連邦	不指定	40,000	1%	要	8月1日	9月29日
4220 (313—0490) 4230 (313—0510) 4240 (313—0410)	特殊潤滑油	米国	不指定	100,000	1%	要	8月1日	9月29日
7009 (281—0100)	鉄鉱石	スターリング地域、香港、フイリツピン	不指定	20,500,000	1%	要	7月25日	9月29日
7341 (683—0110) 7349 (683—0290) 7344 (284—0121) 7421 (683—0120) 7342 (683—0210) 7343 (683—0220) 7422 (683—0230) 7424 (284—0132) 7321 (687—0110)	ニツケル地金および合金（くずおよび製品を含む。）	ドル地域	不指定	100,000	1%	要	8月1日	9月29日
7321 (687—0110)	錫地金	スターリング地域	不指定	400,000	1%	要	8月1日	9月29日
7277 (681—0270)	フエロバナジウム	ドル地域	不指定	28,000	1%	要	8月1日	9月29日
7203～7289 7299 (681—0120～ 681—1400 681—1500)	鉄鋼製品	ベルギーおよびその属領、スエーデン、ドイツ連邦	不指定	200,000	1%	要	8月1日	9月29日
7231 (681—0510) 7232 (681—0520) 7233 (681—0530) 7234 (681—0540)	珪素鋼板	ドル地域	不指定	300,000	1%	要	8月1日	9月29日
7283 (681—0550)	不銹厚鋼板	スエーデン、ドイツ連邦	不指定	30,000	1%	要	8月1日	9月29日
7283 (681—0550)	不銹薄鋼板	スエーデン、ドイツ連邦	不指定	20,000	1%	要	8月1日	9月29日
7261 7262 7264 7265 7266 (681—1312 681—1313 681—1319)	不銹丸鋼管	米国、スエーデン、ドイツ連邦	不指定	20,000	1%	要	8月1日	9月29日
7293 (699—2929)	熔接棒および熔接剤	ドル地域、スエーデン	不指定	50,000	1%	要	8月1日	9月29日
7351 (689—0110)	金属コバルト	米国	不指定	20,000	1%	要	8月1日	9月29日

7052（283—0520） 7334（284—0124） 7339（286—0290）	亜鉛スキミングおよび亜鉛くず	米国	不指定	100,000	1％	要	8月1日	9月29日
5699（511—0999）	塩化メチレン	米国	不指定	6,000	1％	要	8月1日	9月29日
6601（272—0510）	塩	ドル地域、スターリング地域、フランス連合、台湾	不指定	100,000	1％	要	8月1日	9月29日
6021（662—0310）	耐火煉瓦	ドル地域、ドイツ連邦	不指定	150,000	1％	要	8月1日	9月29日
0601（061—0420）	糖蜜	香港	不指定	10,000	1％	要	8月1日	9月29日
4410（551—0111）	パインオイル（GNS #5またはYaMaF相当品）	米国	不指定	16,000	1％	要	8月1日	9月29日
5010～5019 （531—0110～531—0170 531—0199）	染料	ドル地域	不指定	100,000	1％	要	8月1日	9月29日
5699（511—0999）	四エチール鉛	米国	不指定	400,000	1％	要	8月1日	9月29日
6671 6672 （272—1200）	石綿	ドル地域、スターリング地域	不指定	200,000	1％	要	8月1日	9月29日
5699（511—0999）	潤滑油添加剤	米国	不指定	500,000	1％	要	8月1日	9月29日
6320（311—0121）	強粘結炭	ドル地域の非協定国	不指定	2,500,000	1％	要	7月25日	9月29日
5810（231—0210）	合成ゴム、GR—I、GR—S、GR—A（Buna N）、GR—M（Neoprene）	米国	不指定	300,000	1％	要	8月1日	9月29日
5709（512—0913） 5990（512—0990）	合成ゴム配合剤	米国	不指定	1,000	1％	要	8月1日	9月29日
2620（251—0300）	サルフアイトパルプ（セルローズ89％以上）	フインランド、スエーデン	不指定	300,000	1％	要	8月1日	9月29日
4460（412—1100）	桐油	米国	不指定	5,000	1％	要	8月1日	9月29日
5181（541—0320）	ストレプトマイシン	米国	不指定	300,000	1％	要	8月1日	9月29日

0721 (072—0100)	ココア豆(医薬用)	ドル地域の非協定国、スターリング地域	不指定	20,000	1%	要	8月1日	9月29日
8001～8989 9000～9080 (711—0100～735—0990 861—0111～861—0199 861—0310～861—0999 864—0111～864—0269)	機械類(1)	ドル地域	不指定 10—12月 1—3月(52) 4—6月(52)	500,000	1%	要	8月1日	9月29日
		スターリング地域	不指定					
		スエーデン	不指定 10—12月 1—3月(52)					
		ドイツ連邦	不指定 10—12月 1—3月(52) 4—6月(52)					
8283 8284 (735—0220 735—0230 735—0990)	機械類(2)	ドル地域、スターリング地域、香港	不指定	1,000,000	1%	要	8月1日	9月29日
9000—9080 (861—0111～ 861～0199 861—0310～ 861—0999 864—0111～ 864—0269)	科学機械	ドル地域、ドイツ連邦	不指定	50,000	1%	要	8月1日	9月29日
9650 (892—0100 892—0220)	書籍および定期刊行物	ドル地域、スターリング地域、フインランド、フランス連合、オランダ、スエーデン、ドイツ連邦	不指定	20,000	1%	要	8月1日	9月29日
	外人用ホテル用品	ドル地域、スターリング地域	不指定	20,000	1%	要	8月1日	9月29日
	OSS用品	ドル地域、スターリング地域、フランス連合、オランダ、台湾、ドイツ連邦	不指定	1,000,000	1%	要	8月1日	9月29日
	OAS用品	ドル地域の非協定国、スターリング地域、フランス連合、ドイツ連邦	不指定	400,000	1%	要	8月1日	9月29日

	進駐軍払下物資	ドル地域、スターリング地域	不指定	20,000	1%	要	8月1日	9月29日
	雑輸入品	ドル地域、スターリング地域、アルゼンチン、フインランド、フランス連合						
	雑輸入品	香港、インドネシヤ、韓国、オランダ	不指定	5,000	3%	不要	8月1日	9月29日
		スエーデン、タイ、台湾、ドイツ連邦						
0711 (071—0100)	コーヒー豆	ブラジル	不指定	15,000	10%(現金)	不要	8月1日	9月29日
0721 (072—0100)	ココア豆	スターリング地域、フランス連合	不指定	20,000	10%(現金)	不要	8月1日	9月29日
5168 (292—0446)	海人草	琉球、台湾	不指定	20,000	10%(現金)	不要	8月1日	9月29日

1　その他の要件

(1)　中国、満洲およびソビエト連邦から輸入する場合は、Back to Back L/C または Escrow L/C によつて決済すること。

(2)　ココア豆を輸入する場合は、需要者(第一次加工業者)の発注証明書を添えて輸入の承認申請を行うこと。

(3)　エヂプトから原綿を輸入する場合は、Back to Back L/C または Escrow L/C によつて決済すること。

2　備　考

(1)　この公表の商品番号の項中括弧内の数字は、昭和二十六年四月一日から適用されるはずの商品番号を示す。

(2)　この公表の品目の項中進駐軍払下物資とは、在日連合軍によつて払下げられるくず鉄およびくず鋼、非鉄金属ならびにくずゴムをいう。

(3)　この公表の仕入地域の項中スターリング地域とは、標準決済方法に関する規則（昭和二十五年外国為替管理委員会規則第十五号）別表第一に掲げる地域をいい、ドル地域とは、スターリング地域、オープンアカウント諸国およびウルグアイ以外の地域をいい、ドル地域の非協定国とは、ドル地域のうち、協定国(ベルギーおよびその属領、チリー、コロンビア、メキシコ、ペルー、琉球、スペインおよびベネズエラ)以外の諸国をいう。

(4)　この公表の船積期の項中(52)は西歴 1952 年を示す。

◉通商産業省告示第二百四号

昭和二十六年八月通商産業省告示第二百二号（輸入に関する事項の公表（第三十六回）に関する件）の一部を次のように改正する。

昭和二十六年八月十三日　　　　通商産業大臣　高橋龍太郎

仕入地域の各項紅茶の欄に「×」を加え、品目の項の「ウールノイル」を「ウールノイル（その他のくず羊毛を含む。）」に改める。

◉通商産業省告示第二百五号

昭和二十六年八月通商産業省告示第二百三号（輸入に関する事項の公表（第三十七回）に関する件）の一部を次のように改正する。

昭和二十六年八月十三日　　　　通商産業大臣　高橋龍太郎

船積期の項原綿の欄「不指定」を「$\frac{\text{不指定}}{\text{10—12月}}$」に、品目の項の「合成ゴム配合途」を「ゴム配合途」に改める。

◉通商産業省告示第二百六号

工業標準化法施行規則（昭和二十四年総理府令、文部省令、厚生省令、農林省令、通商産業省令、運輸省令、郵政省令、電気通信省令、労働省令、建設省令第一号）第六十四條、第六十四條の二第二項および第六十五條第二項の規定により、次のように、指定商品を公表し、その指定商品の表示許可申請書および表示の様式等を定める。

昭和二十六年八月十六日　　　　通商産業大臣　高橋龍太郎

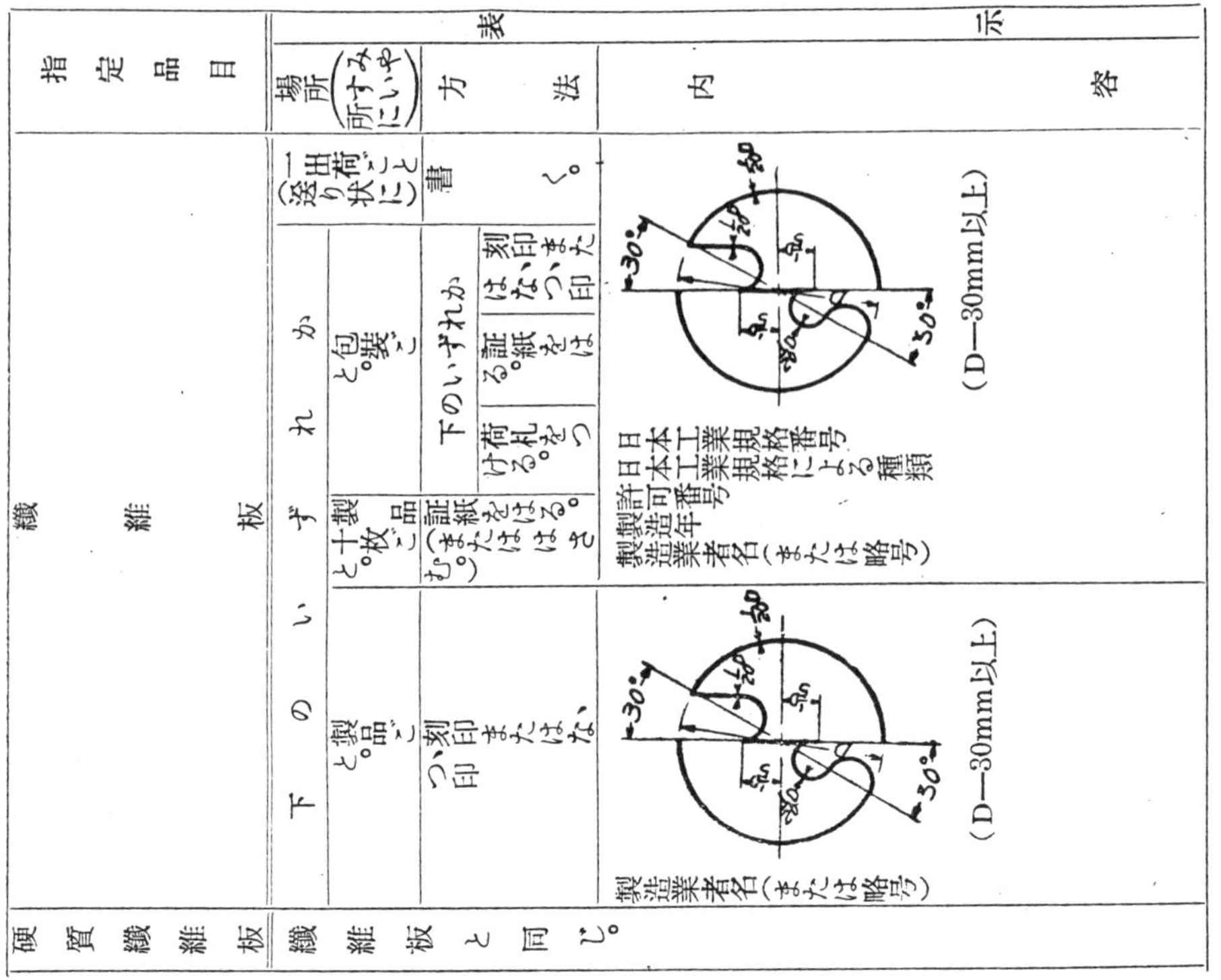

指定品目	表示　場所（すみやかに所に）	方法	内容
繊維板	下のいずれか：製品ごと	刻印またはなつ印	製造業者名（または略号）（D—30mm以上）
	下のいずれか：製品十枚ごと	証紙をはる。（またははさむ。）	製造業者名（または略号） 製造年号 許可番号 日本工業規格番号 日本工業規格による種類 （D—30mm以上）
	下のいずれか：包装ごと	下のいずれか 荷札をつける。 証紙をはる。 刻印またはなつ印	
	一出荷ごと（送り状に）	書く。	
硬質繊維板	繊維板と同じ。		

品目	単位	方法	表示
工業用皮ベルト（平皮ベルト、丸皮ベルトに限る。）	一巻ごと。	刻印（または荷札をつける。）	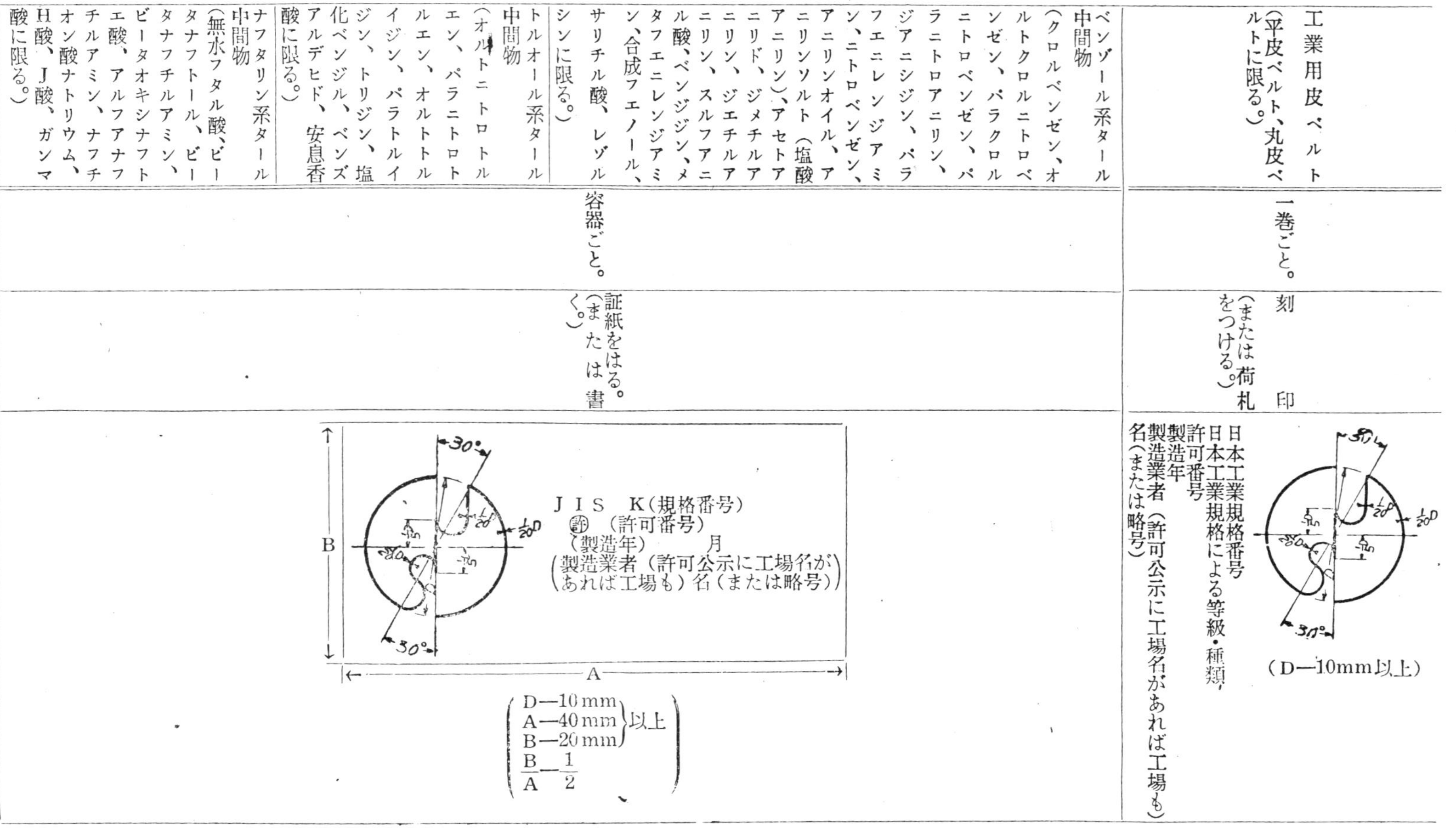 日本工業規格番号 日本工業規格による等級・種類・ 許可番号 製造年 製造業者（許可公示に工場名があれば工場も）名（または略号） （D—10mm以上）
ベンゾール系タール中間物（クロルベンゼン、オルトクロルニトロベンゼン、パラクロルニトロベンゼン、パラニトロアニリン、ジアニシジン、パラフェニレンジアミン、ニトロベンゼン、アニリンオイル、アニリンソルト（塩酸アニリン）、アセトアニリド、ジメチルアニリン、ジエチルアニリン、スルファニル酸、ベンジジン、メタフェニレンジアミン、合成フェノール、サリチル酸、レゾルシンに限る。）	容器ごと。	証紙をはる。（または書く。）	JIS　K（規格番号） ㊞（許可番号） （製造年）　月 （製造業者（許可公示に工場名があれば工場も）名（または略号）） A B （D—10mm、A—40mm、B—20mm 以上、B/A—1/2）
トルオール系タール中間物（オルトニトロトルエン、パラニトロトルエン、オルトトルイジン、パラトルイジン、トリジン、塩化ベンジル、ベンズアルデヒド、安息香酸に限る。）			
ナフタリン系タール中間物（無水フタル酸、ベータナフトール、ベータナフチルアミン、ベータオキシナフトエ酸、アルファナフチルアミン、ナフチオン酸ナトリウム、H酸、J酸、ガンマ酸に限る。）			

品目	単位	方法	表示
クレヨンおよびパス	一本ごと。	書く。	日本工業規格による種類 製造業者名(または略号) (D—5 mm 以上)
アルミニウム鋳物製かま	一個ごと。	刻印	製造業者名 (D—5 mm以上)
硝酸	下のどちらか タンク車ごとの栓に 容器(タンク車を除く)ごと。	木札をつける。 証紙をはる。	日本工業規格番号 許可番号 製造年 製造業者名(または略号) (D—30 mm 以上 証紙または木札の大きさは自由)
グリセリン	容器ごと。	証紙をはる。(または書く。)	(日本工業規格番号) (日本工業規格による種類) (製造年) 月 (製造業者（許可公示に工場名があれば工場も）名(または略号)) (D—50mm以上 証紙の大きさは自由)

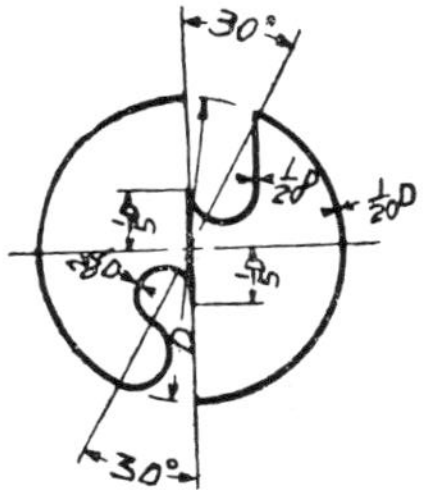

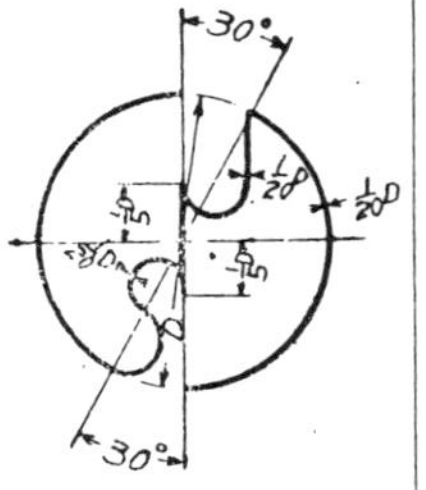

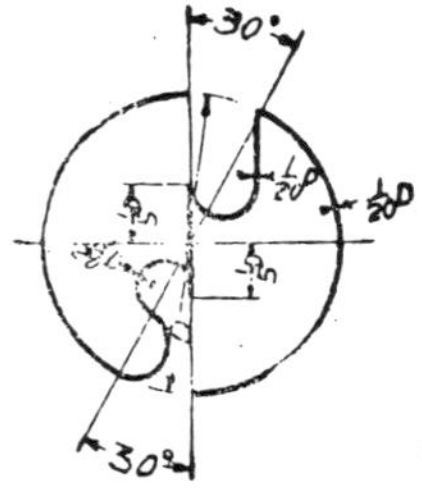

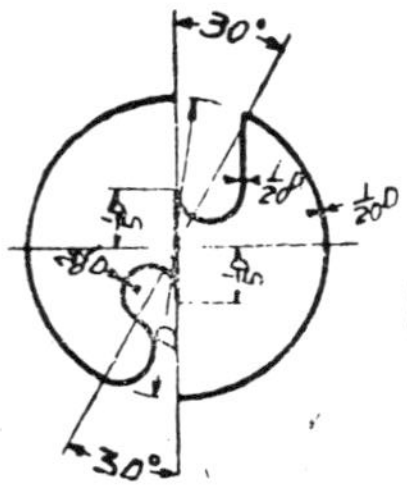

品目	製品の状態	表示の単位	表示の方法	表示事項	表示の様式
マイカ製品	厚いもの	一枚ごと。	書く。	製造業者名（または略号）	（D—10mm以上）
	薄いものおよび細いもの	包装ごと。			
回路計		製品ごと。	書く。	日本工業規格番号 許可番号 製造年 製造業者名（または略号）	（D—10mm以上）
ボイラ用水面計ガラス		包装または容器ごと。	書く。	日本工業規格番号 日本工業規格による種類 許可番号 製造業者名（または略号）	（D—7mm以上）
		製品ごと。（側面に）	書く。	製造業者の略号	（D—7mm以上）
		容器ごと。	書く。	許可番号 製造業者名	（D—10mm以上）

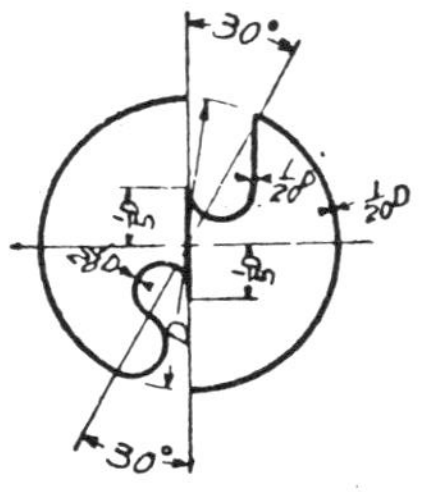

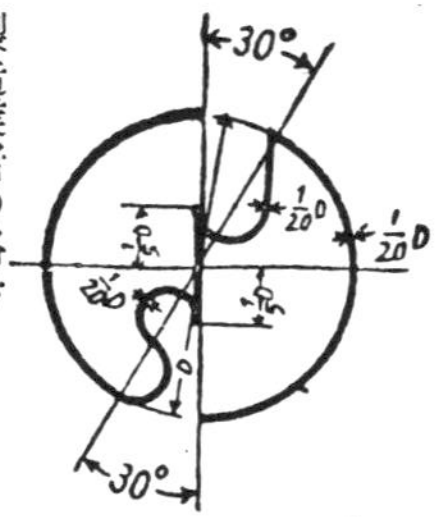

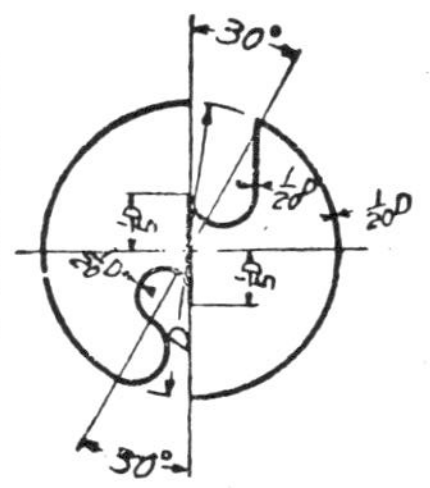

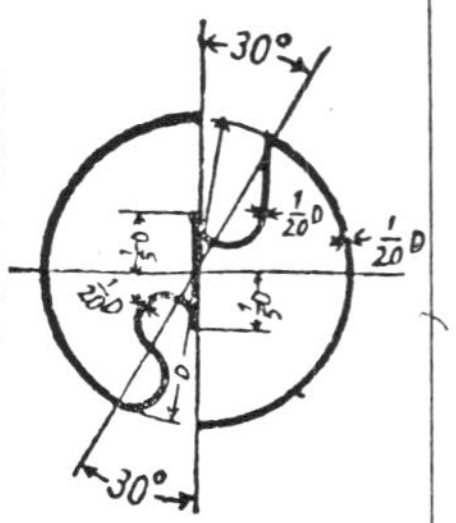

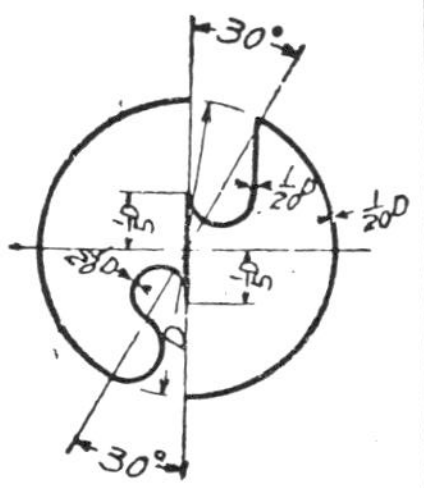

これらに対する表示許可申請書の様式は、昭和二十五年三月通商産業省告示第四十号（日本工業規格表示許可申請書の様式等に関する件）の様式等と同じ。

◉通商産業省告示第二百七号

昭和二十六年七月通商産業省告示第百九十三号の表油性塗料類の欄中「堅練ペイント、調合ペイント」を「堅練白亜鉛ペイント、堅練白鉛ペイント、堅練黒ペイント、堅練赤ペイント、堅練さび色ペイント、堅練ぶどう色ペイント、堅練黄色ペイント、堅練緑ペイント、堅練青ペイント、調合白亜鉛ペイント、調合白鉛ペイント、調合黒ペイント、調合赤ペイント、調合さび色ペイント、調合ぶどう色ペイント、調合黄色ペイント、調合緑ペイント、調合青ペイント、調合白亜鉛淡彩ペイント、調合白鉛淡彩ペイント、調合速乾ペイント」に改める。

昭和二十六年八月十六日　　通商産業大臣　高橋龍太郎

◉通商産業省告示第二百八号

緊要物資使用等規整規則（昭和二十六年通商産業省令第五十六号）第一條第一項の規定により、次の物資を緊要物資に指定する。

昭和二十六年八月二十一日　　通商産業大臣　高橋龍太郎

一　金属ニッケル

二　合成ゴム

三　コットンリンターパルプ

◉通商産業省告示第二百九号

緊要物資使用等規整規則（昭和二十六年通商産業省令第五十六号）第一條第四項の規定により、次の機関を発注者に指定する。

昭和二十六年八月二十一日　　通商産業大臣　高橋龍太郎

在日兵站司令部（Japan Logistical Command）

極東空軍資材補給部（Far East Air Material Command）

在日米国艦隊（U S Fleet Activitv, Japan）

◉通商産業省告示第二百十号

輸入貿易管理規則（昭和二十四年通商産業省令第七十七号）第一條の規定に基き、輸入に関する事項の公表を次の通り行い、昭和二十六年八月二十日から適用する。

昭和二十六年八月二十三日　　通商産業大臣　高橋龍太郎

輸入公表(第三十八回)

商品番号	品目	仕入地域	船積期	輸入限度(米弗)	担保の比率および種類	外貨資金割当証明書	銀行受付開始日	銀行受付締切日	その他の要件
2058(242—0260) 2059(242—0299) 2108(243—0260) 2109(243—0290)	米松、スプルースおよびヘムロック	ドル地域の非協定国	不指定	200,000	1%	要	8月20日	9月30日	中国満州およびソビエト連邦から輸入する場合は、Back to Back L/C または Escrow L/C によつて決済しなければならない。
2620(251—0300)	サルフアイトパルプ	ドル地域、スエーデン、フインランド	不指定	1,000,000	1%	要	8月20日	9月30日	同　上
2610(251—0410)	サルフエイトパルプ	ドル地域の非協定国、スエーデン	不指定	300,000	1%	要	8月20日	9月30日	同　上
0205(051—0300)	バナナ	台　湾	不指定	50,000	1%	要	8月20日	9月30日	
0209(051—0690) 0225(053—0115) 0229(053—0119)	生鮮またはかんゝ詰果物	台　湾	不指定	10,000	1%(現金)	不　要	8月20日	9月30日	
0205(051—0300)	バナナ	台　湾	不指定	50,000	20%(現金)	不　要	8月20日	9月20日	(1)担保の預入を受けた銀行は、預託の日から15日間当該担保を日本銀行に預託しなければならない。 (2)輸入承認申請金額は、一件につき、20,000米弗以上でなければならない。

備考　1　この公表の仕入地域の項にいう地域は、次の通りとする。

a 「ドル地域」とは、スターリング地域(標準決済方法に関する規則(昭和二十五年外国為替管理委員会規則第十五号)別表第一に掲げる地域)、オープン・アカウント諸国およびウルグアイ以外の地域をいう。

b 「ドル地域の協定国」とは、チリー、コロンビア、メキシコ、ペルー、琉球、スペインおよびベネズエラをいう。

c 「ドル地域の非協定国」とは、ドル地域のうち、協定国以外の諸国をいう。

2　この公表の商品番号の項中括弧内の数字は、昭和二十六年四月一日から適用されるはずの商品番号を示す。

◉通商産業省告示第二百十一号

昭和二十六年八月大蔵省告示第千百十八号（租税特別措置法第五條の五の規定の適用を受ける機械その他の設備の指定に関する件）に規定する通商産業局長の行う証明に関する手続を次のように定める。

昭和二十六年八月二十五日　　　　通商産業大臣　高橋龍太郎

第一條　機械その他の設備について、昭和二十六年八月大蔵省告示第千百十八号（租税特別措置法第五條の五の規定の適用を受ける機械その他の設備の指定に関する件。以下「大蔵省告示」という。）に規定する通商産業局長の証明を受けようとする者は、別記様式による申請書四通を当該機械その他の設備の設置される場所を管轄する通商産業局長に提出しなければならない。

第二條　通商産業局長は、前條の申請書の提出があつた場合において、当該機械その他の設備が大蔵大臣が大蔵省告示で指定する機械その他の設備に該当すると認めるときは、その旨を当該申請書の一通に記載し、証明書として当該申請者に交付する。

別記様式

年　　月　　日

申請者の住所

申請者の氏名または名称　　　　㊞

通商産業局長　　　　殿

租税特別措置法第五條の五の規定の適用を受ける機械その他の設備に関する申請書

下記の機械その他の設備は、昭和二十六年八月大蔵省告示第千百十八号（租税特別措置法第五條の五の規定の適用を受ける機械その他の設備の指定に関する件）に掲げる機械その他の設備に該当するものであることを証明して下さい。

大蔵省告示の中の表の種類および番号	固定資産耐用年数表の		機械その他の設備の名称	仕様および型式番号	製造者名	単価	数量	価額	設置場所	設置年月日	事業の用に供する予定年月日	備考
	「設備の種類」	「設備の区分」										

◉通商産業省告示第二百十二号

輸入貿易管理規則（昭和二十四年通商産業省令第七十七号）第一條の規定に基き、輸入に関する事項の公表を次の通り行い、昭和二十六年八月二十三日から適用する。

昭和二十六年八月二十七日

通商産業大臣　高橋龍太郎

輸　入　公　表（第三十九回）

商品番号	品目	仕入地域	船積期	輸入限度（米弗）	担保の比率および種類	外貨資金割当証明書	銀行受付開始日	銀行受付締切日	その他の要件
4131(313—0310) 4132(313—0320)	軽油	スターリング地域	不指定	456,000	1%	要	8月27日	9月30日	
4101 4111 4121 (313—0330 4102 313—0340 4112 313—0350) 4122	重油	スターリング地域	不指定	690,000	1%	要	8月27日	9月30日	
0601(061—0420)	糖蜜	フイリツピン	不指定	100,000	1%	要	8月27日	9月30日	
6021(662—0310)	対酸煉瓦（モルタールを含む。）	スエーデン	不指定	13,500	1%	要	8月27日	9月30日	
	解体用船舶	スターリング地域	不指定	200,000	1%	要	8月23日	9月30日	
0721(072—0110)	ココア豆（医薬用）	インドネシヤ	不指定	40,000	1%	要	8月27日	9月30日	
8220(732—0110) 8223(732—0120)	中古自動車	米国	不指定	20,000	1%	要	8月27日	9月30日	
3310(221—0200)	コプラ	フイリツピン	不指定	250,000	10%（現金）	不要	8月27日	9月30日	
0873(112—0430)	酒（泡盛）	琉球	不指定	5,000	10%（現金）	不要	8月27日	9月30日	(1)酒税法（昭和二十五年法律第三十五号）の規定により酒類販売業者としての政府の免許を受けた者でなければ輸入承認を申請することができない。 (2)上記の免許を受けていることを証する書類（免許書または国税局の発行する証明書）二通を添えて輸入承認申請を行うこと。

1152(655—0933)	宮古上布	琉　球	不指定	10,000	10% (現金)	不　要	8月27日	9月30日	
1152(655—0933)	つむぎ	琉　球	不指定	20,000	10% (現金)	不　要	8月27日	9月30日	
5168(292—0446)	海人草	香　港	不指定	15,000	10% (現金)	不　要	8月27日	9月30日	

備考　1　この公表の仕入地域の項にいうスターリング地域とは、標準決済方法に関する規則（昭和二十五年外国為替管理委員会規則第十五号）別表第一に掲げる地域をいう。

2　商品番号の項中括弧内の数字は、昭和二十六年四月一日から適用されるはずの商品番号を示す。

◉通商産業省告示第二百十三号

昭和二十六年八月通商産業省告示第二百二号（輸入に関する事項の公表（第三十六回）に関する件）の一部を次のように改正し、昭和二十六年八月二十四日から適用する。

昭和二十六年八月二十七日

通商産業大臣　高橋龍太郎

くず茶の欄の下に次の欄を加える。

3780(291—0931)	海　綿			(米国を除く。)															5,000	5%
3410(292—0123)	マングローブ樹皮			(米国を除く。)															150,000	5%
5189(541—0990)	パンサイン																		50,000	5%
7341(683—0110) 7349(683—0290) 7344(284—0121) 7421(683—0120) 7342(683—0210) 7342(683—0220) 7422(683—0230) 7321(687—0110) 7424(284—0132)	ニッケル地金および合金（くずおよび製品を含む。）	×	×	×		×	×	×		×	×	×	×	×	×	×	×	×	50,000	2%

◉通商産業省告示第二百十四号

指定施設等の使用制限に関する件(昭和二十二年商工、文部、農林、運輸、厚生省令第一号)第一條に規定する許可の申請および届出に関する手続を次のように定める。

昭和二十六年八月二十九日

通商産業大臣　高橋龍太郎

第一條　指定施設等の使用制限に関する件(昭和二十三年商工、文部、農林、運輸、厚生省令第一号。以下「省令」という。)第一條第一項の許可を申請しようとする者は、様式第一による申請書を、当該特定施設を使用しようとする場所を管轄する都道府県知事を経由して、通商産業大臣に提出しなければならない。

第二條　省令第一條第二項の許可を申請しようとする者は、様式第二による申請書を、当該特定機器を使用しようとする場所を管轄する都道府県知事を経由して、通商産業大臣に提出しなければならない。

第三條　省令第一條第三項の届出をしようとする者は、様式第三による届書を、当該一般施設を使用しようとする場所を管轄する都道府県知事を経由して、通商産業大臣に提出しなければならない。

第四條　省令第一條第四項の届出をしようとする者は、様式第四による届書を、当該一般機器を使用しようとする場所を管轄する都道府県知事を経由して、通商産業大臣に提出しなければならない。

第五條　特定施設、特定機器、一般施設または一般機器を借り受けた者が当該特定施設、特定機器、一般施設または一般機器について前各條に規定する申請書または届書を提出しようとするときは、様式第五による当該特定施設、特定機器、一般施設または一般機器の所有者の承諾書を、当該申請書または届書に添附しなければならない。

第六條　前各條に規定する申請書、届書または承諾書は、それぞれ四通とし、別に通商産業大臣が定める様式による英訳文六通を添附するものとする。

様式第一

特定施設用途変更許可申請書

年　月　日

申請者の住所
申請者の氏名または名称　㊞

通商産業大臣　殿

一　申請者と当該特定施設との関係
二　当該特定施設の名称および登録番号
三　当該特定施設の指定区分
四　当該特定施設の所在地
五　当該特定施設の用途の変更計画(生産品目を変更しようとするときは、その計画)
六　使用しようとする特定機器
　(イ)　当該特定施設に属する特定機器のうちあらたに使用しようとするものの台数
　(ロ)　他の特定施設に属する特定機器のうちあらたに使用しようとするものの台数
七　申請者の事業概要
　(イ)　事業開始(法人の場合は設立)年月日
　(ロ)　資本金額
　(ハ)　主要事業場における主要製品
　(ニ)　従業員数
八　用途の変更を必要とする理由

(注)　六については、様式第六による明細表を添附すること。

様式第二

特定機器使用許可申請書

年　月　日

申請者の住所
申請者の氏名または名称　㊞

通商産業大臣　殿

一　当該特定機器を使用しようとする事業場の名称、登録番号(指定施設でない場合は、「非指定」と記入すること。)および所在地
二　当該特定機器の台数
三　当該特定機器の属する特定施設の名称、登録番号、指定区分および所在地
四　当該特定機器を現在保有する事業場の名称、登録番号(指定施設でない場合は、「非指定」と記入すること。)および所在地ならびに当該事業場が保有する当該特定機器の台数
五　申請者の事業概要
　(イ)　事業開始(法人の場合は設立)年月日
　(ロ)　資本金額
　(ハ)　主要事業場における主要製品
　(ニ)　従業員数
六　使用を必要とする理由

(注)　二については、様式第六による明細表を添附すること。

様式第三

一般施設用途変更届

年　月　日

届出者の住所
届出者の氏名または名称　㊞

通商産業大臣　殿

一　当該一般施設の名称および登録番号
二　当該一般施設の所在地
三　当該一般施設の指定区分
四　当該一般施設の用途の変更計画

様式第四

一般機器使用届

年　月　日

届出者の住所
届出者の氏名または名称　㊞

通商産業大臣　殿

一　当該一般機器を使用しようとする事業場の名称、登録番号（指定施設でない場合は、「非指定」と記入すること。）および所在地

二　当該一般機器の台数

三　当該一般機器の属する一般施設の名称、登録番号、指定区分および所在地

四　当該一般機器を現在保有する事業場の名称、登録番号（指定施設でない場合は、「非指定」と記入すること。）および所在地ならびに当該事業場が保有する当該一般機器の台数

五　当該一般機器を使用しようとする用途（生産に使用しようとするときは、生産品目）

六　使用開始の予定日

（注）　二については、様式第六による明細表を添附すること。

様式第五

承　諾　書

年　月　日

所有者の住所
所有者の氏名
または名称　㊞

通商産業大臣　　殿

○○会社○○工場（登録番号○○）に属する別紙記載の物件を○○が○○において使用することを承諾する。

（注）　別紙として様式第六による明細表を添附すること。

様式第六

明　細　表

一連番号	名称	形式、寸度および能力	登録番号	休止稼動の別	評価未評価の別	台数	評価調書頁数	備考
1								
2								
3								
4								
5								
6								
7								
8								
9								
10								

◉通商産業省告示第二百十五号

昭和二十一年二月商工省告示第四十三号（電気事業主任技術者資格検定規則第十五条の規定による認定学校およびその卒業者の資格に関する件）の一部を次のように改正する。

昭和二十六年八月二十九日

通商産業大臣　高橋龍太郎

日本大学高等工学校の項の次に次の項を加える。

日本大学工業専門科（昭和二十八年九月以後ノ本科卒業生ニ限ル）　第二種

兵庫県立第一神戸工業学校の項の次に次の二項を加える。

神戸市立第一工業学校　第三種

神戸市立第二工業学校（昭和二十二年三月以後ニ卒業セル者ニ限ル）　第三種

宮崎県立宮崎工業学校の項の次に次の項を加える。

長崎県立佐世保工業学校　第三種

◉通商産業省告示第二百十六号

特別鉱害復旧臨時措置法（昭和二十五年法律第百七十六号）第二十五条第一項の規定により昭和二十六年八月十日までに認可を受けた者に係る同法第二十四条第一項の規定による昭和二十六年度以降の納付金の国庫納付期日を次のように定める。

昭和二十六年八月二十九日

通商産業大臣　高橋龍太郎

昭和二十六年六月六日から同年八月十日までに、特別鉱害復旧臨時措置法（以下「法」という。）第二十五条第一項の認可を受けた者の法第二十四条第一項の規定による昭和二十六年度以降の納付金の国庫納付期日は、その者に係る特別鉱害の復旧工事のうち、昭和二十五年度および昭和二十六年度以降国の各会計年度ごとに国の公共事業費または行政部費が支出され、または支出されるべきものに関し、法第二十五条第一項および第二項の規定による算出方法の例により算出される金額について、左の通りとする。ただし、昭和二十五年度に係る金額については、昭和二十六年度第二期とする。

イ　第一期　当該年の六月二十五日
ロ　第二期　当該年の九月二十五日
ハ　第三期　当該年の十二月二十五日
ニ　第四期　翌年の三月二十五日

◉通商産業省告示第二百十七号

電気用品取締規則（昭和十年通信省令第三十号）第二條の規定により、昭和二十六年一月二十日次のように電気用品の製造を免許した。

昭和二十六年八月三十日　通商産業大臣　高橋龍太郎

主とする営業所の名称または氏名	同上所在地	電気用品の種別	製造免許番号
共栄電気工業所　岡村忠厚	川口市仲町二丁目三一七一番地	電熱器	第二〇三二号
ウララ電器製作所　李兼玉	川口市仲町一丁目二九六四番地	〃	第二〇三三号
太陽電器製作所　李恭順	川口市青木町三丁目一〇六番地	〃	第二〇三四号
合資会社倉持製作所	東京都品川区西戸越三丁目八七六番地	接続器	第二〇四五号
千葉製作所　千葉稲雄	東京都品川区東戸越五丁目三四番地	〃	第二〇四七号
有限会社田中ベーク工業所	東京都品川区西戸越一丁目六六八番地	〃	第二〇四八号
菅野製作所　菅野虎雄	〃	〃	第二〇四九号
〃	〃	点滅器	第二〇五〇号
日高産業社　羽田豪夫	東京都千代田区神田神保町三丁目二七番地	電熱器	第二〇五一号
合資会社三進製作所	東京都墨田区隅田町二丁目三九番地	接続器	第二〇五三号
森本工業所　森本浅雄	東京都品川区荏原町五丁目二八一番地	〃	第二〇五四号
中村電器製作所　中村嘉一	東京都品川区平塚四丁目二七番地	〃	第二〇五五号
〃	〃	点滅器	第二〇五六号
進興電器製作所　千田順久	東京都品川区平塚二丁目六八三番地	接続器	第二〇五七号
〃	〃	点滅器	第二〇五八号
武藤電器製作所　武藤武燦	東京都品川区西中延一丁目一三七番地	接続器	第二〇五九号
共和電器社　金田錫吉	東京都大田区北千束町三九七番地	〃	第二〇六〇号
日電工業株式会社	東京都品川区西中延二丁目九〇三番地	点滅器	第二〇六一号
富士電線株式会社	松山市高浜町一丁目乙の六〇番地	絶縁電線	第二〇六二号
株式会社桜製作所	三島市六反田五丁目	小型電動機	第二〇六三号
明工社　韓大乙	東京都目黒区下目黒四丁目一〇二八番地	点滅器	第二〇九六号
酒井電線株式会社	東京都荒川区尾久町一丁目一一八〇番地	絶縁電線	第二一二八号
〃	〃	可撓紐線	第二一二九号
松山ベークライト工業所　松山世鉉	大阪市東成区大成通二丁目四五番地	接続器	第二一一五号
〃	〃	点滅器	第二一一六号
前橋成形工業株式会社	群馬県勢多郡木瀬村駒形町八二番地	接続器	第二〇四四号
〃	〃	点滅器	第二〇四六号

◉通商産業省告示第二百十八号

電気用品取締規則（昭和十年通信省令第三十号）第二條の規定により、昭和二十六年一月二十日次のように電気用品の製造を免許した。

昭和二十六年八月三十一日　通商産業大臣　高橋龍太郎

主とする営業所の名称または氏名	同上所在地	電気用品の種別	免許証書番号
有限会社佐々木商会	東京都大田区馬込町東二丁目九〇一番地	開閉器	第二一三四号
森山電機工業所　森山義雄	東京都品川区中延二丁目二七八番地	接続器	第二一三五号
〃	〃	点滅器	第二一三六号
大阪電器株式会社	大阪市阿倍野区昭和町東二丁目三番地	接続器	第二一三七号
〃	〃	点滅器	第二一三八号
協和電器製作所　門田聖	大阪市生野区田島町三丁目二二〇番地	接続器	第二一三九号
〃	〃	点滅器	第二一四〇号
大谷KT電業社　大谷幸三郎	大阪市西成区松田町二丁目二七番地	接続器	第二一四一号
〃	〃	点滅器	第二一四二号

名称	所在地	品目	番号
日電社製作所 二宮　敏純	大阪市北区曾根崎中一丁目六八番地	開閉器	第二一四三号
木下電機製作所 渡辺　春枝	大阪市阿倍野区旭町二丁目一〇六番地	〃	第二一四四号
大光電器製作所 難波　国生	大阪市東成区大今里北四丁目一五四番地	接続器	第二一四五号
三光電気株式会社	東京都品川区上大崎三丁目三三六番地	〃	第二一四六号
古川電機製作所 古川　伝一	名古屋市千種区若竹町四丁目七番地	可熔器	第二一四七号
堀田製作所 堀田　劔一	名古屋市中区裏門前町五丁目四番地	開閉器	第二一四八号
〃	〃	点滅器	第二一四九号
村上電陶製作所 村上　義雄	瀬戸市孫田町一一番地	〃	第二一五〇号
合資会社イシン金属工作所	瀬戸市春雨町一四番地	〃	第二一五一号
株式会社瀬戸無線碍子製作所	瀬戸市西茨町一〇八番地	〃	第二一五二号
株式会社北沢電機製作所	長野県上伊那郡赤穂町一四七九七番地	開閉器	第二一五三号
聖電工業株式会社	東京都大田区下丸子町一三四番地	小型変圧器	第二一五四号
株式会社鈴木工業所	瀬戸市東古瀬戸町八番地	接続器	第二一五五号
南山電機製作所 平岩　金一	愛知県東春日井郡水野村大字中水野字南山	〃	第二一五六号
下原電器製作所 下原雪次郎	東京都品川区荏原三丁目一〇八番地	〃	第二一五七号
山本電器製作所 山本　天外	東京都品川区小山三丁目三番地	〃	第二一五八号
新井製作所 新井　栄治	東京都品川区荏原二丁目二三五番地	〃	第二一五九号
小池電熱器製作所 小池　寛二	東京都北区上十條一丁目二五番地	電熱器	第二一六〇号
日平電機工業株式会社	東京都大田区入新井五丁目二三四番地	可熔器	第二一六一号
株式会社愛知電機工作所	名古屋市東区水筒先町二丁目二番地	小型変圧器	第二一六二号
村菊電気産業株式会社	東京都台東区御徒町二丁目三九番地	開閉器	第二一六四号
株式会社五十鈴製作所	名古屋市南区鳴浜町三丁目一五番地	小型変圧器	第二一六五号
東京電燈器具株式会社	東京都港区芝田村町三丁目五番地	開閉器	第二一六六号
〃	〃	点滅器	第二一六七号
〃	〃	接続器	第二一六八号
〃	〃	電熱器	第二一六九号
依光電器製作所 依光　清美	東京都品川区小山五丁目九二番地	接続器	第二一七〇号
東洋電線株式会社	大阪市東成区大今里本町五丁目八二番地	可撓紐線	第二一七一号
東興電気工業所 津留　貫之	東京都港区麻布新堀町七番地	小型変圧器	第二一七三号
有限会社日本電線管製造所	東京都葛飾区上松町五二〇番地	金属管及び金属線樋	第二一七二号
株式会社広瀬商会製作所	東京都大田区新井宿四丁目一二九六番地	可熔器	第二一六三号

◉通商産業省告示第二百十九号

工場、事業場等の管理に関する件（昭和二十一年商工・文部省令第一号）第一條第一項の規定により指定した指定施設のうち、同條第五項但書第一号の規定により、主務大臣の特に指定する指定施設を次のように指定する。

昭和二十六年九月三日

通商産業大臣　高橋龍太郎

一、航空機関係

会社名	工場または研究所名	所在地
日立航空機株式会社	千葉支社機体製作所	千葉県
株式会社日立製作所	柏工場	〃
日本航空機工業株式会社	松戸製作所	〃
〃	津田沼製作所	〃
中島飛行機株式会社	伊勢崎第一工場	群馬県
〃	亀岡工場	〃
〃	小泉製作所	〃
〃	桐生工場	〃
〃	前橋第一工場	〃
〃	〃第二工場	〃
〃	尾島工場	〃
〃	呑龍工場	〃
〃	新町工場	〃
〃	館林工場	〃
〃	太田工場	〃
館林航機株式会社	本社工場	〃
東亜航空工業株式会社	〃	〃
両毛産業株式会社		〃
富士飛行機株式会社	大船工場	神奈川県
石川島航空工業株式会社	杉田本社工場	〃
日本国際航空工業株式会社	平塚製作所	〃
日新工業株式会社	玉川工場	〃
〃	小田原工場	〃
立川工作所株式会社	〃	〃
日本飛行機株式会社	岡村工場	〃
〃	金沢工場	〃
株式会社日立製作所	高萩工場	茨城県
深沢航空工業株式会社	本社工場	〃
大宮航空工業株式会社	古河工場	〃
中島飛行機株式会社	大宮工場	埼玉県
中外加工品工業株式会社	白子製機工場	〃
熊谷航空工業株式会社	石原工場	〃
豊岡飛行機株式会社		〃
瑞穂産業株式会社	時俣工場	長野県
昭和飛行機株式会社	篠ノ井工場	〃
〃	松本工場	〃
諏訪航空工業株式会社	下諏訪工場	〃
石川島芝浦タービン株式会社	松本工場	〃
三菱重工業株式会社	第一工場	〃
〃	第二工場	〃
〃	長野（第五）分工場	〃
理研工業株式会社	柏崎工場	新潟県
東京航空機株式会社	村上製作所	〃
各和航空機工業株式会社	宇都宮兵器工場	栃木県
中島飛行機株式会社	足利工場	〃
〃	太田原分工場	〃
〃	栃木工場	〃
〃	宇都宮工場	〃
〃	渡良瀬工場	〃
〃	武蔵（大谷）工場	〃
大日本紡績株式会社	東京航空機製作所	東京都
大日本機械工業株式会社	青戸工場	〃
大日本航空機器株式会社	葛飾工場	〃
日立航空機株式会社	大森発動機製作所	〃
〃	立川発動機製作所	〃
各和航空機工業株式会社	板橋工場	〃
萱場産業株式会社	大森工場	〃
〃	東京工場	〃
〃	滝野川工場	〃
中島飛行機株式会社	浅川（地下）工場	〃
〃	三鷹工場	〃
〃	武蔵工場	〃
〃	荻窪工場	〃
〃	田無運転工場	〃
日本内燃機株式会社	蒲田製作所	〃
日本航空機工業株式会社	足立製作所	〃
日本建鉄工業株式会社	中川工場	〃
昭和飛行機工業株式会社	東京製作所	〃
〃	小作工場	〃
立川飛行機株式会社	立川工場	〃
日本楽器製造株式会社	東京工場	〃
立川航空工業株式会社		〃
中島航空金属株式会社	田無工場	〃
大日本航空株式会社	東京修理所	〃

立川飛行機株式会社	甲府製造所	山梨県
中島飛行機株式会社	横手工場	秋田県
〃	湯沢分工場	〃
株式会社秋木機械製作所	第三工場	〃
瑞穂産業株式会社	棚倉分工場	福島県
富士飛行機株式会社	磐城工場	〃
中島飛行機株式会社	福島（地下）工場	〃
〃	福島工場	〃
〃	白河工場	〃
小沢航空機器株式会社	藤田製作所	〃
会津製作所		〃
萱場産業株式会社	仙台製作所	宮城県
中川航器工業株式会社	塩釜製作所	〃
大日本航空機株式会社	仙台工場	〃
中島飛行機株式会社	岩手工場	岩手県
〃	岩谷戸工場	〃
〃	黒沢尻工場	〃
日本飛行機株式会社	山形製作所	山形県
米沢精密機械株式会社	製作所	〃
愛知航空機株式会社	永徳工場	愛知県
〃	熱田発動機製作所	〃
〃	榎戸工場	〃
〃	堀田工場	〃
〃	今村工場	〃
愛三工業株式会社	名古屋工場	〃
株式会社朝比奈鉄工所	起製作所	〃
中京飛行機株式会社	小牧工場	〃
各和航空機工業株式会社	起工場	〃
株式会社川西機械製作所	彌富工場	〃
川崎飛行機株式会社	一宮工場	〃
三菱重工業株式会社	第四製作所	〃
〃	第五工場	〃
〃	第十工場	〃
〃	第二十二工場	〃
〃	第十二工場	〃
〃	古見工場	〃
瑞穂産業株式会社	知立工場	〃
岡本工業株式会社	一宮工場	〃
〃	尾西工場	〃
橋本工業株式会社		〃
株式会社各務原精機製作所	寺島工場	岐阜県
川崎航空機株式会社	岐阜工場	〃
萱場産業株式会社	〃	〃
岡本工業株式会社	大垣工場	〃
金沢航空工業株式会社	本社工場	石川県
愛知航空機株式会社	津（地下）工場	三重県
三菱重工業株式会社	第三工場	〃
中島飛行機株式会社	四日市（第一）工場	〃
〃	〃（第二）工場	〃
住友金属工業株式会社	津工場	〃
瑞穂産業株式会社	天龍工場	静岡県
三菱重工業株式会社	第六工場	〃
中島飛行機株式会社	新居工場	〃
〃	三島工場	〃
〃	大岡分工場	〃
日本楽器製造株式会社	佐久良工場	〃
近江航空工業株式会社	富士ノ宮工場	〃
住友金属工業株式会社	服織工場	〃
	静岡工場	〃
石川島航空工業株式会社	中越工場	富山県
呉羽航空機株式会社	福野工場	〃
〃	呉羽工場	〃
株式会社高田アルミニウム製作所	富山工場	〃
扶桑金属工業株式会社	〃	〃
三菱重工業株式会社	第十八工場	福井県
日本国際航空工業株式会社	春江工場	〃
〃	福井工場	〃
〃	三国工場	〃
川西航空機株式会社	鳴尾工場	兵庫県
〃	姫路製作所	〃
〃	甲南工場	〃
〃	小林（地下）工場	〃
〃	宝塚工場	〃
川崎航空機工業株式会社	明石機体工場	〃
〃	明石工場	〃
〃	二見工場	〃
〃	西宮工場	〃
〃	須磨工場	〃
〃	北播工場	〃
鐘淵機械工業株式会社	西宮工場	〃
株式会社神戸工作所	明石工場	〃
〃	三木工場	〃
〃	神戸工場	〃
日本国際航空工業株式会社	神崎製作所	〃
住友金属工業株式会社	神崎（プロペラ）工場	〃
川西航空機株式会社	福知山（地下）工場	京都府

三菱重工業株式会社	第八製造所	〃
〃	第十四製造所	〃
日本国際航空工業株式会社	上京工場	〃
〃	大久保製作所	〃
〃	園部製作所	〃
株式会社吉忠製作所	京都工場	〃
丹後精機株式会社	網野工場	〃
大日本セルロイド株式会社	機械工場	大阪府
大日本工機株式会社	岸和田工場	〃
川崎航空機工業株式会社	堺工場	〃
〃	高槻工場	〃
松下航空工業株式会社	関目工場	〃
大阪航空精機株式会社	本社工場(東淀川区)	〃
大阪金属工業株式会社	神崎川工場	〃
〃	淀川製作所	〃
石産精工株式会社	本社工場	〃
株式会社高田アルミニウム製作所	大和川工場	〃
松下飛行機株式会社	第一工場	〃
近江航空工業株式会社	彦根第一工場	滋賀県
〃	〃第二工場	〃
倉敷飛行機株式会社	坂出工場	香川県
三菱重工業株式会社	第七製造所	岡山県
立川飛行機株式会社	岡山工場	〃
日産輸送飛行機株式会社	鳥取工場	鳥取県
太刀洗航空工業株式会社	山口工場	山口県
太刀洗航空機株式会社	基山工場	佐賀県
九州飛行機株式会社	板付工場、	福岡県
〃	香椎工場	〃
〃	雑餉隈工場	〃
太刀洗航空機株式会社	下淵工場	〃
川崎航空機工業株式会社	都城工場	宮崎県
三菱重工業株式会社	第九製造所	熊本県

二、工作機械関係

会社名	工場または研究所名	所在地
理研工業株式会社	柏崎工場	新潟県

三、兵器関係

会社名	工場または研究所名	所在地
大日本機械工業株式会社	桐生工場	群馬県
原市工業所		〃
久保田鉄工所		〃
理研工業株式会社	前橋工場	〃
池貝自動車工業株式会社	川崎工場	神奈川県
小倉製鋼株式会社	淵野辺工場	〃
株式会社日本製鋼所	横浜工場、	〃
日平産業株式会社	〃	〃
大船産業株式会社	大船工場	〃
〃	第五工場	〃
合名会社東京螺子製作所		〃
横山工業株式会社		〃
有限会社大和工業	高木工場	長野県
松本精機工業株式会社		〃
株式会社津上製作所	信州工場	〃
羽田精機株式会社	羽田トラツクター工場	茨城県
日立兵器株式会社	水戸工場	〃
株式会社興亜精機製作所		〃
東晃産業株式会社		〃
石川島重工業株式会社		新潟県
日平産業株式会社	第六工場	〃
株式会社小野鉄工所	第二工場	〃
中外火工品株式会社	大和田工場	埼玉県
中央工業株式会社	新倉工場	〃
深谷工業株式会社		〃
鐘ケ淵工業株式会社	上尾兵器工場	〃
株式会社新潟鉄工所	浦和工場	〃
株式会社日立製作所		栃木県
関東工業株式会社		〃
日本造機株式会社		〃
株式会社日本製鋼所	宇都宮製作所	〃
中央工業株式会社	王子工場	東京都
〃	国分寺工場	〃
〃	六郷工場	〃
株式会社光精機製作所	本社工場	〃
日立兵器株式会社		〃
日本特殊鋼株式会社	大森製鋼工場	〃
鐘ケ淵工業株式会社	練馬工場	〃
〃	東京工場	〃
三菱重工業株式会社東京機器製作所	丸子工場	〃
株式会社日本製鋼所	武蔵工場	〃
日本曹達株式会社大島製鋼所	砂町工場	〃
日本特殊金属株式会社	町田工場	〃
理研工業株式会社	小台工場	〃
株式会社湘南製作所	多摩川工場	〃
東京重機工業株式会社	東京工場	〃

羽田精機株式会社	羽田工場	〃
中央工業株式会社	山梨工場	山梨県
〃	秋田工場	秋田県
大日本兵器株式会社	第四製作所	福島県
株式会社福島製作所		〃
株式会社金門金属工業所		〃
理研工業株式会社	棚倉工場	〃
トリド計器株式会社		〃
旭兵器製造株式会社		愛知県
大成兵器株式会社	蒲郡工場	〃
日平産業株式会社	第三製作所	〃
岡本工業株式会社	萩原工場	〃
藤田製作所		岐阜県
金城工業株式会社	養老工場	〃
北陸兵器株式会社		石川県
興国工業株式会社	金沢工場	〃
日本電気冶金株式会社	粟田工場	〃
不二越鋼材工業株式会社	羽咋工場	〃
北陸機械工業株式会社	動橋工場	〃
株式会社天野製作所	三重工場	三重県
鈴木式織機株式会社	二俣工場	静岡県
〃	高塚工場	〃
帝国特殊製鋼株式会社	高岡工場	富山県
不二越鋼材工業株式会社	山室製作所	〃
中央工業株式会社	伊丹工場	兵庫県
大阪機工株式会社	猪名川工場（新田）	〃
須鎗産業株式会社	須鎗工場	〃
帝国精機産業株式会社		〃
平安産業株式会社	九條工場	京都府
壽重工業株式会社	本社工場	〃
株式会社山科精工所	日岡工場	〃
大同興業株式会社	交野工場	大阪府
大日本造機株式会社		〃
橋本重工業株式会社		〃
関西製鑵株式会社		〃
川崎造機株式会社		〃
株式会社中山太陽堂		〃
日本タイプライター株式会社		〃
大阪機工株式会社	加島製作所	〃
〃	吉見工場	〃
大阪金属工業株式会社	堺工場	〃
大阪製鎖造株式会社	貝塚工場	〃
〃	茨木特殊工場	〃
大和田製作所		〃
住友金属工業株式会社		〃
田中スポーク株式会社		〃
東邦工作所	瓢箪山工場	〃
〃	布施工場	〃
松下金属株式会社	瀬田工場	滋賀県
株式会社寺内製作所	雄松工場	〃
旭兵器工業株式会社		広島県
第一産業株式会社		〃
株式会社北川鉄工所	本社工場	〃
株式会社日本製鋼所	広島工場	〃
東洋工業株式会社		〃
川崎造機株式会社	鳥取工場	鳥取県
神鋼兵器工業株式会社	倉吉工場	〃
〃	上井工場	〃
宇部興産株式会社		山口県
岡田製作所	立花工場	愛媛県
野田産業株式会社	高松工場	香川県
大日本航機株式会社		佐賀県
佐友化学工業株式会社	鶴崎工場	大分県
九州兵器株式会社		福岡県
松下金属株式会社	九州工場	〃
三井鉱山株式会社	渡瀬工場	〃
株式会社熊本鉄工所	春竹工場	熊本県
三菱重工業株式会社	長崎精機工場	長崎県

◉通商産業省告示第二百二十号

輸入貿易管理規則（昭和二十四年通商産業省令第七十七号）第一條の規定に基き、輸入に関する事項の公表を次の通り行い、昭和二十六年九月六日から適用する。

昭和二十六年九月八日

通商産業大臣　高橋龍太郎

輸入公表（第四十回）

商品番号	品目	仕入地域	船積期	輸入限度（米弗）	担保の比率および種類	外貨資金割当証明書	銀行受付開始日	銀行受付締切日	その他の要件
4000～4030 (312—0110～312—0140)	原油	ドル地域の協定国および非協定国、スターリング地域	1～3月(52)	2,000,000	1%	要	9月6日	10月31日	中国、満州およびソビエト連邦から輸入する場合は、Back to Back L/C または Escrow L/C によつて決済されること。
6340(313—0920)	石油コークス	米国	不指定	1,000,000	1%	要	9月6日	10月31日	
6350(313—0930)	煆焼石油コークス	米国	不指定	100,000	1%	要	9月6日	10月31日	
4141(313—0210) 4142(313—0220) 4160(313—0120) 4200(313—0420) 4240(313—0410)	石油製品（内国航空用）	米国	不指定	150,000	1%	要	9月6日	10月31日	
7009(281—0100)	鉄鉱石	ドル地域の協定国および非協定国	不指定	2,500,000	1%	要	9月6日	10月31日	中国、満州およびソビエト連邦から輸入する場合は、Back to Back L/C または Escrow L/C によつて決済されること。
7276(681—0260)	フエロモリブデン	米国	不指定	10,000	1%	要	9月6日	10月31日	
6540(272—0740)	工業用ダイヤモンドボーツ	ベルギーおよびその属領、米国、スターリング地域、オランダ	不指定	50,000	1%	要	9月6日	10月31日	
6540(272—0740)	工業用ダイヤモンドクラッシング	ベルギーおよびその属領、スターリング地域、オランダ	不指定	50,000	1%	要	9月6日	10月31日	
6601(272—0510)	塩	タイ	不指定	100,000	1%	要	9月6日	10月31日	

5010—5019 (531—0110～531—0170 591—0199)	染　料	スターリング地域、ドイツ連邦	不指定	100,000	1%	要	9月6日	10月31日	
7382(689—0140)	水　銀	ドル地域の協定国および非協定国	不指定	100,000	1%	要	9月6日	10月31日	中国、満州およびソビエト連邦から輸入する場合は、Back to Back L/C または Escrow L/C によつて決済されること。
4300(313—0520) 4310(313—0530)	液体パラフィン(U.S.P)	米　国	不指定	3,000	1%	要	9月6日	10月31日	
4300(313—0520) 4310(313—0530)	固型パラフィン(U.S.P)	米　国	不指定	2,000	1%	要	9月6日	10月31日	
4230(313—0510)	白色ペトロリウムジエリー(U.S.P)	米　国	不指定	3,000	1%	要	9月6日	10月31日	
4230(313—0510)	ウ色ペトロリ黄ムジエリー(U.S.P)	米　国	不指定	2,000	1%	要	9月6日	10月31日	
5102(599—0960)	コンステイツブリツカー	米　国	不指定	2,000	10%(現金)	不要	9月6日	10月31日	

備考　1　この公表の仕入地域の項にいう地域は、次の通りとする。

a　「スターリング地域」とは、標準決済方法に関する規則(昭和二十五年外国為替管理委員会規則第十五号)別表第一に掲げる地域をいう。

b　「ドル地域」とは、スターリング地域、オープン•アカウント地域およびウルグワイ以外の地域をいう。

c　「ドル地域の協定国」とは、チリー、コロンビア、メキシコ、ペルー、琉球、スペインおよびヴエネズエラをいう。

d　「ドル地域の非協定国」とは、ドル地域のうち、協定国以外の諸国をいう。

2　商品番号の項中括弧内の数字は、昭和二十六年四月一日から適用されるはずの商品番号を示す。

3　船積期の項における括弧内の数字(52)は、西暦1952年を示す。

◉通商産業省告示第二百二十一号

輸出品取締法（昭和二十三年法律第百五十三号）第七條の二第一項および第七條の五第二項ならびに輸出品取締法施行規則（昭和二十六年厚生、農林、通商産業、運輸省令第一号）第五條の規定に基き、第七條の二輸出品の品目および登録基準ならびに表示政府機関の名称および所在地を次のように定める。

昭和二十六年九月十二日

通商産業大臣　高橋龍太郎

品目	登録の基準			表示政府機関	
	機械器具その他の設備の種類およびこれらの性能		検査人にかかわる條件	名称	所在地
Aの一　双眼鏡	ダイナメーター	〇・一ミリメートル読みで、測定範囲が一〇ミリメートル以上のもの。（目盛誤差は、プラスマイナス〇・〇一ミリメートル以内）	左の各号の一に該当すること。 一　学校教育法（昭和二十二年法律第二十六号）による大学、旧高等学校令（大正七年勅令第三百八十九号）による高等学校、旧専門学校令（明治三十六年勅令第六十一号）による専門学校を卒業した者または通商産業大臣がこれらと同等以上の学力を有するものと認めた者であつて、昭和二十一年以後において二年以上双眼鏡検査の経験を有すること。 二　学校教育法による高等学校、旧中等学校令（昭和十八年勅令第三十六号）による中等学校を卒業した者または通商産業大臣がこれらと同等以上の学力を有するものと認めた者であつて、昭和十七年以後において五年以上双眼鏡検査の経験を有すること。	機械金属検査所	東京都中央区東銀座六の一
	倍率測定装置	精度が測定倍率のプラスマイナス一%以内のもの。		機械金属検査所大阪支所	大阪市西区本田二番地二〇の一
	視界測定器	読取目盛は、二分以下で測定範囲が三〇度以上のもの。（目盛誤差は、プラスマイナス一分以内）		機械金属検査所名古屋出張所	名古屋市東区東二葉町四四
	視度望遠鏡	読取目盛は、一デオプター以内で、測定範囲がプラスマイナス四デオプター以上のもの。（目盛誤差は、プラスマイナス〇・一デオプター以内）		機械金属検査所福岡出張所	福岡市新大工町五〇
	光軸平行度測定器	望遠鏡式であつて、その平行度が、二十秒以内のもの。			
	分解力測定装置	精度が分解力許容範囲値の五%以内のもの。			
	振動試験機	振幅一ミリメートル毎分二五〇回の上下振動を与えることができるもの。			

Aの二	軸受および鋼球軸受	材料試験機	圧砕能力が三〇トン以上のもの。	左の各号の一に該当すること。 一　学校教育法による大学、旧専門学校令による専門学校の機械科もしくはこれに準ずる学科を修得して卒業した者または通商産業大臣がこれらと同等以上の学力を有するものと認めた者であつて、昭和二十一年以後において二年以上軸受検査の経験を有すること。 二　学校教育法による高等学校、旧中等学校令による工業学校を卒業した者または通商産業大臣がこれらと同等以上の学力を有するものと認めた者であつて、昭和十七年以後において五年以上軸受検査の経験を有すること。	同右	同右
		ロックウェル式硬度計	Cスケール			
		ボールベアリングの溝横振れ、横振れおよび偏心測定器				
		ローラーベアリングの横振れ及び偏心測定器試験軸	偏心千分の二ミリメートル以内で、かつ、テーパー四千分の一のものであつて、一五ミリメートル、一七ミリメートルおよび二〇ミリメートルから五ミリメートル間隔で八〇ミリメートルまでのそれぞれの内径を検査することができるもの。			
		ブロックゲージ	百三箇組でA級以上のもの。			
		ダイアルゲージ	百分の一ミリメートル読みのものおよび千分の一ミリメートル読みのもの。			
		ミニメーター				
		内径測定器	千分の一ミリメートル読みのもの。			
		鋼球表面検査装置				
	鋼球	材料試験機	圧砕能力が三〇トン以上のもの。	同右	同右	同右
		ロックウェル式硬度計	Cスケール			
		ブロックゲージ	百三箇組でA級以上のもの。			
		ミニメーター				
		鋼球表面検査装置				
Aの三	家庭用ミシンおよび同部品完成ミシン（頭部単独の場合を含む。以下本項において同じ。）	塗装押圧検査器	半径一四ミリメートルの鋼球をもつて塗装面に五キログラムの荷重を加えることができるもの。	左の各号の一に該当すること。 一　学校教育法による大学、旧専門学校令による専門学校の機械科もしくはこれに準ずる学科を修得して卒業した者または通商産業大臣がこれらと同等以上の学力を有するものと認めた者であつて、昭和二十一年以後において二年以上	同右	同右
		定盤	長さ六十センチメートル幅四五センチメートル以上のもの。			
		回転計	毎分八〇〇回以上の回転数を測定することができるもの。			
		運転台	毎分約八〇〇回以上で連続四時間以上の回転を与えることができるもの。			
		シックネスゲージ	〇・二五、〇・三五、〇・四、〇・五および一ミリメートルを測定することができるもの。			

指定商品	機器	規格	資格		
	トルクメーター	バネ式のもの。	完成ミシン検査の経験を有すること。ただし、一年未満のその製造経験は、同期間の検査の経験とみなす。		
	測定圧加圧器	百グラム、五百グラムおよび千五百グラムを加圧することができるもの。	二　学校教育法による高等学校、旧中等学校令による工業学校を卒業した者または通商産業大臣がこれらと同等以上の学力を有するものと認めた者であつて、昭和十七年以後において五年以上完成ミシン検査の経験を有すること。ただし、二年未満のその製造経験は、同期間の検査の経験とみなす。		
	互換部品の寸法測定用各種ゲージ類	日本工業規格B九〇一一のミシン部品の各寸法を測定することができるもの。			
	ブロックゲージ	B級以上のもの。			
	ダイアルゲージ	百分の一ミリメートル読みで、スタンド付のものでかつ、アタッチメントがあるもの。			
	マイクロメーター	測定範囲が零から二五ミリメートルまでおよび二五ミリメートルから五〇ミリメートルまでのもの。			
	硬度計	ミクロビッカースまたはビッカース			
	メッキ試験用品				
ミシン部品（ボビン、ボビンケース、大ガマ、中ガマ、押えおよび押え棒をいう。以下本項において同じ。）	定盤	長さ四五センチメートル幅三〇センチメートル以上のもの。	左の各号の一に該当すること。 一　学校教育法による大学、旧専門学校令による専門学校の機械科もしくはこれに準ずる学科を修得して卒業した者また通商産業大臣がこれらと同等以上の学力を有するものと認めた者であつて、昭和二十一年以後において二年以上ミシン部品検査の経験を有すること。ただし、一年未満のその製造経験は、同期間の検査の経験とみなす。 二　学校教育法による高等学校、旧中等学校令による工業学校を卒業した者または通商産業大臣がこれらと同等以上の学力を有するものと認めた者であつて、昭和十七年以後において五年以上ミシン部品検査の経験を有すること。ただし、二年未満のその製造経験は、同期間の検査の経験とみなす。	同右	同右
	寸法測定用各種ゲージ	日本工業規格B九〇一一のミシン部品の各寸法を測定することができるもの。			
	ブロックゲージ	B級以上のもの。			
	ダイアルゲージ	百分の一ミリメートル読みで、スタンド付のもの。			
	マイクロメーター	測定範囲が零から二五ミリメートルまでおよび二五ミリメートルから五〇ミリメートルまでのもの。			
	硬度計	ミクロビッカースまたはビッカース			

◉通商産業省告示第二百二十二号

工業標準化法施行規則（昭和二十四年総理府令、文部省令、厚生省令、農林省令、通商産業省令、運輸省令、郵政省令、電気通信省令、労働省令、建設省令第一号）第六十四條、第六十四條の二第二項および第六十五條第二項の規定により、次のように、指定商品を公表し、その指定商品の表示許可申請書および表示の様式等を定める。

昭和二十六年九月十三日

通商産業大臣　高橋龍太郎

指定品目	表示場所（見やすいところに）	表示方法	表示内容
普通用鋼管（ガス管・一般用鋼管に限る。）	下のどちらか 一束ごと	刻印した金属板を結ぶ。	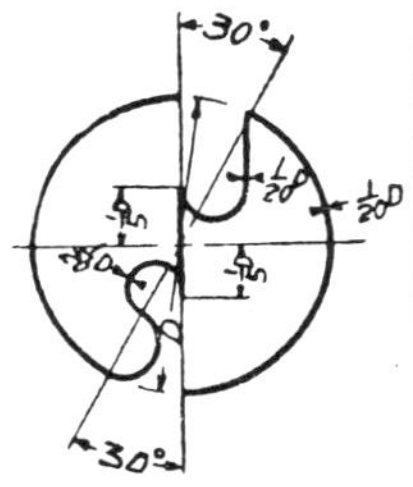 日本工業規格による種類 日本工業規格番号 許可番号 製造年（または略号） 製造業者名（または略号） （D—10 mm）
	一本ごと（一本ごとに出荷される場合）	捺印、ペンキ型吹付け、刻印、その他消えにくい方法で書く。	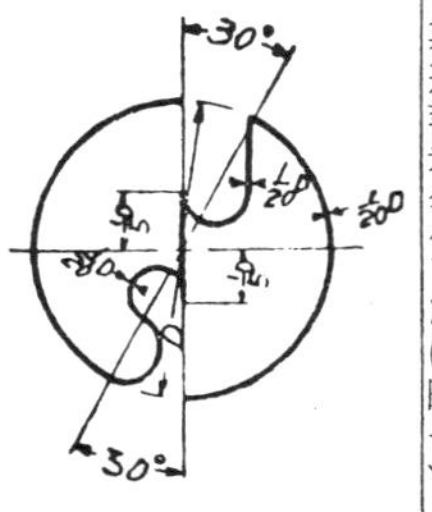 日本工業規格による種類 製造年（または略号） 製造業者名（または略号） （D—10 mm以上）
特殊用鋼管（高圧用鋼管・高温高圧用鋼管・ボイラ用鋼管・機関車ボイラ用鋼管・化学工業用鋼管に限る。）	普通用鋼管に同じ。		
鉱山保安帽	製品ごと	証紙（大きさは自由）をはる。	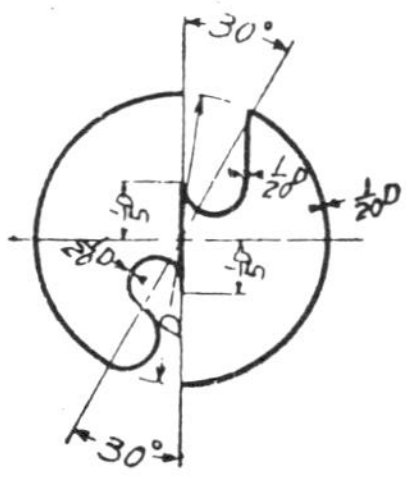 日本工業規格による種類 許可番号 製造年（または略号） 製造業者名（または略号） （D—10 mm）
なせん銅ロール	製品ごと（端面に）	刻印	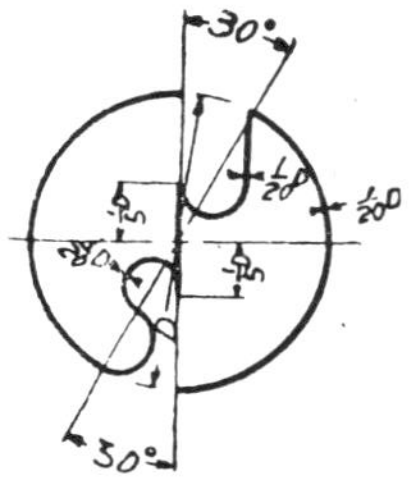 日本工業規格番号 製造業者名（または略号） （D—10 mm以上）

品目	表示単位	表示方法	表示の様式
携帯電燈	製品ごと	刻印（または押出、その他の落ちにくい方法）	製造業者名（または略号） 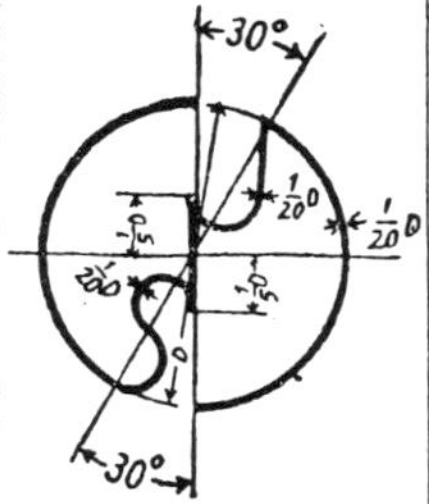 （D—5 mm以上）
大形紙袋（セメント用に限る。）	包装ごと	荷札をつける。	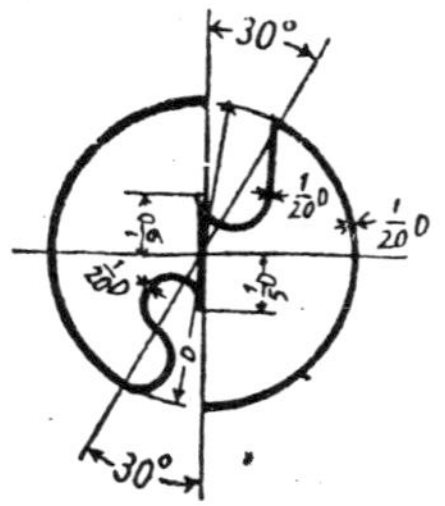 （日本工業規格番号） （日本工業規格による種類） （許可番号） （製造業者名（または略号）） （D—20 mm以上）
鉛筆に付ける消ゴム	容器ごと	証紙（大きさは自由）をはる。	日本工業規格番号 日本工業規格による種類 許可番号 製造業者名（または略号） 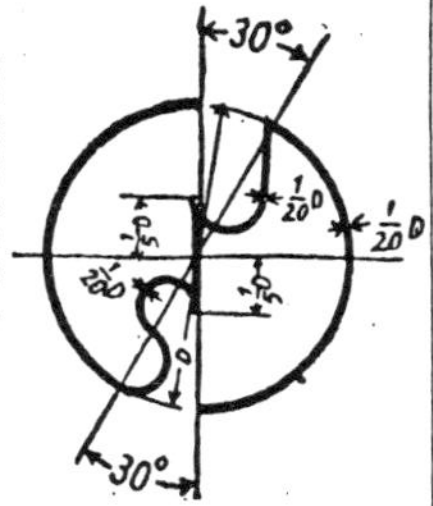 （D—20 mm以上）
冷蔵器	製品ごと（前面の上端中央部に）	銘板をつける。	日本工業規格番号 日本工業規格による等級・種類 許可番号 製造業者名 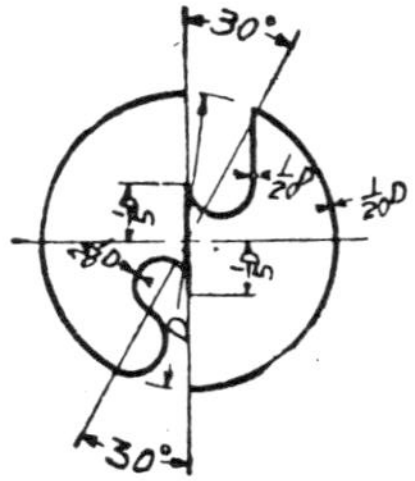 （D—15 mm以上）
酸素	容器ごと	証紙（大きさは自由）をはる。	製造業者名（圧縮瓦斯及液化瓦斯取締法施行令により記載してある場合は、省略してもよい。） 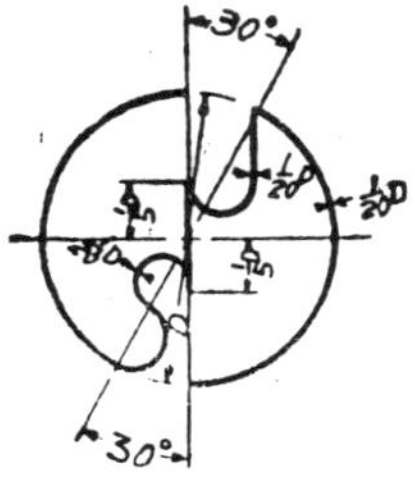 （D—10 mm以上）

これらの品目に関する表示許可申請書の様式等は、昭和二十五年三月通商産業省告示第四十号（日本工業規格表示許可申請書の様式等に関する件）の様式等と同じ。

◉通商産業省告示第二百二十三号

昭和二十五年三月通商産業省告示第三十九号（鉱工業品の品目指定の公表に関する件）、同年七月通商産業省告示第百二十八号（一般照明用電球等の表示様式に関する件）および昭和二十六年三月通商産業省告示第七十三号（ころ軸受等の表示様式に関する件）の一部を次のように改正する。

昭和二十六年九月十三日

通商産業大臣　高橋龍太郎

一、昭和二十五年三月通商産業省告示第三十九号ワニス・エナメル類の項中「およびオイルサーフエーサー」を「オイルサーフエーサー、ゴールドサイズ、コーパルワニス、ボデーワニス、スパーワニス、黒ワニス、フエノール樹脂ワニス、フタール酸樹脂ワニス、フエノール樹脂エナメル、フタール酸樹脂エナメル、白エナメル、黒エナメル、赤エナメル、赤さび色エナメル、ぶどう色エナメル、黄色エナメル、緑エナメル、青エナメル、つや消エナメル、銀色エナメル、トラフイツクペイントおよびアルミニウムペイント」に、レンチの項中「モンキレンチ」を「モンキレンチおよびパイプレンチ」に改める。

二、昭和二十五年七月通商産業省告示第百二十八号中「およびオイルサーフエーサー」を「オイルサーフエーサー、ゴールドサイズ、コーパルワニス、ボデーワニス、スパーワニス、黒ワニス、フエノール樹脂ワニス、フタール酸樹脂ワニス、フエノール樹脂ワニス、フタール酸樹脂エナメル、白エナメル、黒エナメル、赤エナメル、赤さび色エナメル、ぶどう色エナメル、黄色エナメル、緑エナメル、青エナメル、つや消エナメル、銀色エナメル、トラフイツクペイントおよびアルミニウムペイント」に改める。

三、昭和二十六年三月通商産業省告示第七十三号の表レンチの欄中「モンキレンチ」を「モンキレンチ・パイプレンチ」に改める。

◉通商産業省告示第二百二十四号

昭和二十六年八月通商産業省告示第二百二号（輸入に関する事項の公表（第三十六回）に関する件）の一部を次のように改正し、昭和二十六年九月十二日から適用する。

昭和二十六年九月十四日

通商産業大臣　高橋龍太郎

ニツケル地金および合金（くずおよび製品を含む。）の欄の下に次の欄を加える。

3391(221-0600)	綿実	（米国を除く。）							150,000	2
3393(221-0980)	カポツク種子	（米国を除く。）							100,000	2

◉通商産業省告示第二百二十五号

昭和二十六年一月通商産業省告示第十九号（輸出貿易管理令別表第一第三十号の規定に基く、仕向国における特許権、意匠権、商標権又は著作権を侵害するおそれのある貨物の指定の件）の一部を次のように改正する。

昭和二十六年九月十五日

通商産業大臣　高橋龍太郎

第三項第六号の次に次の一号を加える。

7　「ZIPPO」またはこれと類似の商標をつけたシガレツトライター

◉通商産業省告示第二百二十六号

輸入貿易管理規則（昭和二十四年通商産業省令第七十七号）第一條の規定に基き、輸入に関する事項の公表を次の通り行い、昭和二十六年九月十四日から適用する。

昭和二十六年九月十八日

通商産業大臣　高橋龍太郎

輸入公表（第四十一回）

商品番号	品目	仕入地域	船積期	輸入限度（米弗）	担保の比率および種類	外貨資金割当証明書	銀行受付開始日	銀行受付締切日	その他の要件
5221(511—0938)	チリー硝石	ドル地域の協定国	不指定	150,000	1%	要	9月18日	10月31日	
2620(251—0300)	晒サルフアイトパルプ（セルローズ89%以上）	ドル地域	不指定	300,000	1%	要	9月18日		中国、満洲およびソビエト連邦から輸入する場合は、Back to Back L/C または Escrow L/C によつて決済されること。
	解体用船舶	ドル地域	不指定	100,000	1%	要	9月14日		同上

備考 1 この公表の仕入地域の項にいう「ドル地域」とは、スターリング地域、オープン・アカウント地域およびウルグワイ以外の地域をいい、「ドル地域の協定国」とは、チリー、コロンビア、メキシコ、ペルー、琉球およびベネズエラをいう。
2 商品番号の項における括弧内の数字は、昭和二十六年四月一日から適用されるはずの商品番号を示す。

◉通商産業省告示第二百二十七号

昭和二十六年八月通商産業省告示第二百三号（輸入に関する事項の公表（第三十七回）に関する件）の一部を次のように改正する。

昭和二十六年九月十九日

通商産業大臣　高橋龍太郎

鉄鋼製品の欄中「7203〜7289 7299 (681—0120〜 681—1400 681—1500)」を「7203〜7289 7299 7519 (681—0120 681—1400 681—1500 699—0300)」に改める。

◉通商産業省告示第二百二十八号

昭和二十六年八月通商産業省告示第二百二号（輸入に関する事項の公表（第三十六回）に関する件）の一部を次のように改正し、昭和二十六年九月七日から適用する。

昭和二十六年九月十九日

通商産業大臣　高橋龍太郎

1 その他の要件の欄中第十号の次に次のように加える。

(11)香港から輸入する場合、香港日本清算勘定による決済を条件として、輸入の承認を申請することができる者は、昭和二十六年九月六日以前に輸入契約が成立していることを証する書類（正式の契約書または契約締結に関する電信の原文）を昭和二十六年九月二十日までに外国為替銀行に提出して、その登録を受け、同日までに輸入の承認を申請するものに限る。

◉通商産業省告示第二百二十九号

昭和二十六年八月通商産業省告示第二百三号（輸入に関する事項の公表（第三十七回）に関する件）の一部を次のように改正し、昭和二十六年九月七日から適用する。

昭和二十六年九月十九日

通商産業大臣　高橋龍太郎

1 その他の要件の欄中第三号の次に次のように加える。

(4)香港から輸入する場合、香港日本清算勘定による決済を条件として、輸入の承認を申請することができる者は、昭和二十六年九月六日以前に輸入契約が成立していることを証する書類（正式の契約書または契約締結に関する電信の原文）を昭和二十六年九月二十日までに外国為替銀行に提出して、その登録を受け、同日までに輸入の承認を申請するものに限る。

◉通商産業省告示第二百三十号

昭和二十六年八月通商産業省告示第二百十二号(輸入に関する事項の公表(第三十九回)に関する件)の一部を次のように改正し、昭和二十六年九月七日から適用する。

昭和二十六年九月十九日　　通商産業大臣　高橋龍太郎

海人草の欄中その他の要件の項に次の條件を加える。

香港日本清算勘定による決済を條件として、輸入の承認を申請することができる者は、昭和二十六年九月六日以前に輸入契約が成立していることを証する書類（正式の契約書または契約締結に関する電信の原文）を昭和二十六年九月二十日までに外国為替銀行に提出して、その登録を受け、同日までに輸入の承認を申請するものに限る。

◉通商産業省告示第二百三十一号

昭和二十六年八月通商産業省告示第二百二号(輸入に関する事項の公表(第三十六回)に関する件)の一部を次のように改正し、昭和二十六年九月二十日から適用する。

昭和二十六年九月二十一日　　通商産業大臣　高橋龍太郎

カポック種子の欄の下に次の欄を加える。

7110 (283—1920)	モリブデン鉱石	×	×	×						×									100,000	2
3100 (231—0110)	生ゴム	×	×	×	×	×	×	×	×	×		×	×	×	×	×	×	×	500,000	2
3470 (532—0240)	ケブラチオエキス	×	×	×						×									100,000	2
5699 (511—0999)	塩化メチレン	×	×	×						×									30,000	2

◉通商産業省告示第二百三十二号

優良自動車部品認定規則(昭和二十二年商工省令第十九号)第一條の規定により、昭和二十六年九月二十一日次の自動車部品を優良品として認定した。

昭和二十六年九月二十二日　　通商産業大臣　高橋龍太郎

部品名	区分	認定製造工場	所在地
反射鏡	B級と認定	奥村工業株式会社	大阪府豊能郡庄内町字牛立二八〇
	B級と認定	日高工業株式会社	大阪市西淀川区大和田町一四五七
後写鏡	B級と認定	奥村工業株式会社	大阪府豊能郡庄内町字牛立二八〇
	B級と認定	大東プレス工業株式会社	大阪市東成区大今里本町六の一
窓フキ真空式	B級と認定	朝日製作所	刈谷市熊宝前一の一
速度計たわみ	B級と認定	日本ケーブル工業株式会社	布施市足代北一の六〇
軸	B級と認定	株式会社大西製作所	東京都品川区大井原町五二三五

◉通商産業省告示第二百三十三号

輸入貿易管理規則（昭和二十四年通商産業省令第七十七号）第一條の規定に基き、輸入に関する事項の公表を次の通り行う。

昭和二十六年九月二十二日　　通商産業大臣　高橋龍太郎

輸入公表(第四十二回)

商品番号	品目	仕入地域	船積期	輸入限度(米弗)	担保の比率および種類	外貨資金割当証明書	銀行受付開始日	銀行受付締切日	その他の要件
0612(061—0100) 0613(061—0200)	砂糖	スターリング地域	不指定	1,000,000	1%	要	9月25日	10月31日	
1009(263—0200)	コツトンリンターロー	米国	不指定	500,000	1%	要	9月25日	10月31日	
1001(251—0500)	コツトンリンターパルプ	米国	不指定	700,000	1%	要	9月25日	10月31日	
7293(699—2929)	熔接棒および熔接剤	スターリング地域	不指定	5,000	1%	要	9月25日	10月31日	
0601(061—0420)	糖蜜	スターリング地域	不指定	10,000	1%	要	9月25日	10月31日	
6320(311—0121)	強粘結炭	スターリング地域	不指定	300,000	1%	要	9月25日	10月31日	
3031(211—0200)	キツプスキンおよびカーフスキン	ドル地域	不指定	300,000	1%	要	9月25日	10月31日	中国、満洲およびソビエト連邦から輸入する場合は、Back to Back L/C または Escrow L/C によつて決済されること。
2620(251—0300)	晒サルフアイトパルプ(セルローズ分89%以上)	米国	不指定 10—12月	200,000	1%	要	9月25日	10月31日	
2620(251—0300)	サルフアイトパルプ	米国	不指定 10—12月	300,000	1%	要	9月25日	10月31日	
5699(511—0999)	潤滑油添加剤	スターリング地域	不指定	20,000	1%	要	9月25日	10月31日	
5168(292—0446)	海人草	スターリング地域	不指定	15,000	10%(現金)	不要	9月25日	10月31日	

備考 (1)この公表の仕入地域の項にいうスターリング地域とは、標準決済方法に関する規則(昭和二十五年外国為替管理委員会規則第十五号)別表第一に掲げる地域をいい、ドル地域とは、スターリング地域、オープン・アカウント諸国およびウルグワイ以外の地域をいう。

(2)この公表の商品番号の項中括弧内の数字は、昭和二十六年四月一日から適用されるはずの商品番号を示す。

◉通商産業省告示第二百三十四号

輸入貿易管理令（昭和二十四年政令第四百十四号）別表第一第二号の規定に基き、居住者の救じゆつのために送られる小包郵便物の内容として認められる貨物の範囲を次のように定める。

昭和二十六年九月二十五日

通商産業大臣　高橋龍太郎

受取人もしくはその家族の個人的使用または孤児院、養老院、慈善病院その他の慈善施設の使用に供せられる別表上欄に掲げる品目の貨物であつて、同表下欄に掲げる数量をこえないもので、かつ、総重量が十キログラムをこえないもの。

別表

品目	数量
各種組合せ食糧	十キログラム
医薬品	
ペニシリン	九百万単位
サントニン	一グラム
フエナセチン	八分の一ポンド
ストレプトマイシン	百グラム
ビタミン	百アンプルまたは錠剤一ポンド
アスピリン	二オンス
ズルフオンアミド剤	一五〇錠
その他	売買の対象とならない程度の適当数量
衣料品（古衣を含む。）	
大人用衣服	各サイズにつき一着
小人用衣服	各サイズにつき二着
シャツ	各サイズにつき三着
下着	六組
手袋	三組
短靴下または長靴下	一ダース
帽子類	二個
短靴または長靴	各サイズにつき二足
ハンカチーフ	一ダース
タオル	一ダース
敷布類	五枚
衣料生地	
羊毛製品	衣服二着分
綿製品	衣服二着分
絹製品	衣服二着分
毛糸	五ポンド
綿糸	小巻二ダース
ミシン針	小袋二

◉通商産業省告示第二百三十五号

電気計器の公差、検定及び検定手数料に関する件（明治四十四年勅令第二百九十六号）第三條の規定により、電気計器の型式を次のように承認した。

昭和二十六年九月二十六日

通商産業大臣　高橋龍太郎

型式番号	名称	型式および型の記号	製造者名	使用回路の種類	定格の標準値 電圧（V）	定格の標準値 電流（A）	定格の標準値 周波数（～）	備考
第142号の4	積算電力計	誘導型 MY型	三菱電機株式会社	交流三相三線式	100 110 200	5 10 20 30	50 60	1 電圧巻線の絶縁を良くした。 2 鉄心の寸法を変更した。 3 アムペア回数を増した。 4 磁気分路を設けて過負荷特性を改良した。

◉通商産業省告示第二百三十六号

昭和二十六年八月通商産業省告示第二百二号(輸入に関する事項の公表(第三十六回)に関する件)の一部を次のように改正し、昭和二十六年十月一日から適用する。

昭和二十六年十月三日

通商産業大臣　高橋龍太郎

仕入地域全地域の項の「×」のない欄に「×」を加える。

◉通商産業省告示第二百三十七号

鉱山保安技術講習所における昭和二十六年度第二期講習を次の通り行う。

昭和二十六年十月四日

通商産業大臣　高橋龍太郎

一　講習を行う鉱山保安技術講習所

札幌鉱山保安技術講習所

福岡鉱山保安技術講習所

二　講習地および講習期間

講習所	講習地	講習期間
札幌鉱山保安技術講習所	札幌市	十月二十日から十一月十三日まで
福岡鉱山保安技術講習所	福岡市	

三　講習生の資格

講習生の資格は、現に坑内保安係員もしくは発破係員である者または坑内保安係員もしくは発破係員になろうとする者であつて、鉱業権者の推せんしたものとする。ただし、従前の規定による高等学校または専門学校卒業以上の学歴ある者を除く。

四　講習生の数

講習生の数は、各講習所について、百人以内とする。

五　入所願書の提出期限

入所願書の提出期限は、昭和二十六年十月十日とする。

◉通商産業省告示第二百三十八号

火薬類取締法施行規則(昭和二十五年通商産業省令第八十八号)第七十二条の規定により昭和二十六年の甲種および乙種火薬類作業主任者試験の場所、期日等を次のとおり定める。

昭和二十六年十月五日

通商産業大臣　高橋龍太郎

一　試験を施行する場所　東京都および福岡県において施行するものとし、試験場については追つて告示する。

二　試験を施行する期日　昭和二十六年十一月二十八日から同月三十日まで

三　受験願書提出期限　昭和二十六年十月十日から同月三十一日まで

四　受験願書の提出先　通商産業省通商化学局

◉通商産業省告示第二百三十九号

輸入貿易管理規則(昭和二十四年通商産業省令第七十七号)第一条の規定に基き、輸入に関する事項の公表を次の通り行い、昭和二十六年十月一日から適用する。

昭和二十六年十月五日

通商産業大臣　高橋龍太郎

輸　入　公　表（第四十三回）

商品番号	品目	決済通貨または決済勘定	船積期	輸入限度（米弗）	担保の比率および種類	外貨資金割当証明書	銀行受付開始日	銀行受付締切日	その他の要件
5261　5262 （271—0410） （271—0420）	かいり、（東ドイツ原産のかいり、を除く。）	米ドル ドイツ連邦清算勘定 フランス連合清算勘定	1—3月(52) 10—12月(51) 1—3月(52) 4—6月(52)	1,500,000	1%	要	10月1日	10月31日	中国、満州およびソビエト連邦から輸入する場合は、Back to Back L/C または Escrow L/C によつて決済されること。
5181 （541—0320）	ストレプトマイシン	スターリング	不指定	10,000	1%	要	10月1日	10月31日	

備考　(1)この公表の船積期の項における括弧内の数字(51)および(52)は、西暦1951年および1952年を示す。
(2)商品番号の項における括弧内の数字は、昭和二十六年四月一日から適用されるはずの商品番号を示す。

◉通商産業省告示第二百四十号

輸入貿易管理規則（昭和二十四年通商産業省令第七十七号）第一條の規定に基き、輸入に関する事項の公表を次の通り行い、昭和二十六年十月三日から適用する。

昭和二十六年十月六日

通商産業大臣　高橋龍太郎

輸　入　公　表（第四十四回）

商品番号	品目	決済通貨または決済勘定	船積期	輸入限度（米弗）	担保の比率および種類	外貨資金割当証明書	銀行受付開始日	銀行受付締切日	その他の要件
0612　0613 （061—0100） （061—0200）	砂糖	フイリツピン清算勘定	不指定	800,000	1%	要	10月3日	10月31日	
2620 （251—0300）	晒サルファイトパルプ（セルローズ89%以上のものに限る。）	米ドル、フインランド清算勘定、スエーデン清算勘定	1—3月(52) 4—6月(52) 7—9月(52) 10—12月(52)	3,000,000	1%	要	10月3日	10月31日	
2620 （251—0300）	サルファイトパルプ	米ドル、フインランド清算勘定、スエーデン清算勘定	1—3月(52) 4—6月(52) 7—9月(52) 10—12月(52)	2,500,000	1%	要	10月3日	10月31日	

8001—8989 9000—9080 (711—0100～ 735—0990 861—0111～ 861—0199)	機械類	Ⅰ	フランス連合清算勘定、オランダ清算勘定	不指定	500,000	1%	要	10月3日	10月31日	
			スターリング	1—3月(52)						
				4—6月(52)						
			米ドル、ドイツ連邦清算勘定、スターリング	7—9月(52)						
				10—12月(52)						
				1—3月(53)						
			米ドル	4—6月(53)						
8283　8284 (735—0220 735—0230 735—0990)	機械類	Ⅱ	スターリング	1—3月(52)	1,500,000	1%	要	10月3日	10月31日	
				4—6月(52)						
				7—9月(52)						
				10—12月(52)						
				1—3月(53)						
				4—6月(53)						
				7—9月(53)						
				10—12月(53)						
3281 (292—0611)	百合根		米ドル	不指定	1,000	10% (現金)	不要	10月3日	10月31日	琉球を船積地とするものに限る。
0721 (072—0110)	ココア豆		スターリング	不指定	50,000	10% (現金)	不要	10月3日	10月31日	需要者の発注証明書二通を添えて輸入承認申請をすること。

備考　(1)この公表の船積期の項における括弧内の数字(52)および(53)は、西暦1952年および1953年を示す。

(2)商品番号の項における括弧内の数字は、昭和二十六年四月一日から適用されるはずの商品番号を示す。

◉通商産業省告示第二百四十一号

電気工作物規程（昭和二十四年通商産業省令第七十六号）第一條の規定により、電気工作物に塩化ビニール絶縁電線を使用する場合の使用範囲、電線の規格その他の事項を次のように定める。

昭和二十六年十月六日

通商産業大臣　高橋龍太郎

一　塩化ビニール絶縁電線（以下「ビニール電線」という。）の使用範囲は、電気工作物規程の規定によるゴム絶縁電線の使用範囲と同じとする。

二　ビニール電線は、日本工業規格JISC三三〇七（六〇〇Vビニール電線）に適合すること。

三　ビニール電線の周囲温度摂氏三十度のときの許容電流および周囲温度が異なるときの電流通減率は、昭和二十四年十二月通商産業省告示第百十九号第二号㈤の表イ、ロおよびニのゴム絶縁電線の場合と同じとする。

◉通商産業省告示第二百四十二号

昭和二十六年八月通商産業省告示第二百三号（輸入に関する事項の公表（第三十七回）に関する件）の一部を次のように改正し、昭和二十六年十月一日から適用する。

昭和二十六年十月八日

通商産業大臣　高橋龍太郎

主要食糧の欄中「9月29日」を「9月29日（台湾から輸入する場合に限り10月31日）」に、砂糖の欄中「9月29日」を「9月29日（インドネシヤから輸入する場合に限り10月31日）」に、合成ゴム　GR—I, GR—S, GR—A (Buna N), GR—M (Neoprene)の欄中「9月29日」を「10月31日」に、機械類(1)の欄中「9月29日」を「9月29日（ドル地域から、不指定、1—3月(52)および4—6月(52)の船積期で輸入する場合およびドイツ連邦から1—3月(52)の船積期で輸入する場合に限り10月31日）」に、雑輸入品の欄中「9月29日」を「9月29日（スターリング地域のうち、香港から輸入する場合に限り10月31日）」に改める。

◉通商産業省告示第二百四十三号

昭和二十六年八月通商産業省告示第二百三号（輸入に関する事項の公表（第三十七回）に関する件）の一部を次のように改正する。

昭和二十六年十月八日

通商産業大臣　高橋龍太郎

潤滑油添加剤の欄中「5699（511—0999）」を「5990(599—0990)」に改める。

◉通商産業省告示第二百四十四号

昭和二十六年九月通商産業省告示第二百二十六号（輸入に関する事項の公表（第四十一回）に関する件）の一部を次のように改正する。

昭和二十六年十月八日

通商産業大臣　高橋龍太郎

チリ硝石の欄中「5221（511—0938）」を「5222(271—0200) 5259(561—0190)」に改める。

◉通商産業省告示第二百四十五号

工業標準化法施行規則（昭和二十四年総理府令、文部省令、厚生省令、農林省令、通商産業省令、運輸省令、郵政省令、電気通信省令、労働省令、建設省令第一号）第六十四條、第六十四條の二第二項および第六十五條第二項の規定により、次のように、指定商品を公表し、その指定商品の表示許可申請書および表示の様式等を定める。

昭和二十六年十月九日

通商産業大臣　高橋龍太郎

指定品目	表示場所（見やすいところに）	表示方法	表示内容
リードワイヤ	一束ごと	荷札をつける。	日本工業規格番号 許可番号 製造年 製造業者（許可公示に工場名があれば工場も）名（または略号） 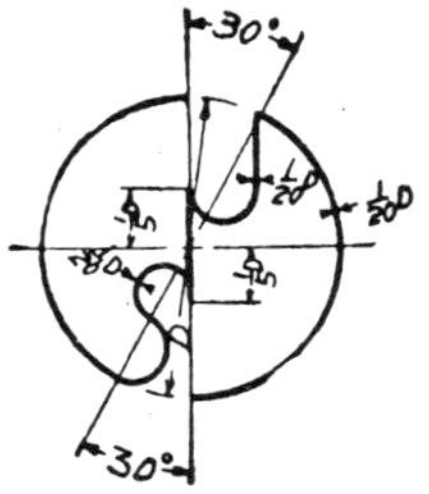 （D—20 mm以上）
テンタクリップ	外装ごと	証紙をはる。	日本工業規格番号 許可番号 製造年 製造業者（許可公示に工場名があれば工場も）名（または略号） 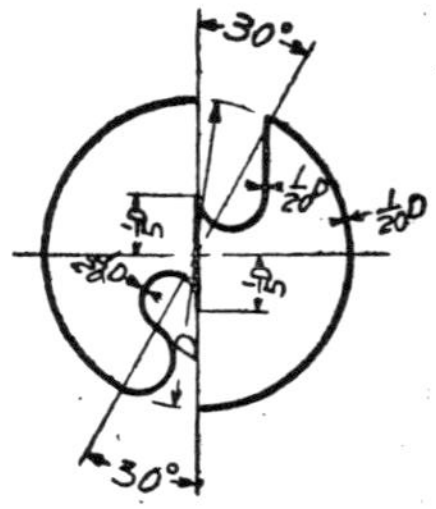 （D—30 mm以上）
水彩絵の具	チューブごと（巻紙に）	書く。	日本工業規格による種類（色種名を含む。） 製造業者名（または略号） 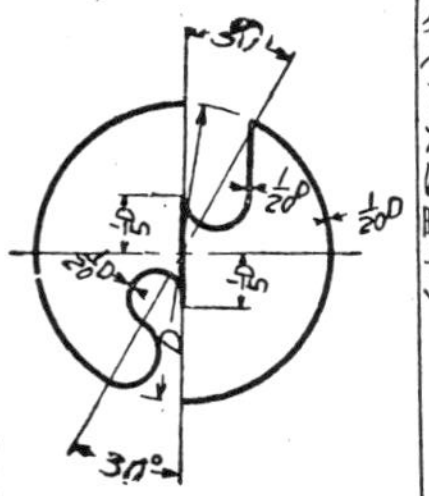 （D—8 mm 以上）
	容器ごと	書く。	日本工業規格番号 許可番号 日本工業規格による種類 製造業者名 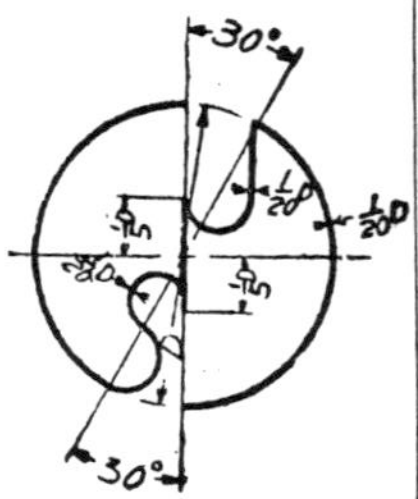 （D—10 mm以上）
セルロイドがん具	製品ごと（裏側に）	書く。	許可番号 製造業者名（または略号） 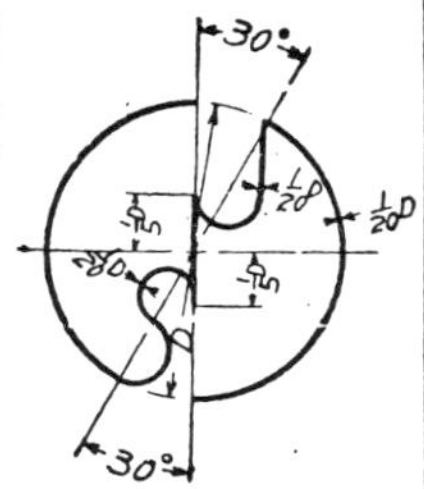 （D—10 mm 以上）

蓄電池（自動車用に限る。）	一個ごと　側面	証紙をはる。	日本工業規格番号 許可番号 製造年（月） 製造業者名（または略号） 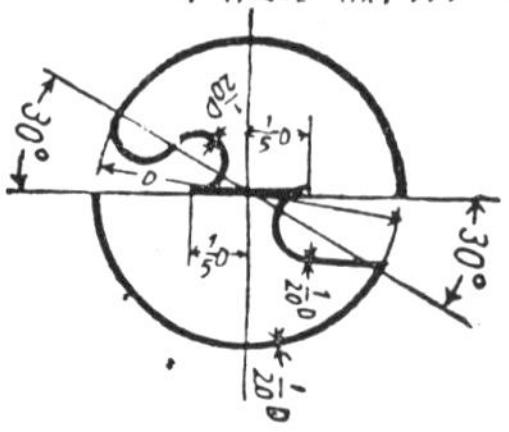 （D—5 mm 以上）
	一個ごと　接続かんと極柱との溶接部（一個所）以上の上面	刻印	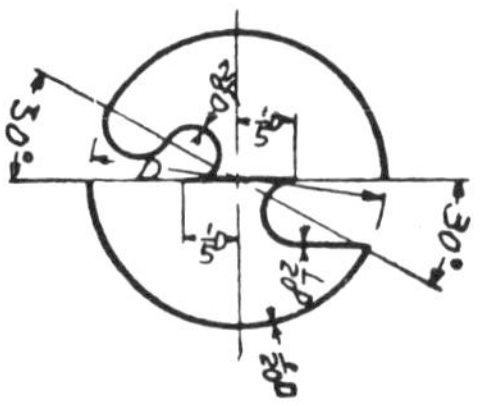 （D—5 mm 以上）
ワニスチューブ	下のどちらか　一本ごと	証紙をはる。	製造業者名（または略号） 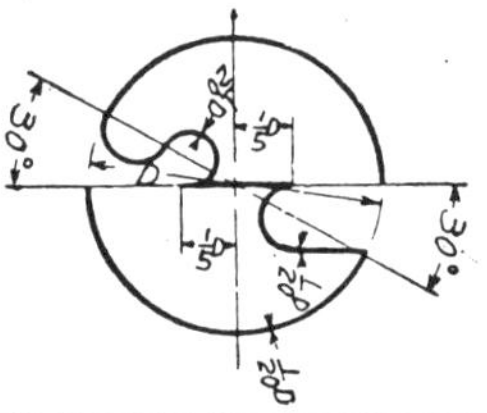 （D—5 mm 以上）
	下のどちらか　一束ごと	証紙をはる。	日本工業規格番号 許可番号 製造業者名（または略号） 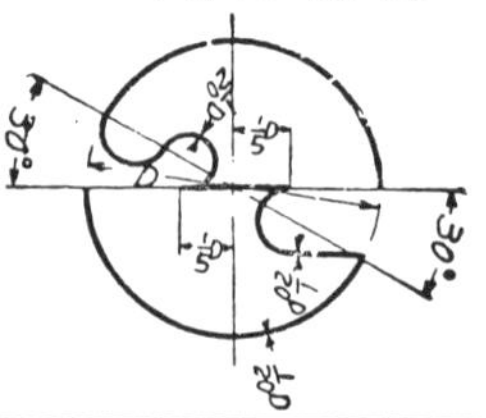 （D—5 mm 以上）
ミシン針（家庭用に限る。）	包装ごと　紙箱	印刷（または証紙をはる。）	日本工業規格番号 日本工業規格による種類 許可番号 製造業者名（または略号） 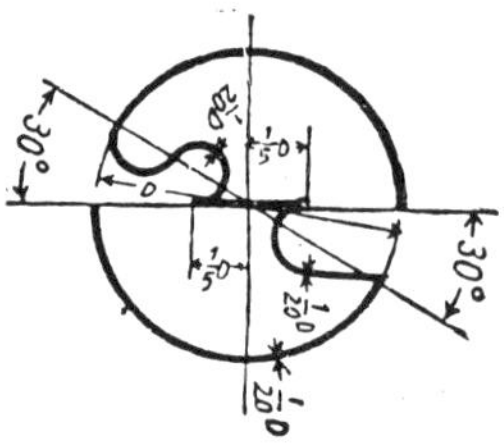 （D—{（紙袋）6 mm （紙箱）10mm} 以上）
	包装ごと　紙袋（10本入）	印刷	

これらの品目に関する表示許可申請書の様式等は、昭和二十五年三月通商産業省告示第四十号（日本工業規格表示許可申請書の様式に関する件）の様式等と同じ。

◉通商産業省告示第二百四十六号

電気用品取締規則（昭和十年通信省令第三十号）第三條但書の規定により、型式承認を受ける必要のない電気用品を次のように定める。

昭和二十六年十月九日

通商産業大臣　高橋龍太郎

一　三相整流子電動機

二　左に掲げる三相誘導電動機

イ　左に掲げる定格および構造の三相誘導電動機以外のもの

(1)定格電圧　二〇〇ボルト

(2)定格周波数　五〇サイクル、六〇サイクルまたは五〇および六〇サイクル

(3)極数　四極

(4)回転子の構造　かご形

(5)外被の型　開放型、閉鎖型、全閉型（全閉外扇型を含む。）

ロ　短時間定格三相誘導電動機

ハ　竪軸型三相誘導電動機

ニ　極数変換型三相誘導電動機

ホ　防爆型三相誘導電動機

ヘ　左に掲げる用途に向けて製作する特殊な構造の三相誘導電動機

(1)船舶用電動機

(2)紡績用ルーム電動機およびカード電動機

(3)製鋼用ローラー電動機

◉通商産業省告示第二百四十七号

昭和二十六年一月通商産業省告示第十九号（輸出貿易管理令別表第一第三十号の規定に基く仕向国における特許権、意匠権、商標権または著作権を侵害するおそれのある貨物の指定の件）の一部を次のように改正する。

昭和二十六年十月九日

通商産業大臣　高橋龍太郎

第二項第二号中「シエフアー型万年筆およびペン先（アメリカ合衆国向輸出品に限る。）」を「紡錘形のもので流線型のクリップを附したシエフアー型万年筆およびシエフアー型ペン先」に改める。

◉通商産業省告示第二百四十八号

昭和二十六年八月通商産業省告示第二百三号（輸入に関する事項の公表（第三十七回）に関する件）の一部を次のように改正し、昭和二十六年十月一日から適用する。

昭和二十六年十月十日

通商産業大臣　高橋龍太郎

潤滑油添加剤の欄中「日 9月29日」を「日 10月31日」に、機械類(2)の欄中「日 9月29日」を「9月29日（スターリング地域から輸入する場合に限り10月31日）」に改める。

◉通商産業省告示第二百四十九号

昭和二十六年八月通商産業省告示第二百十二号（輸入に関する事項の公表（第三十九回）に関する件）の一部を次のように改正し、昭和二十六年十月一日から適用する。

昭和二十六年十月十日

通商産業大臣　高橋龍太郎

中古自動車の欄中「日 9月30日」を「日 10月31日」に改める。

◉通商産業省告示第二百五十号

昭和二十六年六月通商産業省告示第百六十七号（輸入に関する事項の公表（第三十一回）に関する件）の一部を次のように改正し、昭和二十六年六月十三日から適用する。

昭和二十六年十月十五日

通商産業大臣　高橋龍太郎

特殊潤滑油の欄中

「4220 (313—0490)
4230 (313—0510)
4240 (313—0410)」

を

「4210 (313—0430)
4220 (313—0490)
4230 (313—0510)
4240 (313—0410)」

に改める。

◉通商産業省告示第二百五十一号

昭和二十六年八月通商産業省告示第二百二十三号（輸入に関する事項の公表（第三十七回）に関する件）の一部を次のように改正し、昭和二十六年八月九日から適用する。

昭和二十六年十月十五日

通商産業大臣　高橋龍太郎

特殊潤滑油の欄中

「4220 (313—0490)
4230 (313—0510)
4240 (313—0410)」

を

「4210 (313—0430)
4220 (313—0490)
4230 (313—0510)
4240 (313—0410)」

に改める。

◉通商産業省告示第二百五十二号

電気用品取締規則（昭和十年通信省令第三十号）第二条により、昭和二十六年六月十八日次のように電気用品の製造を免許した。

昭和二十六年十月十五日

通商産業大臣　高橋龍太郎

主たる営業所の名称または氏名	同上所在地	電気用品の種別	製造免許番号
合名会社高野電線製造所	大垣市林町一の四五	絶縁電線	第二一七四号
永井製作所　永井　勝宣	東京都豊島区池袋二の一七一四	接続器	第二一七五号
株式会社成和電工所	堺市西湊町二三〇の一	コード	第二一七六号
〃	〃	絶縁電線	第二一七七号
旭電線株式会社	和歌山市布引二八三	〃	第二一七八号
近江電線製造所　九鬼　為三	滋賀県犬上郡豊郷村字八目七の二	〃	第二一七九号
木谷製作所　木谷　卯吉	大阪市南区東賑町七	屋内用小形スイッチ	第二一八〇号
形政製作所　高木　真吉	東京都台東区竹町一二の一号	電熱器	第二一八一号
アカエ製作所　石塚　浦蔵	東京都足立区梅田町一六九五	〃	第二一八二号
株式会社津川アイロン製作所	東京都墨田区亀沢町二の一九	〃	第二一八三号
吉和製作所　吉和　良助	平塚市東海岸三五三六	〃	第二一八四号
伊奈利電器製作所　河合　四郎	名古屋市南区笠寺町加福二の切一八	〃	第二一八五号
杉野アイロン商会　杉野登司男	名古屋市北区東杉町三の四〇	〃	第二一八六号
ユタカ産業株式会社	名古屋市曙町一の四〇	〃	第二一八七号
岡野コード製作所　岡野　初治	東京都目黒区碑文谷二の一〇六二	絶縁電線	第二一八八号
越智製作所　越智熊次郎	大津市藤尾町字下長通り六一三	開閉器	第二一八九号
陶永堂電器製作所　伊藤　鋒子	瀬戸市末広町二の二二	接続器	第二一九〇号
大洋電機製造株式会社	大阪市城東区今福北一の七	小型変圧器	第二一九一号
東京高周波炉株式会社	東京都目黒区中目黒一の九〇七	〃	第二一九二号
電研工業合資会社	東京都大田区糀谷町二の七二七	〃	第二一九三号
三信電機株式会社	東京都港区芝伊皿子一	〃	第二一九四号
中部電線工業株式会社	大垣市南若森町五六九	絶縁電線	第二一九六号

大垣電線株式会社	大垣市錦町九四	〃	第二一九七号
株式会社中部電線製造所	大垣市藤江町二の三七	〃	第二一九八号
高橋電機製作所　高橋　治一	富山県東礪波郡中田町中田四九五五	開閉器	第二一九五号
西芝電機株式会社	姫路市網干浜出一〇〇〇	〃	第二二〇二号
三宅電線工業株式会社	大阪市南区東平野町三の一	絶縁電線	第二二〇三号
有限会社日本動力安全機製作所	大阪市北区東堀川町二五	開閉器	第二二〇四号
福助電器製作所　浅野源太郎	愛知県知多郡上野町名和字関東山六四	電熱器	第二二〇五号
池村電器製作所　池村　操	名古屋市南区駈上町一の一二	〃	第二二〇六号
加藤電熱器製作所　加藤　鍵治	名古屋市港区魁町二の一五	〃	第二二〇七号
井上電器製作所　井上　秀夫	名古屋市西区江向町六の五五	〃	第二二〇八号

◉通商産業省告示第二百五十三号

電気用品取締規則(昭和十年逓信省令第三十号)第二条により、昭和二十六年九月三日次のように電気用品の製造を免許した。

昭和二十六年十月十六日　通商産業大臣　高橋龍太郎

主たる営業所の名称または氏名	同上所在地	電気用品の種別	製造免許番号
山本電気工業所　山本天外	東京都品川区小山三の三	屋内用小形スイッチ	第二一九九号
進興電機工業株式会社	東京都品川区西大崎一の二九〇	絶縁電線	第二二〇〇号
〃	〃	コード	第二二〇一号
鳥井電器株式会社	東京都中央区日本橋兜町二の三五	屋内用小形スイッチ	第二二一二号
大洋電線株式会社	東京都墨田区横網八	絶縁電線	第二二一三号
〃	〃	コード	第二二一四号
三信ベーク工業所　岩井成一	東京都世田谷区若林町四四七	接続器	第二二一五号
株式会社名取商会	東京都千代田区神田錦町二の二	電熱器	第二二一六号
昭和電器製作所　塩原幸之助	東京都品川区大井南浜川町一六九四	接続器	第二二一七号
株式会社三ツ星電器製作所	東京都品川区西大崎二の一四八	屋内用小形スイッチ	第二二一八号
若葉電器製作所　井上治郎	大阪市東淀川区木川西の町三の四六	電熱器	第二二一九号
古河電気工業株式会社	東京都千代田区丸の内二の八	接続器	第二二二〇号
国産工業株式会社	東京都品川区荏原六の八六	電線管および金属線樋	第二二二一号
報国機工株式会社	香川県三豊郡一の谷村大字本大一七四三の二	電熱器	第二二〇九号
鐘淵化学工業株式会社	大阪市東区本町四の二七	絶縁電線	第二二一〇号
〃	〃	コード	第二二一一号
西美電気工業株式会社	広島市皆実町二の四四六	開閉器	第二二二二号
湖南電機産業株式会社	東京都中央区木挽町一の二三	〃	第二二二三号
〃	〃	電熱器	第二二二四号
株式会社小西商店	大阪市北区堂島中一の五	電線管および金属線樋	第二二二五号
三光電機株式会社	愛知県宝飯郡三谷町西畑一八	小型電動機	第二二二六号

◉通商産業省告示第二百五十四号

電気用品取締規則（昭和十年逓信省令第三十号）第三條により、次のように電気用品の型式を承認する。

昭和二十六年十月十七日

通商産業大臣　高橋龍太郎

型式承認番号	主たる営業所の所在地	氏名または名称	電気用品名	型
▽第八―五五一号	川口市仲町二の三一七一	共栄電気工業所 岡村忠厚	電気アイロン	一〇〇ボルト、二五〇ワット、四ポンド、鉄鋳物カバー、アルミニューム鋳物木板組合せ架台附属
▽第八―五五二号	〃	〃	〃	一〇〇ボルト、三〇〇ワット、五ポンド、鉄鋳物カバー、アルミニューム鋳物木板組合せ架台附属
▽第八―五五五号	川口市仲町一の二九六四	ウララ電器製作所 李兼玉	〃	〃
▽第八―五五六号	〃	〃	〃	一〇〇ボルト、二五〇ワット、四ポンド、鉄鋳物カバー、アルミニューム鋳物木板組合せ架台附属
▽第八―五五七号	川口市南町二七八	株式会社三信電器製作所	〃	〃
▽第八―五五九号	東京都大田区馬込町東二の一〇八一	久住電機製作所 久住晴夫	電気七輪	一〇〇ボルト、一、二〇〇ワット、鉄板枠、スイッチ付、角型
▽第八―五六〇号	東京都品川区大井伊藤町五八一九	マサゴラジオ 真砂博	〃	一〇〇ボルト、六〇〇ワット、アルミニューム鋳物枠、角型
▽第八―五六一号	東京都千代田区丸ノ内二の二の一	三菱電機株式会社	電気アイロン	I一六型、一〇〇ボルト、二七〇ワット、二キログラム、鉄板カバー、アルミニューム板木板組合せ架台附属、鋼管アルミナ絶縁発熱体
▽第八―五六三号	岡山市大供二〇一	有限会社長壽電熱器製作所	電気七輪	一〇〇ボルト、六〇〇ワット、反射型
▽第八―五六四号	大阪市北河内郡門真町大字門真一〇〇六	松下電器産業株式会社	〃	一〇〇ボルト、六〇〇ワット、角型、鉄板枠
▽第八―五六五号	〃	〃	電気アイロン	一〇〇ボルト、二五〇ワット、四ポンド、鉄板カバー、鉄板ベース軽合金板木板組合せ傾斜架台付
▽第八―五一六号	東京都港区赤坂霊南坂町一〇	アオー研究室 栗生霊導	電気七輪	角型、一〇〇ボルト、六〇〇ワット、硅藻土熱盤、アルミニューム合金板枠
▽第八―五二二号	東京都中野区野方町二の一二六二	三和電気工業所 石井繁	電気裁縫鏝	標準型、一〇〇ボルト、八〇ワット、スイッチ付、鉄線木板組合せ架台附属
▽第八―五二三号	〃	〃	電気アイロン	標準型、一〇〇ボルト、二五〇ワット、四ポンド、鉄鋳物カバー、鉄板木板組合せ架台附属
▽第八―五二四号	東京都台東区西町一二	株式会社石崎電機製作所	電気裁縫鏝	一〇〇ボルト、六〇ワット、スイッチ付、鉄板木板組合せ架台附属
▽第八―五二六号	東京都墨田区亀沢町二の一九	千代田産業株式会社	電気アイロン	一〇〇ボルト、二八〇ワット、四ポンド、鉄鋳物カバー、アルミニューム石綿組合せ架台附属
▽第八―五二七号	東京都荒川区日暮里町二の三三二	島岡工業株式会社	電気七輪	OP型、一〇〇ボルト、六〇〇ワット、鉄板枠、角型
▽第八―五二八号	東京都台東区仲御徒町二の五	高石電熱株式会社	〃	一〇〇ボルト、二〇〇ワット、アルミニューム鋳物枠、角型、切換スイッチ付
▽第八―五二九号	東京都荒川区日暮里町二の三三二	島岡工業株式会社	電気足温器	一〇〇ボルト、八〇ワット、スイッチ付、アルミニューム鋳物外かく
▽第八―五三〇号	〃	〃	電気裁縫鏝	RB型、一〇〇ボルト、八〇ワット、スイッチ付、鉄線木板組合せ架台附属
▽第八―五三一号	東京都千代田区錦町三の四	日本公信社 竹村鉱二	電気七輪	一〇〇ボルト、六〇〇ワット、アルミニューム鋳物枠、丸型
▽第八―五三三号	大阪市港区市岡元町五の五	株式会社桃谷順天館	電気アイロン	一〇〇ボルト、二五〇ワット、四ポンド、鉄板カバー、アルミニューム鋳物木板組合せ架台附属

番号	所在地	名称	品目	型式等
▽第八一五三三号	東京都港区芝新橋四の四六	三協電機工業株式会社	電気七輪	二バーナー卓上型、一〇〇ボルト、一、二〇〇ワット（六〇〇ワット二連）、スイッチ付、鉄板外かく
▽第八一五三四号	大阪府北河内郡真門町大字真門一〇〇六	松下電器産業株式会社	電気アイロン	一〇〇ボルト、五〇〇ワット、五ポンド、恒温器付、鉄板カバー、自立型
▽第八一五三六号	東京都荒川区日暮里町二の三二	島岡工業株式会社	〃	HO型、一〇〇ボルト、三〇〇ワット、四ポンド、鉄鋳物カバー、鉄板木板組合せ架台附属
▽第八一五三七号	大阪府北河内郡門真町大字門真一〇〇六	松下電器産業株式会社	〃	ナショナル節電型、一〇〇ボルト、一五〇ワット、三ポンド、鉄板カバー、アルミニューム鋳物架台附属
▽第八一五三八号	〃	〃	電気裁縫鏝	ナショナル、一〇〇ボルト、八〇ワット、鉄板木板組合せ架台附属、スイッチ付
▽第八一五三九号	東京都千代田区有楽町一の三	東光電気株式会社	〃	一〇〇ボルト、六〇〇ワット、鉄板外かく、角型
▽第八一五四〇号	東京都品川区大井寺下町一四二三	昭立製作所 山村 留	〃	一〇〇ボルト、六〇〇ワット、鉄鋳物枠、木板台、丸型
▽第八一五四三号	東京都品川区大井水神町二〇二五	株式会社桂製作所	毛髪乾燥器	スタンド型、一〇〇ボルト、八五〇ワット
▽第八一五四四号	東京都千代田区神田駿河台四の二	千代田電工株式会社	電気トースター	一〇〇ボルト、五〇〇ワット、鉄板カバー、両蓋型
▽第九一二八六号	東京都台東区浅草北松山町五三	株式会社下村電友舎製作所	反撥起動誘導電動機	RS型、〇・七五キロワット（一馬力）、二〇〇/一〇〇ボルト、六〇/五〇サイクル、四極、防滴型
▽第九一二九〇号	東京都中央区銀座二の二	新中央工業株式会社	〃	〇・七五キロワット（一馬力）一〇〇/二〇〇ボルト、五〇/六〇サイクル、四極、半密閉型
▽第九一二九一号	東京都台東区浅草北松山町五三	株式会社下村電友舎製作所	〃	DRI型、〇・二キロワット（¼馬力）、一〇〇/二〇〇ボルト、五〇/六〇サイクル、四極
▽第九一二九二号	東京都品川区北品川四の五五〇	株式会社電機商工所	〃	全閉外被、通風防滴型、二〇〇/一〇〇ボルト、六〇/五〇サイクル、四〇〇ワット、（½馬力）、四極
▽第九一二九三号	東京都千代田区丸ノ内二の一二	株式会社日立製作所	扇風機	卓上用、三〇糎、三板羽根、一〇〇ボルト、五〇/六〇サイクル、四極、モノサイクリック起動
▽第九一二九四号	東京都品川区東大崎二の二七六	株式会社明電社	反撥起動誘導電動機	E―KNR、二〇〇ワット、一〇〇/二〇〇ボルト、五〇/六〇サイクル、四極
▽第九一二九五号	東京都千代田区丸ノ内二の一二	株式会社日立製作所	〃	IF―KS、二〇〇ワット（½馬力）、一〇〇/二〇〇ボルト、五〇/六〇サイクル、四極、全閉外扇型
▽第九一二九六号	東京都中央区西八丁堀一の四	神鋼電機株式会社	整流子電動機	一五、五ワット、一〇〇ボルト、交直両用（交流五〇/六〇サイクル）、二極
▽第九一二九七号	〃	〃	扇風機	卓上用、三〇糎、三枚羽根、一〇〇ボルト、五〇/六〇サイクル、四極、分相起動
▽第九一二九八号	東京都中央区槇町三の一の一〇	株式会社芝浦製作所	分相起動誘導電動機	S―K型、三五ワット、一〇〇ボルト、五〇/六〇サイクル、四極、開放型

番号	住所	氏名	品名	仕様
▽第九—二九九号	東京都品川区東大崎二の二七六	株式会社明電社	扇風機	卓上用、三〇糎、三枚羽根、一〇〇ボルト、五〇・六〇サイクル、四極、モノサイクリック起動
▽第一〇—一五二号	兵庫県揖保郡石海村糸井二九一	富士精機株式会社	ネオン変圧器	三〇〇ボルトアンペア、一次電圧一〇〇ボルト、二次電圧一五、〇〇〇ボルト、六〇サイクル、屋外用
▽第一〇—一五三号	東京都品川区東品川五の二二	石岡電機株式会社	〃	八〇ボルトアンペア、一次電圧一〇〇ボルト、二次電圧三、〇〇〇ボルト、五〇サイクル、屋外用
▽第一〇—一五四号	〃	〃	〃	一五〇ボルトアンペア、一次電圧一〇〇ボルト、二次電圧六、〇〇〇ボルト、五〇サイクル、屋外用
▽第一〇—一五五号	〃	〃	〃	三四〇ボルトアンペア、一次電圧一〇〇ボルト、二次電圧一五、〇〇〇ボルト、五〇サイクル、屋外用
▽第一〇—一五六号	〃	〃	〃	二三〇ボルトアンペア、一次電圧一〇〇ボルト、二次電圧九、〇〇〇ボルト、五〇サイクル、屋外用
▽第一〇—一五七号	大阪市東淀川区元今里北通三の一四	大阪変圧器株式会社	〃	一五〇ボルトアンペア、一次電圧一〇〇ボルト、二次電圧六、〇〇〇ボルト、六〇サイクル、屋外用
▽第一〇—一五八号	〃	〃	〃	一八〇ボルトアンペア、一次電圧一〇〇ボルト、二次電圧六、〇〇〇ボルト、五〇サイクル、屋外用
▽第一〇—一五九号	〃	〃	〃	二八〇ボルトアンペア、一次電圧一〇〇ボルト、二次電圧一二、〇〇〇ボルト、六〇サイクル、屋外用。二〇〇ボルトアンペア、一次電圧一〇〇ボルト、二次電圧九、〇〇〇ボルト、六〇サイクル、屋外用
▽第一〇—一六〇号	〃	〃	〃	三五〇ボルトアンペア、一次電圧一〇〇ボルト、二次電圧一二、〇〇〇ボルト、五〇サイクル、屋外用
▽第一〇—一六一号	〃	〃	〃	二五〇ボルトアンペア、一次電圧一〇〇ボルト、二次電圧九、〇〇〇ボルト、五〇サイクル、屋外用
▽第一〇—一六二号	東京都大田区下丸子町一三四	聖電工業株式会社	〃	九〇ボルトアンペア、一次電圧一〇〇ボルト、二次電圧三、〇〇〇ボルト、五〇サイクル、屋外用。五五ボルトアンペア、一次電圧一〇〇ボルト、二次電圧二、〇〇〇ボルト、五〇サイクル、屋外用
▽第一〇—一六三号	〃	〃	〃	一五〇ボルトアンペア、一次電圧一〇〇ボルト、二次電圧六、〇〇〇ボルト、五〇サイクル、屋外用
▽第一〇—一六四号	東京都品川区東品川五の二二	石岡電機株式会社	〃	三〇〇ボルトアンペア、一次電圧一〇〇ボルト、二次電圧一二、〇〇〇ボルト、五〇サイクル、屋外用
▽第一〇—一六五号	東京都大田区下丸子町一三四	聖電工業株式会社	〃	八五ボルトアンペア、一次電圧一〇〇ボルト、二次電圧三、〇〇〇ボルト、六〇サイクル、屋外用
▽第一〇—一六六号	〃	〃	〃	一五〇ボルトアンペア、一次電圧一〇〇ボルト、二次電圧三、〇〇〇ボルト、六〇サイクル、屋外用
▽第一〇—一六七号	〃	〃	〃	三〇〇ボルトアンペア、一次電圧一〇〇ボルト、二次電圧一二、〇〇〇ボルト、五〇サイクル、屋外用。二二〇ボルトアンペア、一次電圧一〇〇ボルト、二次電圧九、〇〇〇ボルト、五〇サイクル、屋外用
▽第二一—三三四号	東京都品川区南品川三の七八	サン電気工業株式会社	電流制限器	BCL型、單相、單極、單素子、一〇〇ボルト、二アンペア、五〇・六〇サイクル

◉通商産業省告示第二百五十五号

電気用品取締規則（昭和十年逓信省令第三十号）第三条により、次のように電気用品の型式を承認する。

昭和二十六年十月十八日

通商産業大臣　高橋龍太郎

型式承認番号	主な営業所の所在地	氏名または名称	電気用品名	型
▽第三―一六七号	東京都港区麻布富士見町五三	前田製紐電線合資会社	二箇撚りコード	ゴム絶縁、錫めつき、軟銅撚線、二心
▽第三―一六八号	〃	〃	〃	〃
▽第三―一八四二号	東京都品川区西大崎一の二	沖電線株式会社	袋打コード	〃
▽第四―一六二〇号	大阪市東区備後町四の三五	小林政株式会社	爪付ヒューズ	角型銅爪、鉛ヒューズ、五アンペア、二五〇ボルト、二号五五
▽第四―一六二一号	〃	〃	〃	角型銅爪、鉛ヒューズ、一〇アンペア、二五〇ボルト、二号五五
▽第四―一六二二号	〃	〃	〃	角型銅爪、鉛ヒューズ、一五アンペア、二五〇ボルト、三号五五
▽第四―一六二三号	〃	〃	〃	角型銅爪、鉛ヒューズ、二〇アンペア、二五〇ボルト、二号三五
▽第四―一六二四号	〃	〃	〃	角型銅爪、鉛ヒューズ、三〇アンペア、二五〇ボルト、三号四五
▽第四―一六二五号	〃	〃	〃	角形銅爪、鉛ヒューズ、五〇 六〇アンペア、二五〇ボルト、四号五五
▽第四―一六二六号	〃	〃	〃	角形銅爪、鉛ヒューズ、七五 一〇〇アンペア、二五〇ボルト、五号五五
▽第四―一六二七号	〃	〃	〃	丸形爪、亜鉛合金ヒューズ、五アンペア、二五〇ボルト、二号三五
▽第四―一六二八号	〃	〃	〃	丸形爪、亜鉛合金ヒューズ、一〇アンペア、二五〇ボルト、二号三五
▽第四―一六二九号	〃	〃	〃	丸形爪、亜鉛合金ヒューズ、一五アンペア、二五〇ボルト、三号四五
▽第四―一六三〇号	〃	〃	〃	丸形爪、亜鉛合金ヒューズ、三〇アンペア、二五〇ボルト、三号四五
▽第四―一六三一号	〃	〃	〃	〃
▽第四―一六三二号	〃	〃	〃	角形銅爪、鉛ヒューズ、一五アンペア、二五〇ボルト、二号三五
▽第四―一六三三号	〃	〃	〃	角形銅爪、鉛ヒューズ、六〇アンペア、二五〇ボルト、三号五五
▽第四―一六三四号	大阪市北区堂島浜通り一の一〇九	恒和工業株式会社	糸ヒューズ	鉛合金ヒューズ、五アンペア
▽第四―一六三五号	〃	〃	爪付ヒューズ	丸形銅爪、鉛合金ヒューズ、一〇アンペア、二五〇ボルト、甲二号三五
▽第四―一六三六号	〃	〃	〃	角形銅爪、鉛合金ヒューズ、五〇アンペア、二五〇ボルト、甲四号五五
▽第五―一六八五号	大阪府北河内郡門真町大字門真一〇四八	松下電工株式会社	街燈スイッチ	六アンペア、二五〇ボルト、単極、単投、速切装置なし、ヒューズあり、磁器台、黄銅板ふた
▽第五―一六八七号	〃	〃	開放ナイフスイッチ	一五アンペア、二五〇ボルト、二極、単投、速切装置なし、爪付ヒューズ用、表面接続、フェノールレジン成型品ふた、磁器台、折曲クリップ
▽第五―一六八八号	名古屋市千種区若竹町四の七	古川電機製作所 古川伝一	街燈スイッチ	六アンペア、二五〇ボルト、単極、単投、送切装置なし、ヒューズなし、磁器台および同ふた

番号	所在地	名称	品名	型式等
▽第五一六六九号	瀬戸市春雨町一四	合資会社イシン金属工作所	〃	六アンペア、二五〇ボルト、単極、単投、速切装置なし、ヒューズあり、磁器台および同ふた
▽第五一六九〇号	愛知県東春日井郡水野村大字中水野一、二六九の二	日東工業株式会社	〃	〃
▽第六一五九一号	〃	〃	タンブラスイッチ	一〇アンペア、二五〇ボルト、単極、速切装置あり、ヒューズなし、磁器外かく、埋込用
▽第七一六一二号	大阪市阿倍野区西田辺町二五	早川電機工業株式会社	分岐ソケット	ト型、三アンペア、二五〇ボルト、分岐数二(E二六受金)、四段点滅、フェノールレジン成型品外かく
▽第七一六一三号	〃	〃	〃	ト型、六アンペア、二五〇ボルト、分岐数二(E二六受金)、フェノールレジン成型品外かく
▽第七一六一九号	東京都目黒区下目黒四の一、〇二八	明工社　韓　大乙	挿込プラグ	二〇アンペア、二五〇ボルト、極配置个、フェノールレジン成型品外かく
▽第七一六二〇号	東京都品川区小山町四の一五八	株式会社共栄電器製作所	器具用挿込プラグ	六アンペア、二五〇ボルト、極配置‥、フェノールレジン成型品外かく
▽第七一六二一号	東京都品川区平塚一の五〇二	共立製作所　浜野節治	挿込プラグ	一〇アンペア、二五〇ボルト、極配置II、フェノールレジン成型品外かく
▽第七一六二二号	瀬戸市陶原町二の五	瀬戸配電器具工業株式会社	コンセント	一〇アンペア、二五〇ボルト、極配置II、分岐数三、ヒューズなし、磁器ふたおよび台、露出用
▽第七一六二三号	東京都足立区千住元町五二	合資会社中電機製作所	挿込プラグ	二〇アンペア、二五〇ボルト、極配置⊥、フェノールレジン成型品外かく
▽第七一六二四号	東京都目黒区下目黒四の一、〇二八	明工社　韓　大乙	コンセント	二〇アンペア、二五〇ボルト、極配置⊥、ヒューズなし、フェノールレジン成型品ふたおよび台、露出用
▽第七一六二五号	〃	〃	〃	二〇アンペア、二五〇ボルト、配極配置个、ヒューズなし、フェノールレジン成型品ふたおよび台、露出用
▽第八一五六六号	長野県更級郡上山田町字下河原	株式会社八光電機製作所	投込湯沸器	B型、一〇〇ボルト、一・五キロワット
▽第八一五六七号	〃	〃	〃	B型、一〇〇ボルト、三キロワット
▽第九一三〇一号	東京都千代田区丸の内二の六	富士電機製造株式会社	反撥起動誘導電動機	〇・二キロワット、一〇〇ボルト、五〇/六〇サイクル、四極、全閉外被通風型
▽第九一三〇二号	〃	〃	〃	〇・四キロワット、一〇〇/二〇〇ボルト、五〇/六〇サイクル、四極、全閉外被通風型
▽第九一三〇三号	〃	〃	〃	〇・七五キロワット、一〇〇/二〇〇ボルト、五〇/六〇サイクル、四極、全閉外被通風型

◉通商産業省告示第二百五十六号

昭和二十六年八月一日通商産業省告示第百九十九号(鉱山坑内用品の検定手数料等を定める件)の一部を次のように改正する。

昭和二十六年十月十九日

通商産業大臣　高橋龍太郎

一の9中「ハ　炭酸ガス検定器一件につき一〇、五〇〇円」を「ハ　炭酸ガス検定器(検知管式を除く。)一件につき一〇、五〇〇円」に改め、ニからヘまでをそれぞれホからトまでとし、ハの次に次の一号を加える。

ニ　検知管式炭酸ガス検定器　一件につき　七、〇〇〇円

◉通商産業省告示第二百五十七号

電気用品取締規則（昭和十年逓信省令第三十号）第三條により、次のように電気用品の型式を承認する。

昭和二十六年十月二十二日

通商産業大臣　高橋龍太郎

型式承認番号	主な営業所の所在地	氏名または名称	電気用品名	型
▽第四一六三七号	大阪市東区備後町四の三五	小林政株式会社	爪付ヒューズ	丸形爪、鉛合金ヒューズ、二アンペア、二五〇ボルト、二号三五
▽第五一六九一号	東京都台東区浅草橋場二の五	国光電機株式会社	箱開閉器	US型、三〇アンペア、二五〇ボルト、三キロワット、五馬力、三極、単投、速切装置なし、爪付ヒューズ用、鉄板箱
▽第五一六九二号	東京都台東区御徒町二の三九	村菊電気産業株式会社	開放ナイフスイッチ	三〇アンペア、二五〇ボルト、二極および三極、単投、速切装置なし、爪付ヒューズ用、表面接続、大理石、植込クリップ
▽第五一六九三号	瀬戸市古瀬戸町古瀬戸	株式会社鈴木工業所	街燈スイッチ	六アンペア、二五〇ボルト、単極、単投、速切装置なし、ヒューズなし、磁器台および同ふた
▽第五一六九四号	〃	〃	〃	六アンペア、二五〇ボルト、単極、単投、速切装置なし、ヒューズあり、磁器台および同ふた
▽第六一五九二号	東京都渋谷区恵比寿通り二の二	有限会社高砂樹脂製作所	コードスイッチ	六アンペア、二五〇ボルト、単極、速切装置あり、ヒューズなし、フエノールレジン成型品外かく
▽第六一五九三号	瀬戸市京町二の四三	河村産業合資会社	プルスイッチ	防水型、六アンペア、二五〇ボルト、単極、速切装置なし、ヒューズあり、磁器ふたおよび台、一線引
▽第七一六二六号	東京都品川区西大崎二の一四八	合資会社三ツ星電器製作所	〃	三アンペア、二五〇ボルト、フエノールレジン成型品外かく、コード用
▽第七一六二七号	東京都目黒区下目黒四の一、〇二八	明工社　韓大乙	コードコネクタ、ボディ	二〇アンペア、二五〇ボルト、極配置⊥、フエノールレジン成型品外かく
▽第七一六二八号	〃	〃	〃	二〇アンペア、二五〇ボルト、極配置〈、フエノールレジン成型品外かく
▽第七一六二九号	東京都品川区西品川四の九九一	品川合成樹脂工業株式会社	キーソケット	新型、六アンペア、二五〇ボルト、フエノールレジン成型品外かく
▽第七一六三〇号	愛知県東春日井郡水野村大字中水野一、二六九の二	日東工業株式会社	コンセント	二〇アンペア、二五〇ボルト、極配置⊥、磁器ふたおよび台、露出用
▽第七一六三一号	〃	〃	ローゼット	菊型、並台、六アンペア、二五〇ボルト、極数二、ヒューズなし、磁器ふたおよび台、露出用
▽第八一五六八号	東京都北区王子一の一九	佐藤電機株式会社	電気アイロン	一〇〇ボルト、二五〇ワット、四ポンド、鉄鋳物カバー、鉄板木板組合せ架台附属
▽第八一五六九号	川口市本町二の二五	和光電機製作所　滝沢彰式	〃	〃
▽第八一五七〇号	東京都千代田区丸の内二の二の一	三菱電機株式会社	〃	一〇〇ボルト、六〇ワット、木箱
▽第八一五七一号	〃	〃	投込湯沸器	一〇〇ボルト、五〇〇ワット
▽第八一五七二号	東京都千代田区有楽町一の三	東光電気株式会社	電気七輪	反射型、一〇〇ボルト、六〇〇ワット
▽第八一五七三号	〃	〃	電気アイロン	H―3A、一〇〇ボルト、一〇〇ワット、二キログラム、鉄板カバー、鋼板木板組合せ架台附属
▽第九一三〇四号	〃	〃	扇風機	卓上用、三〇糎、四枚羽根、一〇〇ボルト、五〇、六〇サイクル、四極、分相起動

▽第九―三〇五号	東京都千代田区丸の内二の六	富士電機製造株式会社	〃	AF―12型、卓上用、三〇糎、三枚羽根、一〇〇ボルト、五〇 六〇サイクル、四極、モノサイクリック起動
▽第九―三〇六号	東京都千代田区有楽町一の一二	神鋼電機株式会社	反撥起動誘導電動機	〇・四キロワット、一〇〇 二〇〇ボルト、五〇 六〇ボルト、四極、全閉外扇型
▽第九―三〇七号	東京都千代田区丸の内二の二	三菱電機株式会社	扇風機	卓上用、三〇糎、三枚羽根、一〇〇ボルト、五〇 六〇サイクル、四極、モノサイクリック起動
▽第九―三〇八号	〃	〃	〃	〃
▽第一〇―一五号	東京都澁谷区元広尾町一	株式会社整電社製作所	ネオン変圧器	一五〇ボルトアンペア、一次電圧一〇〇ボルト、二次電圧六、〇〇〇ボルト、五〇サイクル、屋外用
▽第一〇―一六八号	東京都品川区東品川五の二二	石岡電機株式会社	〃	一七〇ボルトアンペア、一次電圧一〇〇ボルト、二次電圧六、〇〇〇ボルト、六〇サイクル、屋外用
▽第一〇―一六九号	〃	〃	〃	一〇〇ボルトアンペア、一次電圧一〇〇ボルト、二次電圧一二、〇〇〇ボルト、六〇サイクル、屋外用、二一〇ボルトアンペア、一次電圧一〇〇ボルト、二次電圧九、〇〇〇ボルト、六〇サイクル、屋外用
▽第一〇―一七〇号	大阪市東淀川区元今里北通三の一四	大阪変圧器株式会社	〃	三五〇ボルトアンペア、一次電圧一〇〇ボルト、二次電圧一五、〇〇〇ボルト、六〇サイクル、屋外用
▽第一〇―一七一号	東京都品川区東品川五の二二	石岡電機株式会社	〃	八〇ボルトアンペア、一次電圧一〇〇ボルト、二次電圧三、〇〇〇ボルト、六〇サイクル、屋外用
▽第一〇―一七二号	大阪市東淀川区元今里町北通三の一四	大阪変圧器株式会社	〃	〃

◉通商産業省告示第二百五十八号

ドミニカ共和国は、千九百二十五年十一月六日ヘーグにおいて改正された工業所有権保護に関する千八百八十三年三月二十日のパリ同盟條約に加入し、右加入の効力は、昭和二十六年四月六日から生ずる旨、本邦駐在スイス連邦外交代表から通知があつた。

インドネシア共和国は、千九百四十九年十二月二十七日オランダ国とインドネシア共和国との間に締結された主権讓渡に関する條約第五條の規定によつて、千九百年十二月十四日ブラッセルにおいて、千九百十一年六月二日ワシントンにおいて、千九百二十五年十一月六日ヘーグにおいて、および千九百三十四年六月二日ロンドンにおいて改正された工業所有権保護に関する千八百八十三年三月二十日のパリ同盟條約に、昭和二十四年十二月二十七日から、独立かつ主権国としてオランダ国と別個の資格において拘束されているとみなされる旨、本邦駐在スイス連邦外交代表から通知があつた。

ザールは、千九百四十八年十二月十五日フランス国とザールとの間に締結された工業所有権に関する條約第三條の規定によつて、千九百年十二月十四日ブラッセルにおいて、千九百十一年六月二日ワシントンにおいて、千九百二十五年十一月六日ヘーグにおいて、および千九百三十四年六月二日ロンドンにおいて改正された工業所有権保護に関する千八百八十三年三月二十日のパリ同盟條約の適用に関し、フランス国に復帰したものとみなされ、右復帰の効力は、昭和二十六年五月十九日から生ずる旨、本邦駐在スイス連邦外交代表から通知があつた。

エジプト国は、千九百年十二月十四日ブラッセルにおいて、千九百十一年六月二日ワシントンにおいて、千九百二十五年十一月六日ヘーグにおいて、および千九百三十四年六月二日ロンドンにおいて改正された工業所有権保護に関する千八百八十三年三月二十日のパリ同盟條約に加入し、右加入の効力は、昭和二十六年七月一日から生ずる旨、本邦駐在スイス連邦外交代表から通知があつた。

カナダは、千九百三十四年六月二日ロンドンにおいて改正された工業所有権保護に関する千八百八十三年三月二十日のパリ同盟條約に加入し、右加入の効力は、昭和二十六年七月三十日から生ずる旨、本邦駐在スイス連邦外交代表から通知があつた。

昭和二十六年十月二十三日　　通商産業大臣　高橋龍太郎

◉通商産業省告示第二百五十九号

電気用品取締規則（昭和十年逓信省令第三十号）第三條により、次のように電気用品の型式を承認する。

昭和二十六年十月二十三日　　通商産業大臣　高橋龍太郎

型式承認番号	主な営業所の所在地	氏名または名称	電気用品名	型
▽第一—四三号	東京都澁谷区衆楽町一四	千代田電線株式会社	一種棉絶縁電線	硬銅単線
▽第一—四八号	〃	〃	〃	硬銅撚線
▽第一—三一一号	〃	〃	二種棉絶縁電線	硬銅単線
▽第一—三一六号	〃	〃	〃	硬銅撚線
▽第一—一〇〇六号	〃	〃	六百ボルトゴム絶縁電線	錫めつき軟銅単線
▽第一—一〇一〇号	〃	〃	〃	錫めつき軟銅撚線
▽第一—二八七八号	東京都練馬区小竹町二、五〇三	品川電線株式会社	一種棉絶縁電線	硬銅単線
▽第一—二八七九号	〃	〃	二種棉絶縁電線	〃
▽第一—二八八〇号	〃	〃	六百ボルトゴム絶縁電線	錫めつき軟銅単線
▽第一—二八八一号	〃	〃	〃	錫めつき軟銅撚線
▽第二—四七号	東京都板橋区志村前野町一、一五三	株式会社豊国電線製造所	二箇撚りコード	〃
▽第二—一三五号	〃	〃	丸形コード	〃
▽第二—二三八号	〃	〃	二箇撚りコード	ゴム絶縁、錫めつき軟銅撚線、二心、防湿

▽第二─三〇二号	〃	〃	丸形コード	〃
▽第五─一六九五号	東京都台東区浅草橋場二の五	国光電機株式会社	箱開閉器	US─六型、六〇アンペア、二五〇ボルト、五キロワット、七・五馬力、三極、単投、速切装置なし、爪付ヒューズ用、鉄板箱
▽第六─一五九四号	東京都墨田区向島須崎町二〇四	ソシノ製作所曾篠誠三郎	タングラスイッチ	一〇アンペア、二五〇ボルト、極数二、両切、速切装置あり、ヒューズなし、磁器外かく、埋込用
▽第六─一五九五号	〃	〃	〃	一〇アンペア、二五〇ボルト、単極、三路、速切装置あり、ヒューズなし、磁器外かく、埋込用
▽第七─一六三二号	東京都足立区千住元町五二	合資会社中電機製作所	スイッチ付ローゼット	六アンペア、二五〇ボルト、極数二、片切、速切装置あり、ヒューズなし、フェノールレジン成型品ふたおよび台、露出用
▽第七─一六三三号	東京都中央区兜町二の三五	鳥井電器株式会社	キーソケット	六アンペア、二五〇ボルト、挿込口一、極配置Ⅱ、フェノールレジン成型品外かく
▽第七─一六三四号	東京都品川区小山町三の三	山本電気工業所　山本天外	挿込プラグ	一〇アンペア、二五〇ボルト、極配置Ⅱ、フェノールレジン成型品外かく
▽第一〇─二号	東京都澁谷区元広尾町一	株式会社整電社製作所	ネオン電圧器	三〇〇ボルトアンペア、一次電圧一〇〇ボルト、二次電圧一二、〇〇〇ボルト、六〇サイクル、屋内用、二二〇ボルトアンペア、一次電圧一〇〇ボルト、二次電圧九、〇〇〇ボルト、六〇サイクル、屋内用
▽第一〇─三号	〃	〃	〃	一五〇ボルトアンペア、一次電圧一〇〇ボルト、二次電圧六、〇〇〇ボルト、六〇サイクル、屋内用
▽第一〇─四号	〃	〃	〃	一〇〇ボルトアンペア、一次電圧一〇〇ボルト、二次電圧三、〇〇〇ボルト、六〇サイクル、屋内用
▽第一〇─六号	〃	〃	〃	三〇〇ボルトアンペア、一次電圧一〇〇ボルト、二次電圧一二、〇〇〇ボルト、六〇サイクル、屋外用、二二〇ボルトアンペア、一次電圧一〇〇ボルト、二次電圧九、〇〇〇ボルト、六〇サイクル、屋外用
▽第一〇─七号	〃	〃	〃	一五〇ボルトアンペア、一次電圧一〇〇ボルト、二次電圧六、〇〇〇ボルト、六〇サイクル、屋外用
▽第一〇─八号	〃	〃	〃	一〇〇ボルトアンペア、一次電圧一〇〇ボルト、二次電圧三、〇〇〇ボルト、六〇サイクル、屋外用
▽第一〇─一一号	〃	〃	〃	一五〇ボルトアンペア、一次電圧一〇〇ボルト、二次電圧六、〇〇〇ボルト、五〇サイクル、屋内用
▽第一〇─一二号	〃	〃	〃	一〇〇ボルトアンペア、一次電圧一〇〇ボルト、二次電圧三、〇〇〇ボルト、五〇サイクル、屋内用
▽第一〇─一七二号	東京都品川区東品川五の二二	石岡電機株式会社	〃	三三〇ボルトアンペア、一次電圧一〇〇ボルト、二次電圧一五、〇〇〇ボルト、六〇サイクル、屋外用

◉通商産業省告示第二百六十号

コバルト等使用制限規則（昭和二十六年通商産業省令第六十七号）第三條第一号の規定により、コバルト等を磁石鋼の製造に使用することができる場合を次のように指定する。

昭和二十六年十月二十七日

通商産業大臣　高橋龍太郎

左に掲げるものの部品として磁石鋼を製造する場合

一　電流計（定格一ミリアンペアー以下のものまたは胴径八十五ミリメートル以下のものに限る。）

二　電圧計（定格六十ミリボルト以下のものまたは胴径八十五ミリメートル以下のものに限る。）

三　光高温計

四　熱電対温度計

五　音量計

六　回転計

七　電磁型オツシログラフ

八　浮子型流量計

九　電子管式記録計

十　四号自動式電話機

十一　四号共電式電話機

十二　四号磁石式電話機用受話機

十三　パーマネントダイナミツクスピーカーおよびヘツドフオン

十四　ピツクアツプおよびマイクロフオン

十五　マグネトロン

十六　磁石選鉱機

十七　磁石プーリー

十八　発電機（スクーター用、オートバイ用、バイクモーター用または消防ポンプ用のものに限る。）

◉通商産業省告示第二百六十一号

コバルト等使用制限規則（昭和二十六年通商産業省令第六十七号）第五條第一号の規定により、酸化コバルトを使用することができる場合を次のように指定する。

昭和二十六年十月二十七日

通商産業大臣　高橋龍太郎

左に掲げる方法により陶磁器の製造に顔料として使用する場合

一　転写（銅版印刷を含む。）

二　線引

◉通商産業省告示第二百六十二号

昭和二十六年十月通商産業省告示第二百三十九号（輸入に関する事項の公表（第四十三回）に関する件）の一部を次のように改正する。

昭和二十六年十月二十七日

通商産業大臣　高橋龍太郎

かいりの欄中「（東ドイツ原産のかいりを除く。）」を削る。

◉通商産業省告示第二百六十三号

輸入貿易管理規則（昭和二十四年通商産業省令第七十七号）第一條の規定に基き、輸入に関する事項の公表を次の通り行い、昭和二十六年十月十七日から適用する。

昭和二十六年十月二十七日

通商産業大臣　高橋龍太郎

輸入公表（第四十五回）

商品番号	品目	決済通貨または決済勘定														輸入限度	担保の比率（%）
		米ドル	スターリング	アルゼンチン清算勘定	ブラジル清算勘定	フィンランド清算勘定	フランス連合清算勘定	インドネシヤ清算勘定	韓国清算勘定	オランダ清算勘定	フィリッピン清算勘定	スエーデン清算勘定	台湾清算勘定	タイ清算勘定	ドイツ清算勘定		
061—0110 061—0999	黒砂糖	（琉球）	×					×			×		×			20,000	5
099—0999	トマトペースト															20,000	5
044—0100 045—0931	とうもろこしおよびこおりやん															200,000	5
292—0413	ホップ															100,000	5
271—0110	骨　粉	×														200,000	2
041—0100	飼料用小麦															400,000	2
313—0920	石油コークス	×														200,000	1
313—0930	煆焼石油コークス	×														200,000	1
263—0120	原　綿	×														5,000,000	1
262—0100 262—0200	原毛（トップを除く。）	×	×	×			×			×						3,000,000	1
265—0310 265—0320	ちょ麻	（非協定国）														400,000	2
265—0110 265—0120	亜　麻															200,000	2
264—0110 264—0120	黄　麻	×														800,000	2
265—0400 655—0631	サイザル	×														200,000	2
265—0500	マニラ麻	×														800,000	2
265—0210 265—0220	大麻類（繊維類）	×														50,000	3
262—0320	カシミヤ毛	×														200,000	3

262—0330	らくだ毛	×														200,000	3
262—0390	モヘヤー	×														200,000	3
262—0340	アルパカ	×														200,000	3
262—0400	兎　毛	×														200,000	3
262—0400	獸　毛	×														20,000	3
265—0911	カポツク	×														50,000	3
291—0912	豚　毛	(非協定国)														50,000	3
267—0121	綿ぼろ	×														300,000	3
263—0300	落　綿															500,000	2
262—0800	ウール・ノイル(その他のくず羊毛を含む。)	×														100,000	2
262—0600 267—0122	ウール・ラツグおよびシヨデイ															100,000	5
265—0400 265—0998	マゲーおよびカントン															50,000	5
656—0120	故麻袋（故ヘシアンバツグを含む。)	×														100,000	3
267—0110 267—0124 265—0999	故　麻	×														100,000	3
261—0290 261—0310	副蚕糸、柞蚕糸および柞蚕副蚕糸	(琉球)														200,000	5
261—0110	玉まゆ	(琉球)														50,000	5
263—0200	コツトンリンターロー	（米国を除く地域)														500,000	2
657—0330	アンペラ	×														20,000	3
251—0500	コツトンリンターパルプ															500,000	2
512—0929	アセテート・フレーク															50,000	2

281—0100	鉄鉱石	×													2,000,000	1
681—0110 681—0119	銑　鉄														1,000,000	1
685—0110	鉛地金														200,000	1
686—0110 686—0120	亜鉛地金														300,000	1
689—0110 689—0190	金属コバルトおよび同合金（くずを含む。）	（米国を除く地域）													20,000	1
281—0100	鉄マンガン鉱石	×													1,000,000	1
283—0800	クローム鉱石														200,000	1
283—0600	錫鉱石														200,000	1
283—0700	マンガン鉱石	×													500,000	1
283—0410 283—0420	鉛鉱石														200,000	1
283—0100 283—0120	銅鉱石														500,000	1
283—0220 283—0210	ニツケル鉱石														300,000	1
283—1910	アンチモニー鉱石（選鉱済のものを含む。）														100,000	1
283—0510 283—0520	亜鉛鉱石														300,000	1
283—1930	コバルト鉱石														100,000	1
282—0110 282—0190	くず鉄およびくず鋼														500,000	1
284—0125	錫くず														100,000	1
284—0111 284—0119 284—0131	銅くずおよび銅合金くず														300,000	1
283—0520 284—0124 286—0290	亜鉛カス、亜鉛くず、亜鉛炭または亜鉛スキミング														300,000	1

284—0123 284—0139	鉛くずおよび鉛合金くず																300,000	1
272—1960	硫化鉱																400,000	1
681—0270	フエロバナジウム																300,000	1
683—0110 683—0290 284—0121 683—0120 683—0218 683—0220 683—0230 687—0110 284—0132	ニツケル地金およびニツケル合金（くずおよび製品を含む。）	（米国を除く地域）															50,000	1
687—0110	錫地金																400,000	1
283—0310	ボーキサイト	×															300,000	1
272—0710	珠　石	（ベルギーおよびその属領）															10,000	2
663—0110 663—0120	内張石	（ベルギーおよびその属領）															10,000	2
283—0320 283—0390	ばんい土頁岩およびクレイ（カヤナイトを含む。）	（非協定国）															20,000	2
272—1929	石こうい																20,000	2
272—0490	カオリン	（非協定国）															5,000	2
272—1610 272—1620	黒鉛（精錬済を除く。）	×															100,000	2
272—1910	滑　石	×															50,000	2
272—1510 272—1520	マグネサイトまたはマグネシアクリンカー																800,000	1
272—1420 272—1430	螢石または氷晶石																300,000	1
272—1310	雲　母																100,000	2

283—0310	白ボーキサイト	×														20,000	2
283—1950	イルメナイト	×														100,000	2
272—1200	石　綿	×														200,000	2
533—0111	酸化コバルト															20,000	2
511—0945 511—0140	精製ほゝう砂およびほゝう酸															50,000	2
599—0411	レンネツトカゼイン	×														10,000	2
292—0121	五倍子	×														40,000	2
621—0110	シーリングコンパウンド															50,000	2
512—0921	粗酒石	×														20,000	2
512—0990	液体プロパン															70,000	2
533—0190	織物染色用ピグメントレジンカラーならびにフイクサーまたはバインダー															50,000	2
521—0290	アルキルベンゾール															100,000	1
532—0240	ケブラチオエキス	×														100,000	3
292—0123	マングローブ樹皮	×														150,000	3
292—0124 532—0250	ワツトル樹皮およびエキス	×														150,000	3
292—0122 292—0129 532—0230 532—0260 532—0290	雑タンニン材およびそのエキス	×														50,000	3
512—0990	ノーマルヘキサン															20,000	3
292—0218	シエラツク	×														10,000	3

292—0217	ステイツクラツク	×														50,000	3
292—0215	トラガカントゴム	×														20,000	3
292—0213	ダマールゴム	×														20,000	3
292—0214	コパールゴム	（ベルギーおよびその属領）														20,000	3
292—0216	松　脂															30,000	3
231—0110	生ゴム	×														1,000,000	3
231—0120	ラテツクス	×														100,000	2
231—0400	くずゴム															200,000	3
231—0130	ガタパーチヤ	×														30,000	2
231—0210	合成ゴム	（米国を除く地域）														200,000	3
512—0912 512—0999	ゴム配合剤（R. P. A. No.5および同相当品）	（米国を除く地域）														5,000	2
311—0121	粘結炭	（非協定国）														400,000	1
311—0121	れいき青炭	（非協定国）														400,000	1
311—0110	無煙炭	×														300,000	1
242—0310 242—0390	ラワン材、アピトン材およびカポール材	×														400,000	2
242—0370 243—0320	チーク	×														50,000	2
242—0360	リグナムバイター															100,000	2
244—0190	コルク樹脂															50,000	2
244—0110	コルクくず															40,000	2
292—0320	とうい	×														10,000	2

243—0250 631—0910	鉛筆用インセンス シダー															50,000	2
242—0299	台湾ひのき	×														50,000	2
251—0500	バガスパルプ	×														200,000	2
251—0500	ジユートパルプ	×														200,000	2
641—0100	新聞用紙															1,000,000	2
291—0125	釦用貝がら															40,000	2
291—0112	オセイン	（ベルギーおよびその属領）														20,000	2
291—0125	ピツグトウシエル															10,000	2
291—0934 291—0935 291—0937	動物性膠原料	×														20,000	3
291—0999	インナーハイド （ゼラチン原材料）	×														20,000	3
291—0111	クラツシユドボーン	×														20,000	3
533—0360	パールエツセンス															20,000	5
291—0121	象　牙	（ベルギーおよびその属領）														5,000	5
291—0931	海　綿															5,000	5
221—0400	大　豆	（非協定国）														1,500,000	3
221—0120	落花生	（非協定国）														300,000	3
221—0200	コプラ	（グアム島）														400,000	3
221—0600	綿　実	×														200,000	3
221—0700	ひまし	×														200,000	3
221—0920	ご　ま	×														200,000	3

221—0950	からし種子	×													100,000	3
221—0980	カポツク種子	×													100,000	3
221—0500	亜麻仁	×													300,000	3
221—0999	けし実	×													20,000	3
221—0930	えごま	×													100,000	3
412—0500	オリーブ油	×													20,000	3
412—0600	パーム油	×													500,000	3
412—1200	桐　油	（非協定国）													500,000	3
412—1911	オイテシカ油	×													50,000	3
411—0210	牛　脂														300,000	5
091—0220	豚　脂	×													150,000	3
413—0410	蜜らいらい	×													20,000	3
411—0290	脱水ラノリン														20,000	5
541—0990	葉　酸														20,000	5
292—0437	麻　黄	×													20,000	3
292—0419	甘　草	×													10,000	3
292—0449	くず茶	×													60,000	3
541—0330	オーレオマイシン														250,000	5
541—0390	クロラムフエコール														70,000	5
541—0390	テラマイシン														250,000	5
541—0990	バンサイン														50,000	5

541—0100	ヴィタミンB 6															10,000	5
541—0100	ヴィタミンB12															10,000	5
541—0999	アクス															5,000	5
541—0999	コーチゾンアセテート															30,000	5
	雑輸入品															5,000	3

その他の要件

1　この公表による輸入承認申請書の外国為替銀行による受付は、昭和二十六年十月十七日から開始する。

2　この公表による輸入承認申請書については、一申請者につき、一品目当りの申請額が当該品目の輸入限度をこえてはならない。

3　担保の種類は、現金とする。担保の預入を受けた外国為替銀行は、預託の日から十日間当該担保を日本銀行に預託しなければならない。

4　ちょ麻、豚毛、ばんど頁岩およびクレイ(カヤナイトを含む。)、カオリン、粘結炭、れき青炭、大豆、落花生および桐油は、米ドルを決済通貨とし、非協定国を船積期として輸入する場合には、Back to Back L/C または Escrow L/C によつて決済しなければならない。

5　ブラジル清算勘定を決済勘定として貨物を輸入する場合には、ブラジル政府の輸出許可書またはその許可を受けていることを立証する写真版二通(輸出許可書の番号を証する電報原文一通でもよい。)を添えて、外国為替銀行に輸入の承認を申請しなければならない。

6 米ドルを決済通貨とし、中国およびソビエト連邦を船積地域として貨物を輸入する場合には、Back to Back L/C または Escrow L/C によつて決済しなければならない。

7 粘結炭を輸入する場合には、製鉄業者またはガス業者の発注証明書を、れいき青炭を輸入する場合には、電力業者の発注証明書を添付して外国為替銀行に輸入の承認を申請しなければならない。

8 別表第二に掲げる品目は、米国を船積地域として輸入することはできない。

9 飼料用小麦を輸入する場合には、食糧庁の発行する買入承認書を添えて外国為替銀行に輸入の承認を申請しなければならない。

10 米ドルを決済通貨とし、グアム島を船積地として輸入することができるコプラは、太平洋信託統治地域原産のものに限る。

11 この公表によつて、輸入することができるけし実は、熱処理を施したものに限る。

備考

1 貨物を輸入する場合に使用することができる決済通貨または決済勘定は、この公表の決済通貨または決済勘定の項当該貨物の欄中「×」印をもつて指定されないものに限る。

2 この公表の決済勘定または決済通貨の項の米ドルの項中、括弧内に示した地域は貨物の船積地域を示し、船積地域中の「非協定国」とは、スターリング地域、オープン・アカウント地域、ベルギーおよびその属領、チリー、コロンビア、メキシコ、ペルー、琉球、スペイン、ベネズエラおよびウルグアイ以外の地域をいう。

3 この公表にいうフランス連合清算勘定とは、標準決済方法に関する規則（昭和二十五年外国為替管理委員会規則第十五号）別表第二に掲げるフランス連合清算勘定および仏領印度支那清算勘定をいう。

4 この公表にいう雑輸入品とは、別表第一および第二に掲げるものをいう。

別表第一

1　雑貨関係

(1)原石(水晶、めのう、猫目石、その他工芸品用原料)
(2)茶金石
(3)石板石(中古品)
(4)卵白
(5)黒たんおよび紫たん
(6)通草紙
(7)鯨歯
(8)白及
(9)エメリー粉
(10)トリポリ粉
(11)牛角
(12)牛てい
(13)牛骨
(14)べつ甲
(15)アイボリナツトおよびダムナツト
(16)メキシカンフアイバー(イスル)
(17)コイヤフアイバーおよびコイヤヤーン
(18)バルミラフアイバー
(19)クラフトペーパー
(20)コンデンサーペーパー

2　機械関係

(1)熱伝対線
(2)時計宝石

3　金属関係

(1)金属ジリコニユーム
(2)金属チタン
(3)青銅アルミニウムの熔接棒および熔接剤
(4)抵抗体
ニクロム線、ジユメツト線および導入線(電球用)
(5)インジウム合金
(6)けい光粉末
(7)ゲルマニウム粉
(8)金属表面硬化剤
(9)ゲルマニウム金属

4　医薬品関係

(a)
(1)槐花
(2)オウチン
(3)センナ葉
(4)ゲンチアナ葉
(5)モツコウ根
(6)コンジユラコ根
(7)ウバウルシ葉
(8)シユクシヤ
(9)ホシカ子
(10)セネカ根
(11)ガジユウツ
(12)サンダラツク
(13)芦会
(14)ナツメ
(15)カシア皮
(16)丁字
(17)遠心
(18)紅花
(19)大黄末
(20)沈香
(21)吐根

(b)
(1)牛黄
(2)じや香
(3)センソ
(4)くまの胆
(5)水犀角

(c)
(1)デイエチルアミノエタノール

5　化学品関係

(a)天然樹脂
(1)エレガントガム
(2)バルサム
(3)コパイバ・バルサム
(4)ガムエスター
(5)シーザ・ガム
(6)血粉

(b)有機質
(1)ソルベントナフサー
(2)トールオイル
(3)デイ・2・エチルヘキシールアジペイト
(4)くえん酸石灰
(5)ピペオニール、ブドキサイト

(c)無機質
(1)ふつ化水素酸
(2)塩化亜鉛
(3)鉛白
(4)鉛丹
(5)塩化マグネシウム
(6)クロールスルホン酸
(7)塩化ロジウム
(8)鉄黒
(9)明ばん

(d)合成有機樹脂
(1)ポリスチレン
(2)ポリビニールブチラール
(3)シリコンレジン

6　食糧関係

(1)香辛料

別表第二

(1)熱伝対線
(2)青銅アルミニウム熔接棒および熔接剤
(3)抵抗体
(4)金属表面硬化剤
(5)トールオイル
(6)シリコンレジン

◉通商産業省告示第二百六十四号

輸入貿易管理規則（昭和二十四年通商産業省令第七十七号）第一條の規定に基き、輸入に関する事項の公表を次の通り行い、昭和二十六年十月二十日から適用する。

昭和二十六年十月三十日

通商産業大臣　高橋龍太郎

輸　入　公　表（第四十六回）

商品番号	品目	決済通貨または決済勘定	船積地域	船積期	輸入限度（米弗）	担保の比率および種類（%）	外貨資金割当証明書	銀行受付開始日	銀行受付締切日	その他の要件
041—0100 042—0210 042—0220 043—0110 043—0120	主要食糧	米ドル	協定国および非協定国	不指定	20,000,000	1	要	10月20日	12月31日	
		スターリング、フランス連合清算勘定、台湾清算勘定、タイ清算勘定								
061—0100 061—0200	砂糖	米ドル	協定国および非協定国	不指定 4—6月(52)	3,000,000	1	要	10月20日	12月31日	
051—0300	バナナ	台湾清算勘定		不指定	50,000	1	要	10月20日	12月31日	
271—0300	燐鉱石	米ドル	非協定国	不指定	600,000	1	要	10月20日	12月31日	
		スターリング								
312—0110～ 312—0140	原油	米ドル	協定国および非協定国	4—6月(52)	2,000,000	1	要	10月20日	12月31日	
		スターリング								
313—0310 313—0320	軽油	米ドル	協定国および非協定国	不指定 4—6月(52)	700,000	1	要	10月20日	12月31日	
		スターリング		不指定 4—6月(52)						

313—0330 313—0340 313—0350	重　油	米ドル	協定国および非協定国	不指定 4—6月(52)	1,500,000	1	要	10月20日	12月31日	
		スターリング		不指定 4—6月(52)						
313—0430 313—0490 313—0510 313—0410	特殊潤滑油	米ドル	協定国および非協定国	不指定	100,000	1	要	10月20日	12月31日	
313—0530	パラフインワックス	米ドル ドイツ連邦清算勘定	協定国および非協定国	不指定	40,000	1	要	10月20日	12月31日	
313—0920	石油コークス	米ドル	協定国および非協定国	不指定	1,000,000	1	要	10月20日	12月31日	
313—0930	煆焼石油コークス	米ドル	協定国および非協定国	不指定	200,000	1	要	10月20日	12月31日	
263—0120	原　綿	米ドル	協定国および非協定国	不指定 4—6月(52)	10,000,000	1	要	10月20日	12月31日	
262—0100 262—0200 262—0710	原　毛	スターリング、アルゼンチン清算勘定		不指定	8,000,000	1	要	10月20日	12月31日	
263—0200	コツトンリンターロー	米ドル	協定国および非協定国	不指定	500,000	1	要	10月20日	12月31日	
281—0100	鉄鉱石	米ドル	協定国および非協定国	不指定	2,000,000	1	要	10月20日	12月31日	
683—0110 683—0290 284—0121 683—0120 683—0210 683—0220 683—0230 687—0110 284—0132	ニツケル地金および合金（くずおよび製品を含む。）	米ドル	米　国	不指定	50,000	1	要	10月20日	12月31日	

681—0510 681—0520 681—0530 681—0540	硅素鋼板	米ドル	米　国	不指定	100,000	1	要	10月20日	12月31日	
681—1312 681—1313 681—1319	ステンレス鋼管	米ドル	米　国	不指定	100,000	1	要	10月20日	12月31日	
699—2929	熔接棒および熔接剤	米ドル	米　国	不指定	200,000	1	要	10月20日	12月31日	
689—0110 689—0210 284—0139	コバルトおよび合金(くずを含む。)	米ドル	協定国および非協定国	不指定	50,000	1	要	10月20日	12月31日	
272—0510	塩	台湾清算勘定、タイ清算勘定、フランス連合清算勘定、インドネシヤ清算勘定		不指定	400,000	1	要	10月20日	12月31日	
272—0740	ダイヤモンドボーツ	米ドル スターリング、オランダ清算勘定	ベルギーおよびその属領 ―	不指定	20,000	1	要	10月20日	12月31日	
272—0740	ダイヤモンドクラツシング	米ドル スターリング、オランダ清算勘定	ベルギーおよびその属領 ―	不指定	20,000	1	要	10月20日	12月31日	
272—1200	石　綿	米ドル	協定国および非協定国	不指定	100,000	1	要	10月20日	12月31日	
061—0420 061—0430	糖　蜜	フイリツピン清算勘定		不指定 4—6月(52) 7—9月(52) 10—12月(52)	3,000,000	1	要	10月20日	12月31日	

511—0999	塩化メチレン	米ドル ドイツ連邦清算勘定	米　国	不指定	20,000	1	要	10月20日	12月31日	
551—0111	パインオイル(Yama F またはG N S #5相当品)	米ドル	米　国	不指定	20,000	1	要	10月20日	12月31日	
599—0999	潤滑油添加剤	米ドル スターリング	米　国	不指定	100,000	1	要	10月20日	12月31日	
599—0190	ポリエチレン	米ドル	米　国	不指定	15,000	1	要	10月20日	12月31日	
311—0121	粘結炭	米ドル	協定国および非協定国	不指定	2,000,000	1	要	10月20日	12月31日	
242—0220 242—0230 242—0250 242—0260 242—0299 242—0330 243—0220 243—0230 243—0250 243—0260 243—0299	米松またはその他の米材	米ドル	協定国および非協定国	不指定	200,000	1	要	10月20日	12月31日	
251—0300	晒サルファイトパルプ（セルローズ分89%以上のものに限る。）	スエーデン清算勘定、フインランド清算勘定		不指定	300,000	1	要	10月20日	12月31日	
211—0200	カーフスキン	米ドル	非協定国	不指定	250,000	1	要	10月20日	12月31日	
211—0200	キツプスキン	米ドル	非協定国	不指定	200,000	1	要	10月20日	12月31日	
541—0320	ストレプトマイシン	米ドル	米　国	不指定	50,000	1	要	10月20日	12月31日	
313—0520 313—0530	液体パラフイン（U.S.P.）	米ドル	米　国	不指定	2,000	1	要	10月20日	12月31日	

313—0520 313—0530	固型パラフイン（U.S.P.）	米ドル	米　国	不指定	2,000	1	要	10月20日	12月31日	
541—0320	ストレプトマイシン培養剤	米ドル	米　国	不指定	40,000	1	要	10月20日	12月31日	
072—0100	ココア豆（医療用）	スターリング、ブラジル清算勘定		不指定	60,000	1	要	10月20日	12月31日	
732—0110 732—0120	中古自動車	米ドル		不指定	20,000	1	要	10月20日	12月31日	
892—0100 892—0220	書籍および定期刊行物	米ドル	協定国および非協定国	不指定	20,000	1	要	10月20日	12月31日	
		スターリング、アルゼンチン清算勘定、フインランド清算勘定、スエーデン清算勘定、オランダ清算勘定、フランス連合清算勘定、ドイツ連邦清算勘定								
	O. A. S. 物資	米ドル	協定国および非協定国	不指定	500,000	1	要	10月20日	12月31日	
		スターリング、フランス連合清算勘定、ドイツ連邦清算勘定								
	外人用ホテル用品	米ドル	協定国および非協定国、ベルギーおよびその属領	不指定	20,000	1	要	10月20日	12月31日	
		スターリング								
		米ドル	協定国および非協定国、ベルギーおよびその属領							

	雑輸入品	スターリング、アルゼンチン清算勘定、フインランド清算勘定、フランス連合清算勘定、インドネシヤ清算勘定、韓国清算勘定、オランダ清算勘定、スエーデン清算勘定、台湾清算勘定、タイ清算勘定、ドイツ連邦清算勘定		不指定	5,000	3	要	10月20日	12月31日	
071—0100	コーヒー豆	米ドル	協定国および非協定国	不指定	30,000	10 (現金)	不要	10月20日	12月31日	(1)農林大臣またはコーヒー商工業協同組合の証明した需要者の発注証明書を添えて輸入の承認を申請すること。 (2)米ドルを決済通貨とし、協定国および非協定国を船積地域として輸入する場合には、Back to Back L/C または Escrow L/C によつて決済すること。
		スターリング、ブラジル清算勘定								
072—0110	ココア豆 (食糧用)	スターリング、フランス連合清算勘定		不指定	50,000	10 (現金)	不要	10月20日	12月31日	ココア豆の第一次加工業者の発注証明書を添えて輸入の承認を申請すること。
074—0120	紅茶(十封度以下の銘柄包装品を除く。)	スターリング、台湾清算勘定		不指定	20,000	10 (現金)	不要	10月20日	12月31日	
051—0300	バナナ	台湾清算勘定		不指定	50,000	20 (現金)	不要	10月25日	12月31日	(1)担保の預入を受けた銀行は預託の日から15日間当該担保を日本銀行に預託しなければならない。 (2)輸入承認申請金額は一件につき20,000米弗以上でなければならない。
051—0690 051—0115 053—0119	生鮮またはかんい詰果実	台湾清算勘定		不指定	20,000	10 (現金)	不要	10月25日	12月31日	
054—0230	緑　豆	スターリング		不指定	20,000	10 (現金)	不要	10月24日	12月31日	需要者の発注証明書を添えて輸入の承認を申請すること。

271—0310	ガフサ燐鉱粉末肥料	フランス連合清算勘定		不指定	450,000	5 (現金)	不要	10月20日	12月31日	農林大臣の輸入に関する証明書を添えて輸入の承認を申請すること。
599—0230	硫酸ニコチン	米ドル	米　国	不指定	10,000	10 (現金)	不要	10月24日	12月31日	需要者の発注証明書を添えて輸入の承認を申請すること。
292—0529	クローバー種子（赤または白）	米ドル スターリング	協定国および非協定国	不指定	88,000	10 (現金)	不要	10月20日	12月31日	農林大臣の証明した需要者の発注証明書を添えて輸入の承認を申請すること。
292—0446	海人草	米ドル スターリング、台湾清算勘定	琉　球	不指定	40,000	10 (現金)	不要	10月20日	12月31日	輸入の承認を申請することができる者は、薬事法（昭和二十三年法律第百九十七号）第二十六條の規定による輸入販売登録を有する者に限る。
655—0933	つむぎ	米ドル	琉　球	不指定	20,000	10 (現金)	不要	10月20日	12月31日	
655—0933	宮古上布	米ドル	琉　球	不指定	10,000	10 (現金)	不要	10月20日	12月31日	
112—0430	泡　盛	米ドル	琉　球	不指定	30,000	10 (現金)	不要	10月20日	12月31日	(1)輸入の承認を申請することができる者は、酒税法（昭和二十五年法律第百三十五号）の規定により、酒類販売業者として政府の免許を受けた者に限る。 (2)上記の免許を受けていることを証する書類（免許書または国税局の発行する証明書）二通を添えて輸入承認申請を行うこと。

備　考

1　この公表の決済通貨または決済勘定の項中フランス連合清算勘定とは、標準決済方法に関する規則（昭和二十五年外国為替管理委員会規則第十五号）別表第二に掲げるフランス連合清算勘定および仏領印度支那清算勘定をいう。

2　この公表にいう船積地域とは、米ドルを決済通貨として、貨物を輸入する場合に貨物を船積すべき地域をいい、船積地域の項中「協定国」とは、チリー、コロンビア、メキシコ、ペルー、琉球、スペインおよびベネズエラをいい、「非協定国」とは、スターリング地域、オープン・アカウント地域、協定国、中国、ソビエト連邦およびウルグアイ以外の諸国をいう。

3　この公表の船積期の項中(52)は、西暦1952年を示す。

◉通商産業省告示第二百六十五号

輸入貿易管理規則（昭和二十四年通商産業省令第七十七号）第一條の規定に基き、輸入に関する事項の公表を次の通り行い、昭和二十六年十一月二日から適用する。

昭和二十六年十一月二日　　通商産業大臣　高橋龍太郎

輸入公表（第四十七回）

商品番号	品目	決済通貨または決済勘定	船積期	輸入限度（米弗）	担保の比率および種類	外貨資金割当証明書	銀行受付開始日	銀行受付締切日
272—0510	塩	米ドル、スターリング	不指定	1,000,000	1%	要	11月5日	12月31日
121—0190	葉煙草	米ドル	不指定	100,000	1%	要	11月20日	12月31日
	解体用船舶	米ドル	不指定	127,000	1%	要	11月2日	12月31日
その他の事項	(1)米ドルを決済通貨とし、中国およびソビエト連邦を船積地域として輸入する場合は、Back to Back L/C または Escrow L/C によつて決済しなければならない。(2)ウルグワイを原産地とする貨物を輸入することはできない。							

◉通商産業省告示第二百六十六号

昭和二十六年一月通商産業省告示第十一号（輸出貿易管理令別表第一第三十号の規定に基く仕向国における意匠権を侵害するおそれのある貨物の指定の件）の一部を次のように改正する。

昭和二十六年十一月七日

通商産業大臣　高橋龍太郎

同第四十六号の次に次の三号を加える。

同第四十七号
同第四十八号
同第四十九号

◉通商産業省告示第二百六十七号

昭和二十六年十月通商産業省告示第二百六十四号（輸入に関する事項の公表（第四十六回）に関する件）の一部を次のように改正し、昭和二十六年十一月二日から適用する。

昭和二十六年十一月七日

通商産業大臣　高橋龍太郎

ガフサ燐鉱粉末肥料の欄「5（現金）」を「3（現金）」に改める。

◉通商産業省告示第二百六十八号

電気用品取締規則（昭和十年逓信省令第三十号）第二條により、昭和二十六年九月十八日次のように電気用品の製造を免許した。

昭和二十六年十一月七日　　通商産業大臣　高橋龍太郎

主たる営業所の名称または氏名	同上所在地	電気用品の種別	製造免許番号
北芝電機株式会社	福島県信夫郡松川町字天王原九	小型電動機	第二二二七号
碧海電線株式会社	碧南市字大道一一	絶縁電線	第二二二八号
株式会社安川電機製作所	八幡市藤田二三四六	小型電動機	第二二二九号
東京電線株式会社	東京都港区芝新橋三の一	絶縁電線	第二二三〇号
〃	〃	コード	第二二三一号
三電機精密工業株式会社	岐阜市長良南陽町三の一	開閉器	第二二三二号
丸福窯業株式会社	愛知県東春日井郡水野村中水野九八七	屋内用小形スイッチ	第二二三三号
〃	〃	開閉器	第二二三四号
〃	〃	接続器	第二二三五号
西芝電機株式会社	姫路市網干区浜田一〇〇〇	小型電動機	第二二三六号
壽電線工業株式会社	京都市右京区西院高山寺町一二	絶縁電線	第二二三七号
株式会社井藤製作所	大阪市天王寺区国分町二〇	電熱器	第二二三八号
鈴木螺旋管製作所　鈴木軍治	大阪市東淀川区三津屋北通四の二六	電線管および金属線樋	第二二三九号
双葉電機工業所　竹野安次郎	大阪市東成区西今里町四の五一	屋内用小型スイッチ	第二二四〇号
株式会社桃谷順天館	大阪市港区市岡元町五の五	接続器	第二二四一号
浪速電線株式会社	大阪市東成区東今里町四の三三	絶縁電線	第二二四二号
〃	〃	コード	第二二四三号
株式会社興亜電機製作所	東京都練馬区立野町九一〇	小型電動機	第二二四六号
三菱電機株式会社	東京都千代田区丸の内二の二の一	ヒューズ	第二二四七号
九州電線株式会社	久留米市国分町大細永二〇八八の一	絶縁電線	第二二四八号

野村製作所　野村穣	八王子市中水野町西二の三五九一	小型電動機	第二二四九号
東京電気器具株式会社	静岡県田方郡大仁町大仁五七〇	小型変圧器	第二二五〇号
〃	〃	接続器	第二二五一号

◉通商産業省告示第二百六十九号

輸出品取締法（昭和二十三年法律第百五十三号）第七條の五第四項の規定に基き、第七條の五第一項の規定により登録した被登録者の氏名または名称および第七條の二第一項の規定による表示の業務にかかわる事務所または事業所の所在地を次のように告示する。

昭和二十六年十一月八日

通商産業大臣　高橋龍太郎

登録品目	被登録者の氏名または名称	事務所または事業所の所在地
双眼鏡	財団法人日本望遠鏡検査協会	東京都千代田区丸の内三丁目八番地仲六号館
	日本光学工業協同組合	東京都北区滝野川町一七四一番地
	旭光学工業株式会社	東京都板橋区板橋町四丁目一一〇八番地
軸受	日本精工株式会社	東京都港区芝田町四丁目一番地
	東洋ベアリング製造株式会社	桑名市大字東方字土島二四西番地　兵庫県武庫郡良元村伊子志字荒地七一〇番地
	光洋精工株式会社	大阪府南河内郡国分町三四三二番地
	旭精工株式会社	大阪市東区博労町四丁目二九番地　堺市鳳東町六丁目五七〇番地
鋼球	不二越鋼材工業株式会社	富山市石金二〇番地
	日本精工株式会社	東京都港区芝田町四丁目一番地
	不二越鋼材工業株式会社	富山市石金二〇番地
	株式会社天辻鋼球製作所	大阪市南区西清水町八番地
	東洋鋼球製造株式会社	奈良県北葛城郡磐城村字尺土一九番地
完成ミシン	東京重機工業株式会社	東京都北多摩郡調布町国領六六〇番地
	東京ミシン製造株式会社	三鷹市下連雀三三七番地
	株式会社津上製作所	東京都港区芝田村町四丁目一番地　長岡市蔵王町三八〇番地
	芝浦ミシン株式会社	長野県上伊那郡辰野町字伊那富
	新生ミシン製造株式会社	東京都大田区雪ヶ谷町九二七番地
	株式会社原田製作所	山形市宮町三七三番地
	蛇の目産業株式会社	東京都中央区日本橋二丁目一番地大同ビル内　東京都北多摩郡小金井町二〇四五番地
	リツカーミシン株式会社	東京都千代田区神田鍛冶町一丁目一番地
	日立ミシン株式会社	大阪市大淀区長柄中通三丁目三番地
	三菱電機株式会社和歌山工場	和歌山市岡町九一番地
	宝生ミシン製造株式会社	布施市森河内三番地
	福助足袋株式会社	堺市耳原町一九四番地
	株式会社友恵	大阪市城東区白山町二丁目六五番地
	光洋精工株式会社	大阪府南河内郡国分町三四三二番地
	大和ミシン製造株式会社	豊中市麻田二三番地
	ニューホープミシン製造株式会社	堺市南庄町一丁四〇番地
	第一ミシン工業株式会社	四日市市末永玉川町一一八番地
	三菱電機株式会社名古屋製作所	名古屋市東区矢田町一八丁目一番地
	富国ミシン株式会社	名古屋市中区東陽町二丁目一一番地
	日本ミシン製造株式会社	名古屋市瑞穂区堀田通九丁目二五番地
	愛知工業株式会社	刈谷市大字重原字中山五〇番地
	パインミシン製造株式会社	東京都中央区銀座六丁目四番地　栃木県河内郡平石村大字下平出九五〇番地
ミシン部品	東京重機工業株式会社	東京都北多摩郡調布町国領六六〇番地
	東京ミシン製造株式会社	東京都三鷹市下連雀三三七番地
	株式会社津上製作所	東京都港区芝田村町四丁目一番地　長岡市蔵王町三八〇番地
	芝浦ミシン株式会社	長野県上伊那郡辰野町字伊那富
	新生ミシン製造株式会社	東京都大田区雪ヶ谷町九二七番地
	蛇の目産業株式会社	東京都中央区日本橋通二丁目一番地大同ビル内　東京都北多摩郡小金井町二〇四五番地
	リツカーミシン株式会社	東京都千代田区神田鍛冶町一丁目一番地
	日立ミシン株式会社	大阪市大淀区長柄中通三丁目三番地
	三菱電機株式会社和歌山工場	和歌山市岡町九一番地
	福助足袋株式会社	堺市耳原町一九四番地
	株式会社友恵	大阪市城東区白山町二丁目六五番地
	光洋精工株式会社	大阪府南河内郡国分町三四三二番地
	大和ミシン製造株式会社	豊中市麻田二三番地
	ニューホープミシン製造株式会社	堺市南庄町一丁四〇番地
	第一ミシン工業株式会社	四日市市末永玉川町一一八番地
	三菱電機株式会社名古屋製作所	名古屋市東区矢田町一八丁目一番地

富国ミシン株式会社	名古屋市中区東陽町二丁目一一番地
日本ミシン製造株式会社	名古屋市瑞穂区堀田通九丁目二五番地
パインミシン製造株式会社	東京都中央区銀座六丁目四番地 栃木県河内郡平石村大字下平出九五〇番地
愛知工業株式会社	刈谷市大字重原字中山五〇番地

◉通商産業省告示第二百七十号

輸入貿易管理規則(昭和二十四年通商産業省令第七十七号)第一条の規定に基き、輸入に関する事項の公表を次の通り行う。

昭和二十六年十一月九日　　通商産業大臣　高橋龍太郎

輸　入　公　表（第四十八回）

商品番号	品目	決済通貨または決済勘定	船積期	輸入限度(米弗)	担保の比率および種類	外貨資金割当証明書	銀行受付開始日	銀行受付締切日
	在日外国人用品	米ドル、スターリング、アルゼンチン清算勘定、フランス連合清算勘定、オランダ清算勘定、台湾清算勘定、ドイツ連邦清算勘定	不指定	800,000	1%	要	11月10日	12月31日

その他の事項
1　米ドルを決済通貨とし、中国、およびソビエト連邦を船積地域として輸入する場合は、Back to Back L/C または Escrow L/C によつて決済しなければならない。
2　ウルグワイを原産地とする貨物を輸入することはできない。
3　決済通貨または決済勘定の項中、フランス連合清算勘定とは、標準決済方法に関する規則(昭和二十五年外国為替管理委員会規則第十五号)別表第二に掲げるフランス連合清算勘定および仏領印度支那清算勘定をいう。

◉通商産業省告示第二百七十一号

緊要物資使用等規整規則（昭和二十六年通商産業省令第五十六号）第一条第四項の規定により、次の機関を発注者に指定する。

昭和二十六年十一月十四日　　通商産業大臣　高橋龍太郎

警察予備隊

◉通商産業省告示第二百七十二号

輸出品取締法(昭和二十三年法律第百五十三号)第七条の五第四項の規定に基き、第七条の五第一項の規定により登録した被登録者の氏名または名称および第七条の二第一項の規定による表示の業務にかかわる事務所または事業所の所在地を次のように告示する。

昭和二十六年十一月十六日　　通商産業大臣　高橋龍太郎

登録品目	被登録者の氏名または名称	事務所または事業所の所在地
軸受	金剛ベアリング株式会社	大阪府南河内郡長野町大字木戸一七七
	西林精工株式会社	大阪市南区谷町六の四 大阪府中河内郡長吉村出戸七四〇
	株式会社大阪精密工業所	大阪市阿倍野区阿倍野筋五の五四
	隅田精工株式会社	堺市昭和通四丁目六四
完成ミシン	富士精密工業株式会社	東京都杉並区宿町八八 浜松市三島町四五
	中央検査所	浦和市大谷ロ二四三
	財団法人大阪ミシン検査協会	大阪市西区江の子島上　大阪府立工業奨励館内
	アール・ジエー・デルパン・コーポレーション	東京都千代田区大手町一の六 大阪市西区土佐堀通り一の一 門司市港町海岸通り
ミシン部品	富士精密工業株式会社	東京都杉並区宿町八八 浜松市三島町四五
	中央検査所	浦和市大谷ロ二四三
	財団法人大阪ミシン検査協会	大阪市西区江の子島上　大阪府立工業奨励館内
	相場工業株式会社	新潟県西蒲原郡燕町四七三八
	アール・ジエー・デルパン・コーポレーション	東京都千代田区大手町一の六 大阪市西区土佐堀通り一の一 門司市港町海岸通り

◉通商産業省告示第二百七十三号

火薬類取締法施行規則第七十二条の規定により昭和二十六年の甲種および乙種火薬類作業主任者試験の試験を施行する場所を次のように定める。

昭和二十六年十一月十六日　　通商産業大臣　高橋龍太郎

東京都千代田区神田岩本町十三番地　日本産業火薬会

福岡県戸畑市中原　九州工業大学

◉通商産業省告示第二百七十四号

輸入貿易管理規則(昭和二十四年通商産業省令第七十七号)第一条の規定に基き、輸入に関する事項の公表を次の通り行う。

昭和二十六年十一月十九日

通商産業大臣　高橋龍太郎

輸入公表(第四十九回)

商品番号	品目	決済通貨等または決済勘定	船積期	輸入限度(米弗)	担保の比率および種類	外貨資金割当証明書	銀行受付開始日	銀行受付締切日
531—0110—531—0170, 531—0199	染料	米ドル スターリング ドイツ連邦清算勘定	不指定	100,000	1%	要	11月22日	12月31日
231—0210	合成ゴム GR—S GR—I GR—A(BUNA. N) GR—M(Neoprene)	米ドル	不指定	200,000	1%	要	11月22日	12月31日
512—0913 512—0999	ゴム配合剤(R. P. A. No. 5)および同相当品	米ドル	不指定	2,000	1%	要	11月22日	12月31日
311—0121	れき青炭	米ドル	不指定	3,000,000	1%	要	11月19日	12月31日

その他の事項　1. 米ドルを決済通貨とし、中国、満洲およびソビエト連邦を船積地域として輸入する場合は、Back to Back L/C または Escrow L/C によつて決済しなければならない。

2. ウルグワイを原産地とする貨物を輸入することはできない。

◉通商産業省告示第二百七十五号

輸出品取締法（昭和二十三年法律第百五十三号）第七條の五第四項の規定に基き、第七條の五第一項の規定により登録した被登録者の氏名または名称および第七條の二第一項の規定による表示の業務にかかわる事務所または事業所の所在地を次のように告示する。

昭和二十六年十一月二十二日

通商産業大臣　高橋龍太郎

登録品目	被登録者の氏名または名称	事務所または事業所の所在地
完成ミシン	愛知県輸出ミシン工業協同組合	名古屋市中区東田町三の四
	東京都立工業奨励館	東京都港区芝海岸通り一の二〇
ミシン部品	愛知県輸出ミシン工業協同組合	名古屋市中区東田町三の四
	東京都立工業奨励館	東京都港区芝海岸通り一の二〇

◉通商産業省告示第二百七十六号

昭和二十六年十月通商産業省告示第二百六十三号（輸入に関する事項の公表（第四十五回）に関する件）の一部を次のように改正する。

昭和二十六年十一月二十二日

通商産業大臣　高橋龍太郎

雑輸入品の欄の下に次の欄を加える。

292—0911	生うるし														100,000	3

◉通商産業省告示第二百七十七号

昭和二十六年十月通商産業省告示第二百六十三号（輸入に関する事項の公表（第四十五回）に関する件）の一部を次のように改正し、昭和二十六年十月二十七日から適用する。

昭和二十六年十一月二十二日

通商産業大臣　高橋龍太郎

雲母の欄中「272—1310
272—1310」を「272—1310
272—1320
272—1330
272—1390」に改める。

◉通商産業省告示第二百七十八号

熱管理法施行規則（昭和二十六年通商産業省令第六十号）第九條第五項の規定に基き、熱管理に関する第一回短期研修の時期、場所等を次のように定める。

昭和二十六年十一月二十四日

通商産業大臣　高橋龍太郎

一　時　期　第一期　昭和二十六年十二月十一日から同年十二月二十二日まで
第二期　昭和二十七年一月十七日から同年一月二十九日まで

二　場　所　東京都北区浮間町　工業技術庁燃料研究所分所

三　研修人員　五十人

四　申込要領　研修を受けようとする者は、熱管理法施行規則第九條第四項に規定する資格を証明する書類を添えて、次の様式による熱管理第一回短期研修申込書を昭和二十六年十二月五日までに川口市寿町燃料研究所へ提出すること。

様　式

熱管理第一回短期研修申込書

一　氏　名（ふりかなをつけること。）

二　生年月日

三　学　歴

四　職　歴

熱管理第一回短期研修を受けたいので、熱管理施行規則第九條第四項に規定する資格を証明する書類を添えて申し込みます。

年　月　日

申込者の所属する工場または事業場の名称および所在地
申込者の現住所
申込者の氏名　印

通商産業大臣　殿

◉通商産業省告示第二百七十九号

昭和二十六年十月通商産業省告示第二百六十三号（輸入に関する事項の公表（第四十五回）に関する件）の一部を次のように改正し、昭和二十六年十一月二十六日から適用する。

昭和二十六年十一月二十七日

通商産業大臣　高橋龍太郎

大豆の欄中「（非協定国）」を削り、生うるしの欄の下に左の欄を加え、その他の要件第四項中「豆
大」を削り、別表第一第五項中(b)(3)「デイ・2・エチルヘキジール・アジペイト」を「デイ・オクチール、アジペイト」に改める。

081—0210	ふすま	×												400,000	3

◉通商産業省告示第二百八十号

工業標準化法施行規則（昭和二十四年総理府令、文部省令、厚生省令、農林省令、通商産業省令、運輸省令、郵政省令、電気通信省令、労働省令、建設省令第一号）第六十四條、第六十四條の二第二項および第六十五條第二項の規定により、次のように指定商品を公表し、その指定商品の表示許可申請書および表示の様式等を定める。

昭和二十六年十一月二十九日

通商産業大臣　高橋龍太郎

指定品目	暖房用鋳鉄放熱器	ピアノ線材	ピアノ線	亜鉛メッキ鋼板
表示 場所（見やすいところに）	製品ごと（各節に）	一コイルごと	一コイルごと	一枚ごと
表示 方法	鋳出し	刻印した金属板を結ぶ。	荷札をつける。	い、なつ印（またはすり込み）
表示 内容	右側下：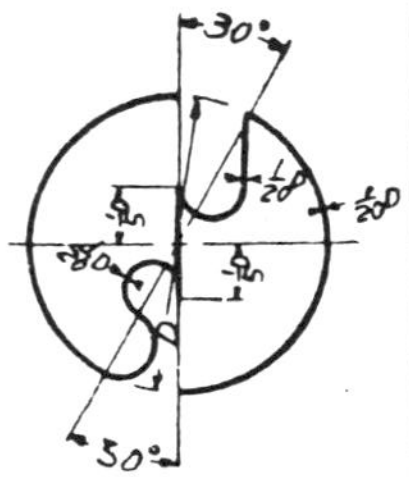 （D—15 mm） 左側下：製造年 製造業者の略号	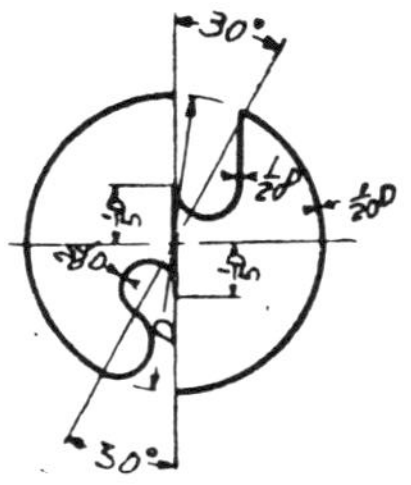 日本工業規格番号 日本工業規格による種類 許可番号 製造年（または略号） 製造業者名（または略号） （D—15 mm 以上）	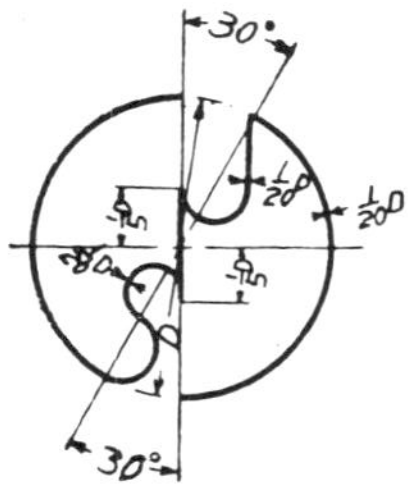 日本工業規格番号 日本工業規格による種類 許可番号 製造年（または略号） 製造業者名（または略号） （D—10 mm 以上）	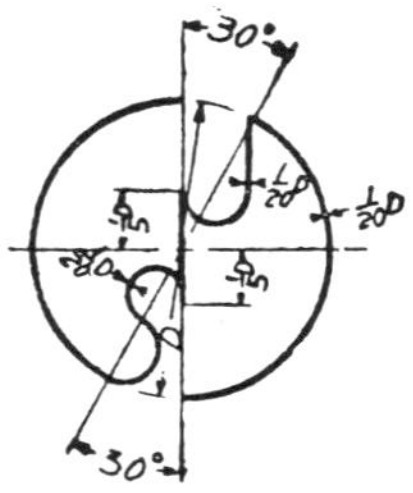 日本工業規格番号 日本工業規格による種類 許可番号 製造業者名（または略号） （D—{（平板）50 mm 以上 / （波板）30 mm 以下} ）

再生ゴム	包装ごと	荷札をつける。	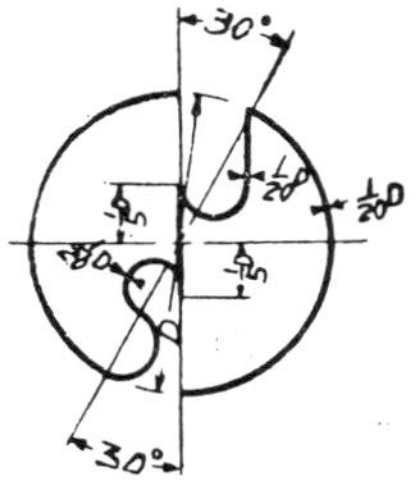 （日本工業規格番号） （日本工業規格による種類） ㊫（許可番号） （製造年）　月 （製造業者名（または略号）） （D—20 mm 以上）
本箱（輸出品包装用に限る。）	一箱ごと（つま、側板または面に）	すり込み	日本工業規格番号 日本工業規格による種類 製造業者の略号 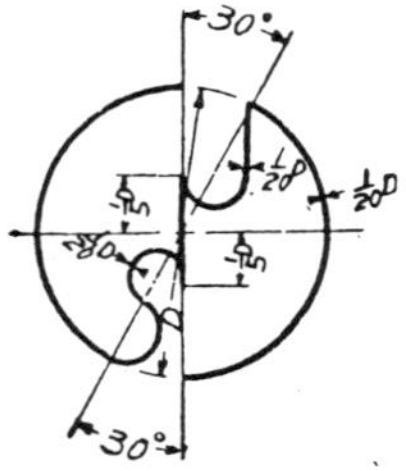 （D—24mm以上）
警音器（自動車用電気式器に限る。）	製品ごと	刻印（または書く。）	製造業者名（または略号） （D—5 mm 以上）
	包装または容器ごと	書く。	日本工業規格番号 許可番号 製造業者名（または略号） （D—10 mm 以上）
方向指示器（自動車用腕木式に限る。） 窓ふき（自動車用の電気式・真空式に限る。） 後写鏡（自動車用に限る。）	警音器に同じ。		
トロリ線（円形硬銅トロリ線・みぞ付硬銅トロリ線に限る。）	ドラムごと（側面に）	すり込み	日本工業規格番号 許可番号 製造年 製造業者名（または略号） 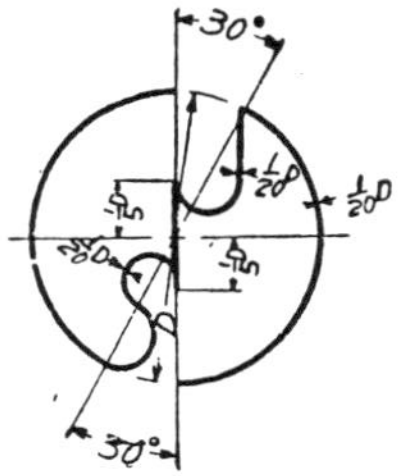 （D—100 mm 以上）

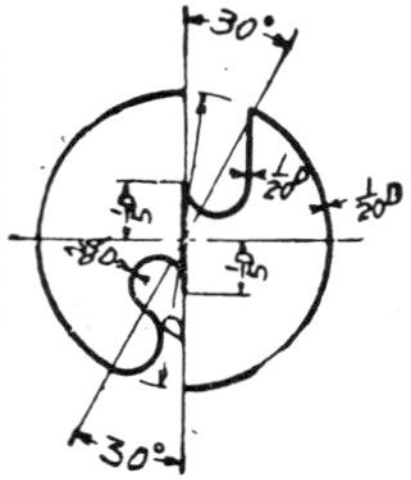

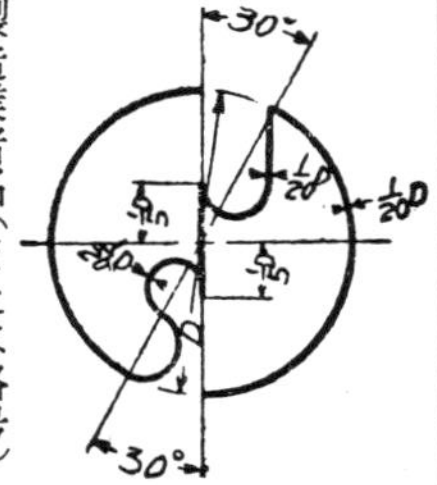

これらの品目に関する表示許可申請書の様式等は、昭和二十五年三月通商産業省告示第四十号（日本工業規格表示許可申請書の様式に関する件）の様式等と同じ。ただし、別紙書類は次の通り。

1 工場沿革

2 工場組織（役員名・工員数・職員（事務・技術の別）数を併記する。）

3 最近六か月の月別生産量

4 最近六か月のおもな材料（原料を含む。）の取引先・主要外注部品の取引先

5 検査設備—名称・台数・形式・容量・製造者名・製造年

6 検査実施状況の概要

7 添付図表

(1) 工場配置図

(2) 製造工程図

(3) 主要設備一覧表—名称・台数・形式・容量・製造者名・製造年

(4) 主要設備機械配置図

備考 1・2・7の(1)以外は指定商品関係のみ。

◉通商産業省告示第二百八十一号

昭和二十五年三月通商産業省告示第三十九号（鉱工業品の品目指定の公表に関する件）、同年十二月通商産業省告示第二百六十号（一般用伸銅品等の表示様式に関する件）および昭和二十六年三月通商産業省告示第七十三号（ころ軸受等の表示様式に関する件）の一部をそれぞれ次のように改正する。

昭和二十六年十一月二十九日

通商産業大臣　高橋龍太郎

一 昭和二十五年三月通商産業省告示第三十九号および同年十二月通商産業省告示第二百六十号中「工具鋼（炭素工具鋼、特殊工具鋼および高速度鋼に限る。）」を「工具鋼（炭素工具鋼、特殊工具鋼、高速度鋼、刃物鋼およびダイス鋼に限る。）」に改める。

二 昭和二十六年三月通商産業省告示第七十三号の表鉄管継手の場所欄の

上端に　「下のどちらか」　を加える。

◉通商産業省告示第二百八十二号

輸入貿易管理規則（昭和二十四年通商産業省令第七十七号）第一條の規定に基き、輸入に関する事項の公表を次の通り行う。

昭和二十六年十一月三十日

通商産業大臣　高橋龍太郎

輸入公表（第五十回）

商品番号	品目	決済通貨または決済勘定	船積期	輸入限度（米弗）	担保の比率および種類（%）	外貨資金割当証明書	銀行受付開始日	銀行受付締切日
061—0100 061—0200	砂糖	フィリッピン清算勘定	不指定	3,500,000	1%	要	11月30日	12月31日
662—0310	耐アルカリ煉瓦	スエーデン清算勘定	不指定	8,400	1%	要	11月30日	12月31日
611—0136	セミターンドシープスキン（ガスメーター用）	スターリング	不指定	40,000	1%	要	11月30日	12月31日
251—0320	晒サルファイトパルプ（セルローズ分89%以上のもの）	米ドル	不指定	300,000	1%	要	11月30日	12月31日

その他の事項　1 米ドルを決済通貨とし、中国およびソビエト連邦を船積地域として輸入する場合は、Back to Back L/C または Escrow L/C によつて決済しなければならない。
2 ウルグワイを原産地とする貨物を輸入することはできない。

◉通商産業省告示第二百八十三号

昭和二十六年十月通商産業省告示第二百六十四号（輸入に関する事項の公表（第四十六回）に関する件）の一部を次のように改正し、昭和二十六年十月二十日から適用する。

昭和二十六年十二月一日

通商産業大臣　高橋龍太郎

燐鉱石の欄中「国定協非」を「国定協非（エヂプトを除く。）」に改め、その他の要件の項に「米ドルを決済通貨とし、エヂプトを原産地とするものを輸入することはできない。」を加える。

◉通商産業省告示第二百八十四号

ニツケル等使用制限規則（昭和二十六年通商産業省令第三十五号）第三條第一号の規定によりニツケル等を使用することができる物品を次のように指定する。

昭和二十六年十二月一日

通商産業大臣　高橋龍太郎

一　自転車の部品および附属品（フレーム、どろよけ、にぎり、ペタル、スポーク、サドルおよびベルに限る。）
二　ミシンの部品（丸板、面板、ホイル、ホイルにぎり、天びん、テンション装置および布おさえに限る。）
三　携帯電燈
四　洋食器
五　美術鑄物
六　万年筆
七　シャープペンシル
八　縫針
九　利器工匠具
十　時計腕側

◉通商産業省告示第二百八十五号

輸入貿易管理規則（昭和二十四年通商産業省令第七十七号）第一條の規定に基き、輸入に関する事項の公表を次の通り行い、昭和二十六年十二月三日から適用する。

昭和二十六年十二月四日

通商産業大臣　高橋龍太郎

輸入公表（第五十一回）

商品番号	品目	決済通貨または決済勘定	船積地域	船積期	輸入限度（米弗）	担保の比率および種類	外貨資金割当証明書	銀行受付開始日、	銀行受付締切日
022—0210	ドライ・スキンミルク	米ドル、スターリング	不指定	不指定	700,000	1%	要	12月3日	12月31日
271—0200 561—0190	チリ硝石	米ドル	不指定	不指定	200,000	1%	要	12月5日	12月31日
599—0290	ダイセンZ—78	米ドル	不指定	不指定	14,000	1%	要	12月5日	12月31日
054—0919	生鮮野菜	米ドル	琉球	不指定	10,000	10%（現金）	不要	12月4日	12月31日
その他の事項	1　米ドルを決済通貨とし、中共地域およびソビエト連邦を船積地域として貨物を輸入する場合は、Back to Back L/C または Escrow L/C によって決済しなければならない。 2　ウルグヴァイを原産地とする貨物を輸入することはできない。								

◉通商産業省告示第二百八十六号

高圧ガス取締法施行規則（昭和二十六年通商産業省令第六十八号）第四條、第九條第五号、第十一條第八号および第十二号、第十三條第十号、第三十八條第二号、第四十三條第二号および第三号、第四十六條、第四十八條、第四十九條第三号ならびに第六十五條第一号の規定に基き、冷凍能力の算定基準、輸入高圧ガスの容器、高圧設備の肉厚、安全弁、内部潤滑油、溶接棒、容器の肉厚、刻印および表示の方式、バルブならびに機器の材料、構造および安全装置の規格ならびに容器検査における容器の試験を次のように定める。

昭和二十六年十二月六日

通商産業大臣　高橋龍太郎

一　高圧ガス取締法施行規則（以下「規則」という。）第四條の告示で定める冷凍能力の算定基準は、左に掲げるものとする。

$$R = \frac{60V(i_A - i_E)}{V_A\ 3320}\eta_v$$

この式においてR、V、V_A、i_A、i_Eおよびη_vは、それぞれ左の数値を表わすものとする。

R　一日の冷凍能力(單位　トン)の数値

V　標準回転速度における一分間のピストン押のけ量(單位　立方メートル)の数値

VA　温度零下十五度における乾燥飽和冷媒ガスの比容積(單位　立方メートル毎キログラム)の数値

iA　温度零下十五度における乾燥飽和冷媒ガスの蒸気のエンタルピー(單位　キロカロリー毎キログラム)の数値

iE　ぎよう縮温度三十度、膨張弁前温度二十五度のときの冷媒液化ガスのエンタルピー(單位　キロカロリー毎キログラム)の数値

ηa　左表の上欄に掲げる圧縮機の気筒の体積に応じて、それぞれ同表の下欄に掲げる体積効率

圧縮機の気筒一箇の体積	体積効率
五千立方センチメートル以下のもの	〇・七五
五千立方センチメートルをこえるもの	〇・八〇

二　規則第九條第五号の容器の規格は、アメリカ合衆国のICC規格とする。

三　規則第十一條第一号の高圧設備の肉厚の計算式は、左に掲げるものとする。

1　外径と内径との比が一・二未満のもの

$$\frac{P}{0.25f}=K-1$$

2　外径と内径との比が一・二以上のもの

$$\frac{P}{0.25f}=\frac{K^2-1}{K^2+1}$$

これらの式においてP、fおよびKは、それぞれ左の数値を表わすものとする。

P　常用の圧力(單位　キログラム毎平方センチメートル)の数値

f　材料の引つ張り強さ(單位　キログラム毎平方センチメートル)の数値

K　外径と内径との比

四　規則第十一條第十二号の安全弁の規格は、その吹き出し有効面積が左の算式により計算した面積以上であるものとする。

$$a=\frac{W}{230P\sqrt{\frac{M}{T}}}$$

この式においてa、W、P、MおよびTは、それぞれ左の数値を表わすものとする。

a　有効面積(單位　平方センチメートル)の数値

W　吹き出すべきガスの一時間の発生量(圧縮機にかかわるものについては、圧縮機の一時間の圧縮量)(單位　キログラム)の数値

P　安全弁の作動圧力(絶対圧力)(單位　キログラム毎平方センチメートル)の数値

M　ガスの分子量

T　吹き出し前のガスの絶対温度の数値

五　規則第十三條第十号の内部潤滑油の規格は、再生油以外のものであつて、残留炭素の質量が全質量の一パーセント以下で引火点が温度二百度以上であり、かつ、温度百七十度において八時間以上攪拌して分解を認めないものまたは残留炭素の質量が全質量の一パーセントをこえ、一・五パーセント以下のもので引火点が温度二百三十度以上であり、かつ、温度百七十度において十二時間以上攪拌して分解を認めないものとする。

六　規則第三十八條第二号の溶接棒の規格は、JIS　G三五二四号「軟鋼用被覆電弧溶接棒」の規格とする。

七　規則第四十三條第二号の耐圧試験、気密試験、圧かい試験、引つ張り試験は、JIS　B八二四一号「高圧ガス容器」に規定する試験とする。ただし、内容積五百リットルをこえる容器(コルク、獣毛フエルト等を使用して断熱の措置を講じたものを除く。)の耐圧試験における圧力は、温度六十五度におけるガスの圧力の三分の五倍の圧力とし、内容積五リットル以下の軽合金製の容器の圧かい試験における二つのくさびの端の距離は、肉厚の六倍とする。

八　規則第四十三條第二号の屈曲試験は、材料の、鋼板より採取した幅三十五ミリメートル以上の試験片についてその厚さの二倍の内側半径で百八十度に屈曲してするものとし、われを生じないものを合格とする。

九　規則第四十三條第二号の容器の肉厚は、左の各号に掲げるものとする。

1　内容積五百リットル以下の継目なし容器の肉厚は、JIS　B八二四一号「高圧ガス容器」に規定する肉厚とする。

2　前号以外の容器の肉厚は、JES　機械八三〇一号「火なし圧力容器の構造」に規定する肉厚とする。

十　規則第四十三條第三号の溶接容器の溶接部またはろう付け容器のろう付け部にかかわる試験は、左の各号に掲げるものとする。

1　JES　機械八二〇二号「陸用鋼製蒸気ボイラーおよび火なし圧力容器電弧溶接」第六十六條から第七十條まで、第七十一條本文および第七十三條から第八十四條までの引つ張り試験、屈曲試験、破面試験、溶着鉄試験および衝撃試験とする。ただし、その容器の肉

厚が十六ミリメートル以下のときは、溶着鉄試験を省略することができる。

2　前号の試験において同一容器について同一溶接工が溶接した部分の破面試験、溶着鉄試験および衝撃試験は、任意の一部分についてこれらの試験をし、これに合格したときは、他の部分は合格したものとみなす。

3　容器の長手継手の全長にわたり、JES　基本九〇〇二号「鋼材溶接部X線透過検査方法」によるX線試験をするものとし、当該規格に定める等級の一級であるものを合格とする。ただし、肉厚二十ミリメートル以下の容器については、試験の範囲が長手継手全長の二分の一以上になるように適当な箇所を選んで試験をするものとする。

4　第一号および第三号の試験において内容積五百リットル以下の容器については、製造所、内容積、形状および製造年月日を同じくするもののうちから任意の一箇を抜き出して試験をし、合格したときは、残余のものは合格したものとみなす。

十一　規則第四十六條の刻印および表示の方式は、JIS　B八二四一号の方式とする。

十二　規則第四十八條のバルブの規格は、左に掲げるものとする。

1　JIS　B八二四二号の規格（安全弁の構造にかかわるものを除く。）

2　安全弁の構造は、容器の耐圧試験における圧力の十分の八以下の圧力で作動するものであること。

十三　規則第四十九條第三号の刻印の方式は、当該容器の質量の刻印の右側に明瞭に区別してスカートの質量を刻印するものとする。

十四　規則第六十五條第一号の機器の材料、構造および安全装置の規格は、左の各号に掲げるものとする。

1　冷凍用機器の材料は、冷媒ガス、潤滑油またはこれらによる化学作用によつて変化しないものであること。

2　内圧容器の胴部は、左の算式により計算した肉厚以上の肉厚を有すること。

$$t=\frac{P+D}{200\,S\,E}+1$$

この式においてt、P、D、SおよびEは、それぞれ左の数値を表わすものとする。

t　胴部の肉厚（単位　ミリメートル）の数値

P　気密試験圧力（単位　キログラム毎平方センチメートル）の十分の八の圧力の数値

D　肉厚が内径の二十分の一未満のときは内径、その他のときは外径（単位　ミリメートル）の数値

S　左表の上欄に掲げる材料の種類に応じて、それぞれ同表の下欄に掲げる許容引つ張り強さ（単位　キログラム毎平方ミリメートル）の数値

材料の種類	許容引つ張り強さ
鋼	八
銅および黄銅	三
鋳鉄	三
アルミニウム	一

E　左表の上欄に掲げる溶接方法の種類に応じて、それぞれ同表の下欄に掲げる溶接効率

溶接の方法	溶接効率
突合せ両側溶接	〇・八
突合せ片側溶接	〇・六五

3　冷凍機（一日の冷凍能力二十トン未満のものを除く。）の圧縮機、ぎよう縮器および受液器には、それぞれ安全弁を取り付けること。ただし、ぎよう縮器に安全弁を取り付けたときは圧縮機の安全弁は圧力制限装置をもつて、圧縮機に安全弁二箇または安全弁および圧力制限装置を取り付けたときは内容積千リットル未満のぎよう縮器または受液器の安全弁は溶栓をもつて、それぞれ替えることができる。

4　一日の冷凍能力二十トン未満の冷凍機の圧縮機には、圧力制限装置またはその他の有効な安全装置を、ぎよう縮器および受液器（内径二百十ミリメートル以下のものまたは肉厚が第二号の計算式により算出した数値の一・五倍で継目のないものを除く。）には、安全弁を取り付けること。ただし、圧縮機に安全弁を取り付けたときは、ぎよう縮機および受液器の安全弁は、溶栓をもつて、替えることができる。

◉通商産業省告示第二百八十七号

印紙をもつて歳入金納付に関する法律（昭和二十三年法律第百四十二号）第一條但書の規定により高圧ガス取締法（昭和二十六年法律第二百四号）にかかわる印紙をもつて納付することができる手数料を次のように定める。

昭和二十六年十二月六日

通商産業大臣　高橋龍太郎

高圧ガス作業主任者国家試験に関する手数料

高圧ガス作業主任者免状の再交付に関する手数料

容器検査に関する手数料（都道府県知事にかかわるものを除く。）

◉通商産業省告示第二百八十八号

明治四十四年勅令第二百九十六号（電気計器の公差、検定及検定手数料に関する件）第三條の規定により、電気計器の型式を次のように追加承認した。

昭和二十六年十二月七日　通商産業大臣　高橋龍太郎

型式番号	名称	型名および型の記号	製造者名	使用回路の種類	定格の標準値 電圧（V）	電流（A）	周波数（〜）	備考
第155号の2	積算電力計	誘導型D—41T型	東京芝浦電気株式会社	交流三相三線式	100, 110, 200	5,10, 20,30	50,60	逆回転防止装置を附加した。
第126号の5	〃	誘導型I—4T I—4TG型	〃	交流単相二線式	100, 110, 200	5,10, 20,30, 50,100	50,60	〃

◉通商産業省告示第二百八十九号

明治四十四年勅令第二百九十六号（電気計器の公差、検定及検定手数料に関する件）第三條の規定により、電気計器の型式を次のように承認した。

昭和二十六年十二月七日　通商産業大臣　高橋龍太郎

型式番号	名称	型名および型の記号	製造者名	使用回路の種類	定格の標準値 電圧（V）	電流（A）	周波数（〜）
第176号	積算電力計	誘導型OBG型	大崎電気工業株式会社	交流単相二線式	100,110, 200	5,10,20, 30	50,60

◉通商産業省告示第二百九十号

明治四十四年勅令第二百九十六号（電気計器の公差、検定及検定手数料に関する件）第三條の規定により、電気計器の型式を次のように追加承認した。

昭和二十六年十二月七日　通商産業大臣　高橋龍太郎

型式番号	名称	型式および型の記号	製造者名	使用回路の種類	定格の標準値 電圧（V）	電流（A）	周波数（〜）	備考
第151号の4	積算電力計	誘導型SB—2型	東光精機株式会社	交流単相二線式	100, 110, 200	5, 10, 20	50, 60	1 電流鉄心の形状および寸法を変更した。 2 磁気分路を設けて過負荷特性を改良した。 3 アムペア回数を増した。 4 潜動防止孔を小さくした。

◉通商産業省告示第二百九十一号

輸出品取締法（昭和二十三年法律第百五十三号）第七条の五第四項の規定に基き、第七条の五第一項の規定により登録した被登録者の氏名または名称および第七条の二第一項の規定による表示の業務にかかわる事務所または事業所の所在地を次のように告示する。

昭和二十六年十二月八日　通商産業大臣　高橋龍太郎

登録品目	被登録者の氏名または名称	事務所または事業所の所在地
完成ミシン	カメルミシン工業株式会社	姫路市直養町四 姫路市俵町四六
	旭光ミシン工業株式会社	名古屋市千種区小松町七の三八
	ニューエムプレス工業株式会社	東京都中央区銀座六の四 埼玉県入間郡飯能町永田一〇一
	有限会社小金井精機製作所	東京都北多摩郡国分寺町恋ケ窪一〇七〇
ミシン部品	カメルミシン工業株式会社	姫路市直養町四 姫路市俵町四六
	旭光ミシン工業株式会社	名古屋市千種区小松町七の三八
	田中検査所	三條市島田栄町 田中亀七工場内

◉通商産業省告示第二百九十二号

昭和二十六年一月通商産業省告示第十一号（輸出貿易管理令別表第一第三十号の規定に基く仕向国における意匠権を侵害するおそれのある貨物の指定の件）の一部を次のように改正する。

昭和二十六年十二月十日　通商産業大臣　高橋龍太郎

同第四十九号の次に次のように加える。

同第五十号

◉通商産業省告示第二百九十三号

昭和二十六年十月通商産業省告示第二百六十四号（輸入に関する事項の公表（第四十六回）に関する件）の一部を次のように改正し、昭和二十六年十月二十日から適用する。

昭和二十六年十二月十三日　通商産業大臣　高橋龍太郎

熔接棒および熔接剤の欄中「699—2929」を「699—2931」に改める。

◉通商産業省告示第二百九十四号

輸入貿易管理規則（昭和二十四年通商産業省令第七十七号）第一條の規定に基き、輸入に関する事項の公表を次の通り行い、昭和二十六年十二月一日から適用する。

昭和二十六年十二月十三日　通商産業大臣　高橋龍太郎

輸　入　公　表(第五十二回)

商品番号	品目	船積期	決済通貨または決済勘定：米ドル	スターリング	アルゼンチン清算勘定	ブラジル清算勘定	フィンランド清算勘定	フランス連合清算勘定	インドネシヤ清算勘定	韓国清算勘定	オランダ清算勘定	フィリッピン清算勘定	スエーデン清算勘定	台湾清算勘定	タイ清算勘定	ドイツ連邦清算勘定	輸入限度（米弗）	担保の比率（%）
681—0111 681—0119	銑　鉄	4—6月(52)															600,000	1
		7—9月(52)																
		10—12月(52)																
281—0100	鉄鉱石	4—6月(52)	×														2,000,000	1
		7—9月(52)																
		10—12月(52)																
281—0100	鉄マンガン鉱	4—6月(52)	×														600,000	1
		7—9月(52)																
		10—12月(52)																
283—0600	錫鉱石	4—6月(52)	×														200,000	1
		7—9月(52)																
		10—12月(52)																
283—0800	クローム鉱石	4—6月(52)	×														200,000	1
		7—9月(52)																
		10—12月(52)																
283—1100	タングステン鉱石	4—6月(52)	×														50,000	1
		7—9月(52)																
		10—12月(52)																

283—0700	マンガン鉱石	4—6月(52)	×														500,000	1
		7—9月(52)																
		10—12月(52)																
283—0400	鉛鉱石	4—6月(52)															100,000	1
		7—9月(52)																
		10—12月(52)																
283—0110	銅鉱石	4—6月(52)															500,000	1
		7—9月(52)																
		10—12月(52)																
283—0210 283—0220	ニッケル鉱石	4—6月(52)															300,000	1
		7—9月(52)																
		10—12月(52)																
283—1910	アンチモニー鉱石（選鉱済のものを含む。）	4—6月(52)															150,000	1
		7—9月(52)																
		10—12月(52)																
283—0510 283—0520	亜鉛鉱石	4—6月(52)															300,000	1
		7—9月(52)																
		10—12月(52)																
283—1930	コバルト鉱石	4—6月(52)															200,000	1
		7—9月(52)																
		10—12月(52)																
283—1920	モリブデン鉱石	4—6月(52)															30,000	1
		7—9月(52)																

		10—12月(52)																
283—0310	ボーキサイト	4— 6月(52)	×														500,000	1
		7— 9月(52)																
		10—12月(52)																
272—1510 272—1520	マグネサイトまたはマグネシヤクリンカー（煉瓦状のものを含む。）	4— 6月(52)															800,000	1
		7— 9月(52)																
		10—12月(52)																
272—1420 272—1430	螢石または氷晶石	4— 6月(52)															300,000	1
		7— 9月(52)																
		10—12月(52)																
311—0121	粘結炭	4— 6月(52)	×	×													500,000	1
		7— 9月(52)																
		10—12月(52)																
272—1310 272—1320 272—1330 272—1390	雲母（塊または剝し）	4— 6月(52)	×														100,000	2
		7— 9月(52)																
		10—12月(52)																
272—1200	石　綿	4— 6月(52)	×														200,000	2
		7— 9月(52)																
		10—12月(52)																
263—0120	原　綿	4— 6月(52)	×														5,000,000	1
		7— 9月(52)																
		10—12月(52)																

その他の事項

1　この公表による輸入承認申請書の外国為替銀行における受付は、昭和二十六年十二月五日から開始する。

2　この公表による輸入承認申請書については、一申請者につき、一品目当りの申請額が当該品目の輸入限度を超えてはならない。

3　担保の種類は現金とする。担保の預入れを受けた外国為替銀行は、対外支払手段の取り極められていない期間当該担保を日本銀行に預託しなければならない。

4　ブラジル清算勘定を決済勘定として貨物を輸入する場合には、ブラジル政府の輸出許可書またはその許可を受けていることを証明する写真版二通（輸出許可書の番号を証明する電報原文一通でもよい。）を添えて、外国為替銀行に輸入の承認を申請しなければならない。

5　米ドルを決済通貨とし、中共地域およびソビエト連邦を船積地域として貨物を輸入する場合には、Back to Back L/C または Escrow L/C によつて決済しなければならない。

6　ウルグワイを原産地とする貨物を輸入することはできない。

7　貨物を輸入する場合に使用することができる決済通貨または決済勘定は、この公表の決済勘定または決済通貨の項中「×」印をもつて指定されない通貨または勘定に限る。

8　この公表にいうフランス連合清算勘定とは、標準決済方法に関する規則（昭和二十五年外国為替管理委員会規則第十五号）別表第二に掲げるフランス連合清算勘定および仏領印度支那清算勘定をいう。

◉**通商産業省告示第二百九十五号**

輸入貿易管理規則（昭和二十四年通商産業省令第七十七号）第一條の規定に基き、輸入に関する事項の公表を次の通り行う。

昭和二十六年十二月十五日

通商産業大臣　高橋龍太郎

輸入公表（第五十三回）

商品番号	品目	決済通貨または決済勘定	船積地域	船積期	輸入限度（米弗）	担保の比率および種類	外貨資金割当証明書	銀行受付開始日	銀行受付締切日
283—1920 681—0260	モリブデン鉱石およびフエロモリブデン	米ドル	米国	不指定	50,000	1%	要	12月21日	1月31日
283—1100	タングステン鉱石	米ドル	不指定	不指定	50,000	1%	要	12月18日	1月31日

その他の事項　1　米ドルを決済通貨とし、中共地域およびソビエト連邦を船積地域として貨物を輸入する場合には、Back to Back L/C または Escrow L/C によつて決済しなければならない。
2　ウルグワイを原産地とする貨物を輸入することはできない。

◉通商産業省告示第二百九十六号

繊維製品流通統計調査規則（昭和二十六年通商産業省令第七十六号）第四条の繊維製品を次のように指定する。

昭和二十六年十二月十九日

通商産業大臣　高橋龍太郎

糸
原糸（混紡糸を含む。）
綿糸
そ毛糸
紡毛糸
絹糸
絹紡糸
絹紡紬糸
人絹糸
スフ糸
亜麻糸
ちよ麻糸
大麻糸
黄麻糸
合成繊維糸
落綿糸
特紡糸
和紡糸
しよう織糸
その他
縫糸
綿縫糸
カタン糸
手縫糸
絹縫糸
人絹縫糸
麻縫糸
その他
手編糸
毛手編糸
その他

織物
綿織物（混、交織織物を含む。）
金巾（生地、さらし、無地染、なつ染）
ポプリン（同右）
粗布（同右）
天じく（同右）
細布（同右）
小幅白木綿
小幅色木綿
ヘヤコード
ネル
仁斯（生地、さらし、無地染）
細綾（同右）
雲才（同右）
葛城（同右）
太綾（同右）
サージ
ギヤバジン
傘地
朱子
別珍
コール天
クレープ
ボイル
ギンガム
縞三綾
テイツキング
小倉
サロン類
高級変り織
敷布
テーブルクロース
蚊帳地
ガーゼ
ほう帯地
帆布
重布
タオル地
綿毛布
紺織
縞物
かすり
夜具地
その他
毛織物（混、交織織物を含む。）
そ毛織物
サージ
ギヤバジン
トロピカル
ポーラ
服地
その他
紡毛織物
フラノ
ラシヤ
オーバー地
メルトン
服地
その他
紡毛毛布
モケット

敷物
織フエルト
その他
フツグトラツグ
プレスフエルト
帽体
絹織物（混、交織織物を含む。）
広幅織物
羽二重
クレープ
タフタ
ジョーゼツト
朱子
綾織
傘地
その他
小幅織物
縮緬
銘仙
生絹
糸織
その他
帯および帯地
絹紡織物（混、交織織物を含む。）
富士絹
その他
人絹織物（混、交織織物を含む。）
広幅織物
平地
塩瀬
綾織
クレープ
朱子
タフタ
ボイル
ビロード
その他
小幅織物
着尺地
夜具地
その他
帯および帯地
スフ織物（混、交織織物を含む。）
モスリン
サージ
ギヤバジン
トロピカル
服地
その他
麻織物（混、交織織物を含む。）
亜麻織物
帆布
服地
シヤツ地
ジン地
蚊帳地
クラツシユ
その他
ちよ麻織物
帆布
シヤツ地
ハンカチ地
着尺地
シン地
蚊帳地
その他
大麻織物
着尺地
その他
黄麻織物
ヘシアン
ガニーバツク地
その他
麻ホース
亜麻ホース
ちよ麻ホース
合成繊維織物（混、交織織物を含む。）
特紡織物
和紡織物
その他織物

◉通商産業省告示第二百九十七号

昭和二十五年三月通商産業省告示第三十九号（鉱工業品の品目指定の公表に関する件）、同年同月通商産業省告示第四十一号（セメントがわら等の表示様式に関する件）および同年六月通商産業省告示第八十二号（帯鋼等の表示様式に関する件）の一部をそれぞれ次のように改正する。

昭和二十六年十二月二十一日

通商産業大臣　高橋龍太郎

一、昭和二十五年三月通商産業省告示第三十九号および第四十一号中「輸出品外装用段ボール箱」を「段ボールおよび段ボール箱（外装用段ボール箱に限る。）」に改める。

二、昭和二十五年六月通商産業省告示第八十二号の六包装用乾燥剤の第一項中「一気密容器ごと」を「一容器ごと」に改める。

◎通商産業省告示第二百九十八号

工業標準化法施行規則（昭和二十四年総理府令、文部省令、厚生省令、農林省令、通商産業省令、運輸省令、郵政省令、電気通信省令、労働省令、建設省令第一号）第六十四条、第六十四条の二第二項および第六十五条第二項の規定により、次のように、指定商品を公表し、その指定商品の表示許可申請書および表示の様式等を定める。

昭和二十六年十二月二十一日

通商産業大臣　高橋龍太郎

指定品目	表示 場所（見やすいところとする）	表示 方法	表示 内容
硝酸アンモニウム 硫酸アルミニウム 亜硫酸（無水亜硫酸・亜硫酸ソーダ・重亜硫酸ソーダ・チオ硫酸ソーダの結晶に限る。）	包装ごと	証紙をはる。	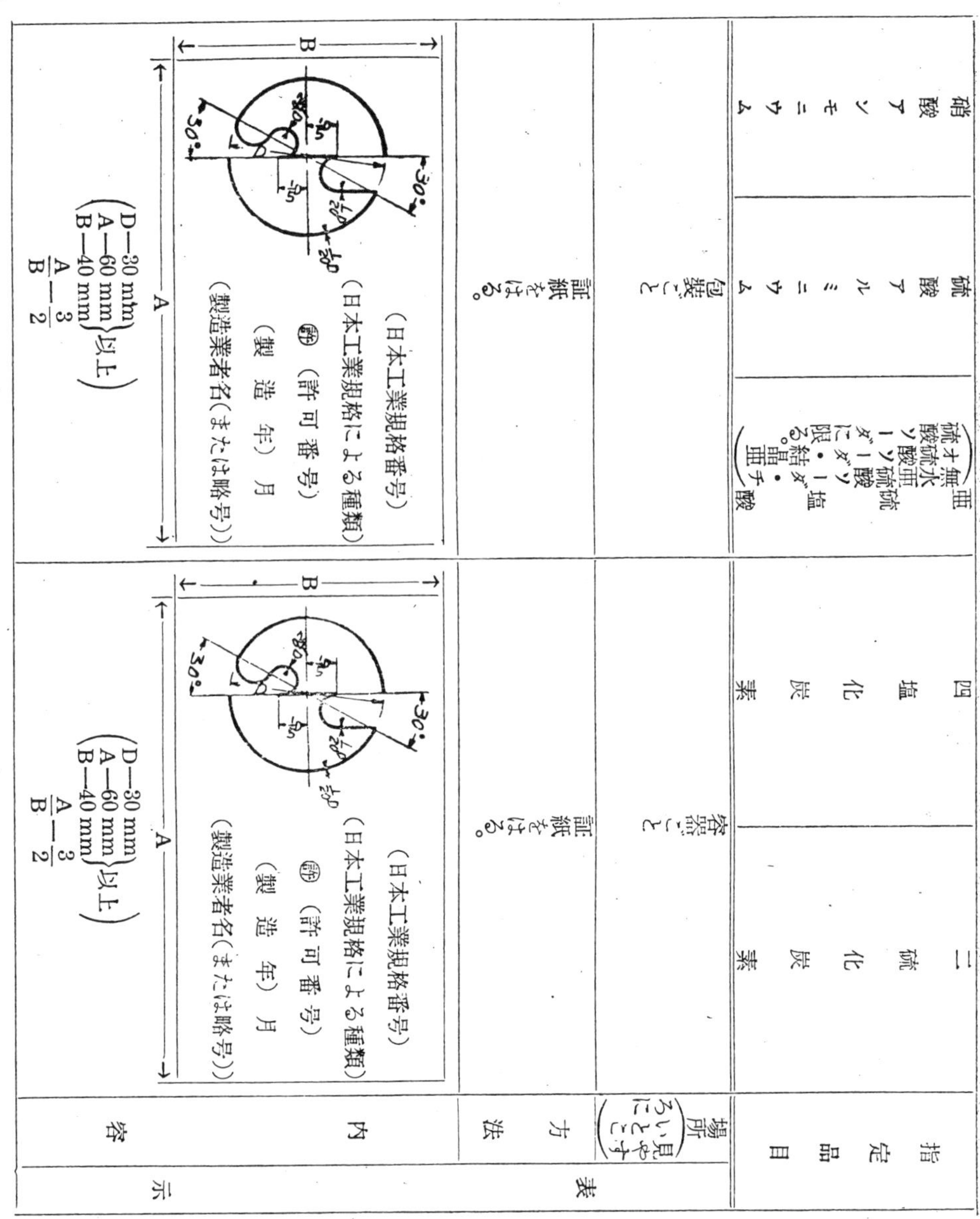
四塩化炭素 二硫化炭素	容器ごと	証紙をはる。	（日本工業規格番号） （日本工業規格による種類） （許可番号） （製造年）月 （製造業者名（または略号）） (D—30 mm A—60 mm B—40 mm) 以上 $\frac{A}{B}—\frac{3}{2}$

点火プラグ（自動車用・陸用内燃機関用に限る。）	製品ごと	刻印（またはその他消えにくい方法で書く。）	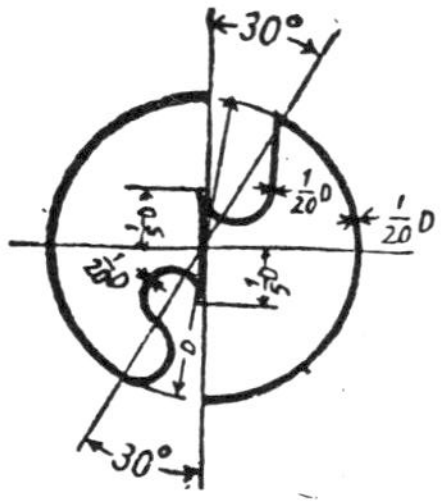 30°　$\frac{1}{20}$D　(D—3 mm 以上)
	包装または容器ごと	消えにくい方法で書く。	日本工業規格による種類　許可番号　製造業者名（または略号） 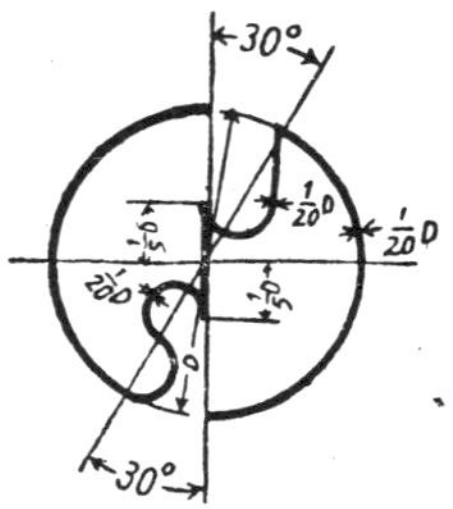　30°　$\frac{1}{20}$D　(D—6 mm 以上)
発電ランプ（自転車用に限る。）	製品ごと（発電機に）	銘板をつける。（またはその他の落ちにくい方法）	製造業者名（または略号） 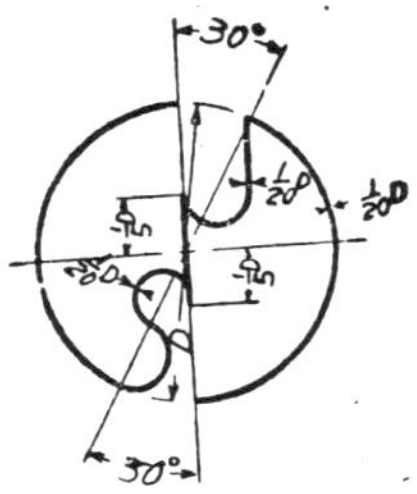　30°　$\frac{1}{20}$D　(D—6 mm 以上)

これらの品目に関する表示許可申請書の様式等は昭和二十六年十一月通商産業省告示第二百八十号の様式等と同じ。

◉通商産業省告示第二百九十九号

昭和二十六年十月通商産業省告示第二百六十三号（輸入に関する事項の公表（第四十五回）に関する件）の一部を次のように改正し、昭和二十六年十二月十四日から適用する。

昭和二十六年十二月二十一日　通商産業大臣　高橋龍太郎

ふすまの欄の下に次の欄を加える。

211—0110	キャトルハイド	（琉球）												500,000	3（スターリングを決済通貨とする場合または特別決済勘定を決済勘定とする場合は1）
211—0120	バッファローハイド	×												300,000	1
211—0300 211—0400	シープスキンおよびゴートスキン	×												100,000	1

◉通商産業省告示第三百号

昭和二十六年十月通商産業省告示第二百六十四号（輸入に関する事項の公表（第四十六回）に関する件）の一部を次のように改正し、昭和二十六年十二月十八日から適用する。

昭和二十六年十二月二十二日　通商産業大臣　高橋龍太郎

商品番号の項米松またはその他の米材の欄中「242—0330」の次に「242—0990」を加える。

◉**通商産業省告示第三百一号**

昭和二十六年十月通商産業省告示第二百六十三号（輸入に関する事項の公表(第四十五回)に関する件）の一部を次のように改正し、昭和二十六年十二月十九日から適用する。

昭和二十六年十二月二十二日　　通商産業大臣　高橋龍太郎

綿ぼろの欄および故麻袋（故ヘッシアンバッグを含む。）の欄中「×」を「（琉球）」に改め、シープスキンおよびゴートスキンの欄の下に左の欄を加える。

272—1950	重晶石	×											30,000	1

別表第一中5の(d)に次のように加え、別表第二中「(6)シリコンレヂン」を削る。

(4)珪素油および液

(5)珪素グリス

(6)珪素ワニス

(7)珪素コンパウンド

◉**通商産業省告示第三百二号**

昭和二十六年十一月通商産業省告示第二百七十四号（輸入に関する事項の公表(第四十九回)に関する件）の一部を次のように改正し、昭和二十六年十二月十五日から適用する。

昭和二十六年十二月二十二日　　通商産業大臣　高橋龍太郎

品目の項中

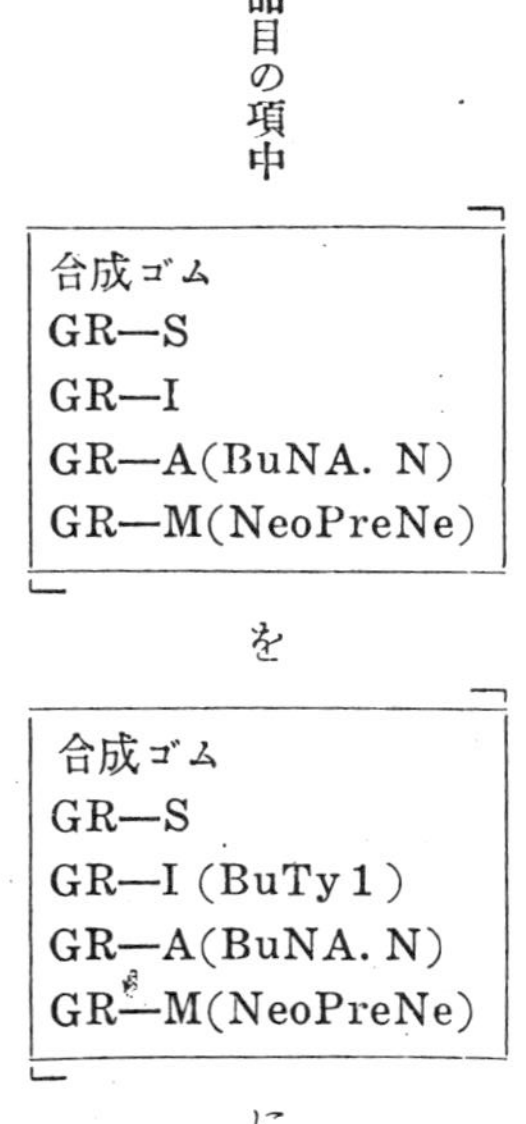

「合成ゴム
GR—S
GR—I
GR—A(BuNA. N)
GR—M(NeoPreNe)」

を

「合成ゴム
GR—S
GR—I (BuTy 1)
GR—A(BuNA. N)
GR—M(NeoPreNe)」

に改める。

◉**通商産業省告示第三百三号**

輸入貿易管理規則(昭和二十四年通商産業省令第七十七号)第一條の規定に基き、輸入に関する事項の公表を次の通り行う。

昭和二十六年十二月二十四日　　通商産業大臣　高橋龍太郎

輸　入　公　表　（第五十四回）

商品番号	品目	決済通貨または決済勘定	船積地域	船積期	輸入限度(米弗)	担保の比率および種類	外貨資金割当証明書	銀行受付開始日	銀行受付締切日
541—0999	2—アミノピリミジン	米ドル	米国	不指定	80,000	1%	要	12月25日	1月31日

◉**通商産業省告示第三百四号**

工業標準化法施行規則（昭和二十四年総理府令、文部省令、厚生省令、農林省令、通商産業省令、運輸省令、郵政省令、電気通信省令、労働省令、建設省令第一号）第六十四條、第六十四條の二第二項および第六十五條第二項の規定により、次のように、指定商品を公表し、その指定商品の表示許可申請書および表示の様式等を定める。

昭和二十六年十二月二十四日　　通商産業大臣　高橋龍太郎

指定品目		事務用家具（机・卓子・いすに限る。）	石こうボード	みがき棒鋼（ボルトナット用に限る。）	
表示	場所（見やすいところに）	製品ごと	一枚ごと	下のどちらか	
				一本ごと	一結束ごと
	方法	なつ印（または銘板をつける。）	なつ印	刻印	刻印した金属板を結ぶ。
	内容	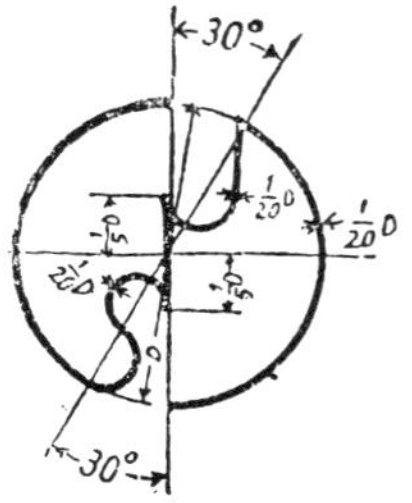 日本工業規格番号 許可番号 製造年（月） 製造業者名 （D—15mm以上）	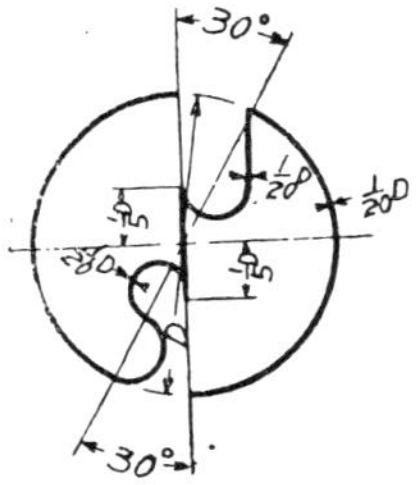 日本工業規格による種類 製造業者の略号 （D—10mm以上）	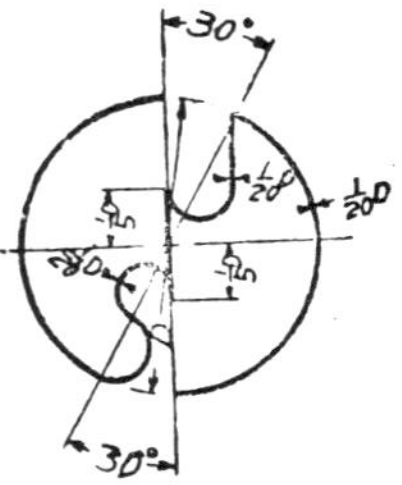 日本工業規格による種類 製造年（または略号） 製造業者名（または略号） （D—6mm以上）	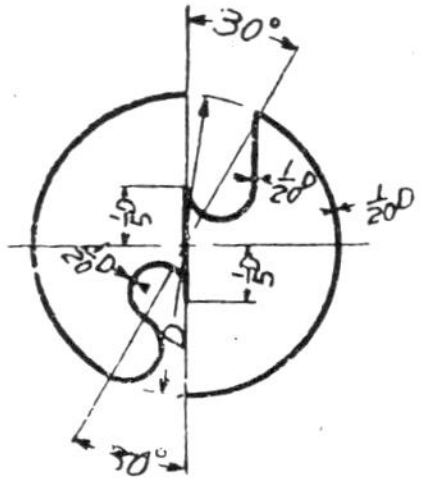 日本工業規格番号 日本工業規格による種類 許可番号 製造年（または略号） 製造業者名（または略号） （D—30mm以上）

これらの品目に関する表示許可申請書の様式等は昭和二十六年十一月通商産業省告示第二百八十号の様式等と同じ。

◉通商産業省告示第三百五号

昭和二十四年八月通商産業省告示第四十六号（金属鉱山等保安規則第五十二條の建設物、工作物その他の施設につき変更の認可を要する事項）等の一部を次のように改正する。

昭和二十六年十二月二十六日

通商産業大臣　高橋龍太郎

一　昭和二十四年八月通商産業省告示第四十六号（金属鉱山等保安規則第五十二條の建設物、工作物その他の施設につき変更の認可を要する事項）の一部を次のように改正する。

第十一号を次のように改める。

十一　削除

第十五号の次に次の二号を加える。

十五の二　一日に容積三十立方メートル以上の高圧ガスを製造するための施設（冷凍のための施設にあつては、一日の冷凍能力が二十トン以上の冷凍設備を備えるものに限る。）

1　使用目的
2　設置箇所
3　製造する高圧ガスの種類
4　一日に圧縮、液化その他の方法で処理することができるガスの容積または一日の冷凍能力
5　高圧設備の型式、箇数、能力または配置
6　高圧設備を設置する室または充てん容器を収納する室の構造
7　コンプレッサーの負荷軽減装置の種類または構造

十五の三　容積三百立方メートル以上の高圧ガスを貯蔵する高圧ガス貯蔵所

1　設置箇所
2　構造
3　貯蔵する高圧ガスの種類または最大貯蔵量

二　昭和二十四年八月通商産業省告示第四十七号（金属鉱山等保安規則第五十三條の建設物、工作物その他の施設につき変更の届出を要する事項）の一部を次のように改正する。

第三号中「十キログラム以上または」を削る。

三　昭和二十四年八月通商産業省告示第四十八号（金属鉱山等保安規則第五十四條第二項の計画書および工事設計明細書に記載すべき事項）の一部を次のように改正する。

第一号の(十一)を次のように改める。

(十一)　削除

第一号の(十五)の次に次の二号を加える。

(十五の二)　一日に容積三十立方メートル以上の高圧ガスを製造するための施設（冷凍のための施設にあつては、一日の冷凍能力が二十トン以上の冷凍設備を備えるものに限る。）

1　計画書
イ　使用目的
ロ　設置箇所
ハ　製造する高圧ガスの種類
ニ　工事着手予定年月日
ホ　工事完成予定年月日

2　工事設計明細書
イ　一日に圧縮、液化その他の方法で処理することができるガスの容積または一日の冷凍能力
ロ　高圧設備の材質および強度計算（冷凍設備に用いる機器については、耐圧および気密に関する性能）
ハ　高圧設備の型式、主要寸法、箇数および能力（コンプレッサーについては、各段の圧力および一時間の圧縮量）
ニ　施設内の設備の配置および配管を示す図面
ホ　高圧設備を設置する室または充てん容器を収納する室の設計図
ヘ　高圧設備（コンプレッサーおよび配管を除く。）の設計図
ト　コンプレッサーについては、左の事項
(1)　回転数、最高使用圧力および圧縮段数
(2)　原動機の種類およびキロワット数
(3)　原動機との接続方法
(4)　冷却方法
(5)　負荷軽減装置の種類、構造および主要寸法
チ　施設の位置および附近の状況を示す図面

(十五の三)　容積三百立方メートル以上の高圧ガスを貯蔵する高圧ガス貯蔵所

1　計画書
イ　設置箇所
ロ　貯蔵する高圧ガスの種類
ハ　工事着手予定年月日
ニ　工事完成予定年月日

2　工事設計明細書
イ　高圧ガスの最大貯蔵量
ロ　構造および設計の概要図
ハ　換気装置の種類および構造
ニ　貯蔵所の位置および附近の状況を示す図面

第二号の(三)を次のように改める。

(三)　三十五キロワット以上の原動機を使用するコンプレッサー（最高使用圧力毎平方センチメートルにつき三キログラム未満のものを除く。）

1　計画書
イ　使用目的
ロ　設置箇所
ハ　工事着手予定年月日
ニ　工事完成予定年月日

2　工事設計明細書
イ　型式および主要寸法

ロ　回転数、最高使用圧力、圧縮段数および容量
ハ　原動機の種類およびキロワット数
ニ　原動機との接続方法
ホ　レシーバーの構造（安全弁の種類、直径および箇数も記載するものとする。）、主要寸法、図面、最高使用圧力ならびに水圧試験を受けた年月日およびその成績（試験圧力を明記するものとする。）
ヘ　冷却方法
ト　負荷軽減装置の種類、構造および主要寸法
チ　コンプレッサー室の構造

四　昭和二十四年八月通商産業省告示第五十二号（石炭鉱山保安規則第五十八条第一項の建設物、工作物その他の施設につき変更の認可を要する事項）の一部を次のように改正する。

第七号を次のように改める。

七　削除

第十一号の次に次の二号を加える。

十一の二　一日に容積三十立方メートル以上の高圧ガスを製造するための施設（冷凍のための施設にあつては、一日の冷凍能力が二十トン以上の冷凍設備を備えるものに限る。）
1　使用目的
2　設置箇所
3　製造する高圧ガスの種類
4　一日に圧縮、液化その他の方法で処理することができるガスの容積または一日の冷凍能力
5　高圧設備の型式、箇数、能力または配置
6　高圧設備を設置する室または充てん容器を収納する室の構造
7　コンプレッサーの負荷軽減装置の種類または構造

十一の三　容積三百立方メートル以上の高圧ガスを貯蔵する高圧ガス貯蔵所
1　設置箇所
2　構造
3　貯蔵する高圧ガスの種類または最大貯蔵量

五　昭和二十四年八月通商産業省告示第五十三号（石炭鉱山保安規則第五十九条の建設物、工作物その他の施設につき変更の届出を要する事項）の一部を次のように改正する。

第三号中「十キログラム以上または」を削る。

六　昭和二十四年八月通商産業省告示第五十四号（石炭鉱山保安規則第六十条第二項の計画書および工事設計明細書に記載すべき事項）の一部を次のように改正する。

第一号の㈦を次のように改める。

㈦　削除

第一号の（十一）の次に次の二号を加える。

（十一の二）　一日に容積三十立方メートル以上の高圧ガスを製造するための施設（冷凍のための施設にあつては、一日の冷凍能力が二十トン以上の冷凍設備を備えるものに限る。）
1　計画書
イ　使用目的
ロ　設置箇所
ハ　製造する高圧ガスの種類
ニ　工事着手予定年月日
ホ　工事完成予定年月日
2　工事設計明細書
イ　一日に圧縮、液化その他の方法で処理することができるガスの容積または一日の冷凍能力
ロ　高圧設備の材質および強度計算（冷凍設備に用いる機器については、耐圧および気密に関する性能）
ハ　高圧設備の型式、主要寸法、箇数および能力（コンプレッサーについては、各段の圧力および一時間の圧縮量）
ニ　施設内の設備の配置および配管を示す図面
ホ　高圧設備を設置する室または充てん容器を収納する室の設計図
ヘ　高圧設備（コンプレッサーおよび配管を除く。）の設計図
ト　コンプレッサーについては、左の事項
(1)　回転数、最高使用圧力および圧縮段数
(2)　原動機の種類およびキロワット数
(3)　原動機との接続方法
(4)　冷却方法
(5)　負荷軽減装置の種類、構造および主要寸法
チ　施設の位置および附近の状況を示す図面

（十一の三）　容積三百立方メートル以上の高圧ガスを貯蔵する高圧ガス貯蔵所
1　計画書
イ　設置箇所
ロ　貯蔵する高圧ガスの種類
ハ　工事着手予定年月日
ニ　工事完成予定年月日
2　工事設計明細書
イ　高圧ガスの最大貯蔵量
ロ　構造および設計の概要図
ハ　換気装置の種類および構造
ニ　貯蔵所の位置および附近の状況を示す図面

第二号の㈢を次のように改める。

㈢　五十キロワット以上の原動機を使用するコンプレッサー（最

高使用圧力毎平方センチメートルにつき三キログラム未満のものを除く。）

1　計画書

イ　使用目的

ロ　設置箇所

ハ　工事着手予定年月日

ニ　工事完成予定年月日

2　工事設計明細書

イ　型式および主要寸法

ロ　回転数、最高使用圧力、圧縮段数および容量

ハ　原動機の種類およびキロワット数

ニ　原動機との接続方法

ホ　レシーバーの構造（安全弁の種類、直径および箇数も記載するものとする。）、主要寸法、図面、最高使用圧力ならびに水圧試験を受けた年月日およびその成績（試験圧力を明記するものとする。）

ヘ　冷却方法

ト　負荷軽減装置の種類、構造および主要寸法

チ　コンプレッサー室の構造

七　昭和二十四年八月通商産業省告示第五十八号（石油鉱山保安規則第五十二条の建設物、工作物その他の施設につき変更の認可を要する事項）の一部を次のように改正する。

第五号を次のように改める。

五　削除

第十号の次に次の三号を加える。

十の二　スタビライザー プラント（次号の施設の一部をなすものを除く。）

1　設置箇所

2　原料揮発油の処理方法またはその能力

3　建物の大きさ、通風施設または採光施設

4　使用ポンプの型式、大きさまたは台数

5　ガス分離塔、精りゆう塔、分りゆう塔、コンデンサー等主要施設の種類、大きさまたは基数

十の三　一日に容積三十立方メートル以上の高圧ガスを製造するための施設

1　使用目的

2　設置箇所

3　製造する高圧ガスの種類

4　一日に圧縮、液化その他の方法で処理することができるガスの容積

5　高圧設備の型式、箇数、能力または配置

6　高圧設備を設置する室または充てん容器を収納する室の構造

7　コンプレッサーの負荷軽減装置の種類または構造

十の四　容積三百立方メートル以上の高圧ガスを貯蔵する高圧ガス貯蔵所

1　設置箇所

2　構造

3　貯蔵する高圧ガスの種類または最大貯蔵量

八　昭和二十四年八月通商産業省告示第五十九号（石油鉱山保安規則第五十三条の建設物、工作物その他の施設につき変更の届出を要する事項）の一部を次のように改正する。

第三号中「十キログラム以上または」を削る。

九　昭和二十四年八月通商産業省告示第六十号（石油鉱山保安規則第五十四条第二項の計画書および工事設計明細書に記載すべき事項）の一部を次のように改正する。

第一号の㈤を次のように改める。

㈤　削除

第一号の㈩の次に次の三号を加える。

（十の二）　スタビライザー プラント（次号の施設の一部をなすものを除く。）

1　計画書

イ　設置箇所

ロ　工事着手予定年月日

ハ　工事完成予定年月日

2　工事設計明細書

イ　建物の大きさ（坪数、構造等をいう。）通風施設および採光施設

ロ　使用ポンプの種類、大きさ、台数および動力

ハ　原料揮発油の処理方法およびその能力

ニ　ガス分離塔、精りゆう塔、分りゆう塔、コンデンサー等主要施設の種類、大きさおよび基数

ホ　前号の機器に伴う安全装置の名称、型式および箇数

ヘ　綜合見取図

ト　引火し易いものおよびその附近にある建設物、坑井、道路等との関係図

（十の三）　一日に容積三十立方メートル以上の高圧ガスを製造するための施設

1　計画書

イ　使用目的

ロ　設置箇所

ハ　製造する高圧ガスの種類

ニ　工事着手予定年月日

ホ　工事完成予定年月日

2　工事設計明細書

イ　一日に圧縮、液化その他の方法で処理することができるガスの容積

ロ　高圧設備の材質および強度計算

ハ　高圧設備の型式、主要寸法、箇数および能力（コンプレッサーについては各段の圧力および一時間の圧縮量）

ニ　施設内の設備の配置および配管を示す図面
ホ　高圧設備を設置する室または充てん容器を収納する室の設計図
ヘ　高圧設備（コンプレッサーおよび配管を除く。）の設計図
ト　コンプレッサーについては、左の事項
(1)　回転数、最高使用圧力および圧縮段数
(2)　原動機の種類およびキロワット数
(3)　原動機との接続方法
(4)　冷却方法
(5)　負荷軽減装置の種類、構造および主要寸法
チ　施設の位置および附近の状況を示す図面

(十の四)　容積三百立方メートル以上の高圧ガスを貯蔵する高圧ガス貯蔵所
1　計画書
イ　設置箇所
ロ　貯蔵する高圧ガスの種類
ハ　工事着手予定年月日
ニ　工事完成予定年月日
2　工事設計明細書
イ　高圧ガスの最大貯蔵量
ロ　構造および設計の概要図
ハ　換気装置の種類および構造
ニ　貯蔵所の位置および附近の状況を示す図面

第二号の(三)を次のように改める。
(三)　三十五キロワット以上の原動機を使用するコンプレッサー（最高使用圧力毎平方センチメートルにつき三キログラム未満のものを除く。）
1　計画書
イ　使用目的
ロ　設置箇所
ハ　工事着手予定年月日
ニ　工事完成予定年月日
2　工事設計明細書
イ　型式および主要寸法
ロ　回転数、最高使用圧力、圧縮段数および容量
ハ　原動機の種類およびキロワット数
ニ　原動機との接続方法
ホ　レシーバーの構造（安全弁の種類、直径および個数も記載するものとする。）、主要寸法、図面、最高使用圧力ならびに水圧試験を受けた年月日およびその成績（試験圧力を明記するものとする。）
ヘ　冷却方法
ト　負荷軽減装置の種類、構造および主要寸法
チ　コンプレッサー室の構造

◉通商産業省告示第三百六号

昭和二十五年六月厚生省・農林省・通商産業省告示第一号（輸出品取締法に基く第三條輸出品の指定等に関する件）の一部を次のように改正し、昭和二十七年一月二十五日から施行する。

昭和二十六年十二月二十六日
通商産業大臣　高橋龍太郎

Bの一中(九)を削り、(一〇)を(九)とし、以下(一一)までを順次一号ずつ繰り上げ、(一二)を削り、(一三)を(一一)とし、以下(一六)までを順次二号ずつ繰り上げ、(一七)から(一九)までを削り、(二〇)を(一五)とし、以下(二一)までを順次五号ずつ繰り上げ、(二二)を削り、(二三)を(一七)とし、以下順次六号ずつ繰り上げる。

Bの二一の次に次のように加える。
Bの二二　鏡　日本工業規格Z五〇〇四（一九五一）とする。

等級を表示すべき様式の品目のゴム製品中「ゴムぐつ、同胛被及び同底」、「消ゴム」、「ゴム製湯たんぽ、同水まくら及び同円座」、「医療用薄ゴムシート及び同製品」及び「氷のう」を削り、ガラス製品中

「食料容器及び食卓用器
うでわ
マーブル玉
ボタン
光り玉
理化医療用ガラス器
まほうびん
携帯用時計ガラス」　上級は FINE QUALITY, 普通級は COMMON QUALITY, 低級は LOW QUALITY

を

「食料容器及び食卓用器
うでわ
マーブル玉
ボタン
理化医療用ガラス器
まほうびん
携帯用時計ガラス　上級は FINE QUALITY, 普通級は COMMON QUALITY, 低級は LOW QUALITY

光り玉　上級は FINE QUALITY, 普通級は MARKET QUALITY, 低級は LOW QUALITY」

に改め、手あみ帽体（ひのき帽体を除く。）の項の次に次のように加える。

鏡　上級は FINE QUALITY, 普通級は MEDIUM QUALITY　同右

◉通商産業省告示第三百七号

昭和二十五年六月厚生省・農林省・通商産業省告示第二号（輸出品取締法に基く第四條輸出品の指定等に関する件）の一部を次のように改正し、昭和二十七年一月二十五日から施行する。

昭和二十六年十二月二十六日
通商産業大臣　高橋龍太郎

Bの二の次に次のように加える。
Bの三　ゴム製品
(一)医療用うすゴムシート　日本工業規格Z四七〇一（一九五一）とする。
(二)ゴム製湯たんぽ　同右　四七〇二（一九五一）とする。

(三)ゴム製水枕	同右	四七〇三(一九五一)とする。
(四)ゴム製氷のう	同右	四七〇四(一九五一)とする。
(五)ゴム製円座	同右	四七〇五(一九五一)とする。
(六)乳首	同右	四七〇六(一九五一)とする。
(七)点眼スポイト用キャップ	同右	四七〇九(一九五一)とする。
(八)型製点眼用キャップ	同右	四七一〇(一九五一)とする。
(九)はり付地下たび	同右	六五一六(一九五一)とする。
(一〇)はりつけゴム底布ぐつ	同右	六五一七(一九五一)とする。
(一一)総ゴムぐつ	同右	六五一八(一九五一)とする。
(一二)消ゴム	同右	六六一〇(一九五一)とする。
Bの四　鏡	日本工業規格Z五〇〇四(一九五一)の普通級を標準とする。	

◉通商産業省告示第三百八号

昭和二十三年四月商工省告示第三十号(度量衡に関し地方長官に委任する事項の規定による指定の件)の一部を次のように改正し、昭和二十七年一月十日から施行する。

昭和二十六年十二月二十六日

通商産業大臣　高橋龍太郎

第六号の次に次の一号を加える。

七　第三号ノ七の事項については、北海道、宮城県、茨城県、栃木県、千葉県、神奈川県、長野県、新潟県、石川県、京都府、兵庫県、岡山県及び徳島県以外の都府県を除く。

◉通商産業省告示第三百九号

高圧ガス取締法施行規則第三十三条の規定により、昭和二十七年の高圧ガス作業主任者国家試験の場所および期日等を左のとおり定める。

昭和二十六年十二月二十七日

通商産業大臣　高橋龍太郎

一　試験を施行する場所　各都道府県庁

二　試験を施行する期日　昭和二十七年三月十四日

三　受験願書提出期限　昭和二十七年一月五日から同月三十一日まで

四　受験願書の提出先　居住地の都道府県の左表の当該課

都道府県名	受験願書の提出先
北海道	商工部工務課
青森	経済部企業課
秋田	経済部鉱務課
岩手	経済部商工課
山形	経済部鉱業課
宮城	商工部企業課
福島	経済部商工課
栃木	経済部商工課
茨城	経済部商工課
群馬	経済部商工課
埼玉	経済部工業課
東京	総務局地方課
千葉	経済部商工課
神奈川	経済部商工課
新潟	経済部資源課
長野	経済部商工課
山梨	商工部電力課
静岡	商工部工業課
愛知	経済部工業品課
岐阜	経済部商工観光課
三重	経済部商工課
福井	経済部商工課
石川	経済部商工課
富山	経済部商工課
滋賀	経済部商工課
京都	商工部工業課
奈良	経済部商工課
和歌山	経済部商工課
大阪	商工部商工第一課
兵庫	商工部工業課
岡山	商工部商工課
広島	商工部企業課
鳥取	経済部企業課
島根	経済部商工課
山口	商工部商工課
香川	経済部商工課
愛媛	経済部商工課
徳島	経済部資材課
高知	経済部商工課
福岡	経済部工務課
佐賀	経済部商工課
長崎	経済部鉱工課
熊本	経済部商工課
宮崎	経済部商工課
大分	経済部商工課
鹿児島	経済部商工課

五　試験課目の時間割

国家試験の種類	午前十時より同十二時まで	午後一時より同三時まで
甲種化学主任者免状に関する国家試験	高圧ガスの取締に関する法令および高圧ガスの製造に必要な保安管理の技術	高圧ガスの製造に必要な応用化学
乙種化学主任者免状に関する国家試験	同右	同右
甲種機械主任者免状に関する国家試験	同右	高圧ガスの製造に必要な機械工学
乙種機械主任者免状に関する国家試験	同右	同右
第一種冷凍機械主任者免状に関する国家試験	同右	冷凍のための高圧ガスの製造に必要な応用化学および機械工学の大要
第二種冷凍機械主任者免状に関する国家試験	同右	同右
第三種冷凍機械主任者免状に関する国家試験	同右	

◉通商産業省告示第三百十号

工業統計調査規則(昭和二十六年通商産業省令第八十一号)第七条および第九条の規定により、工業調査票甲、工業調査票乙および工業調査名簿の様式を次のように定める。

昭和二十六年十二月二十八日

通商産業大臣　高橋龍太郎

都道府県名	通し番号
◎	◎

㊙ 指定統計第10号 工業調査票 乙

※審査用	1	2	3	符号用	
				※	

1 この調査票は、従業者数が三人以下であって、準備調査名簿5調査票の種別欄に乙と記入された事業所について、使用すること。
2 この調査票の1事業所名、2事業所所在地、3従業者数の合計および5主要製品名については、準備調査名簿のそれぞれの該当項目に記入したものを転記すること。

番号	1 事業所名 営業上用いている名称を記入すること。定まつた名称のない場合には、事業主の氏名を記入すること。 (イ)	2 事業所所在地 都道府県名および郡市名を除き、番地まで詳細に記入すること。 (ロ)	3 従業者数(12月31日現在) イ 常用労働者(職員および労務者) 男 (ハ)	女 (ニ)	計 (ホ)	ロ 個人業主および家族従業者 男 (ヘ)	女 (ト)	計 (チ)	合計 (リ)	4 製造品販売額等(1月1日から12月31日まで) イ 製造品販売額 仕入販売額は含めないこと。 (ヌ) 円	ロ 加工賃収入 他人のものに加工して受取つた金額。 (ル) 円	ハ 修理料収入 他人のものを修理して受取つた金額。 (ヲ) 円	5 主要製品名 4製造品販売額等に記入した製造品または、加工品の名称、種類等の主なものを記入すること。 (ワ)	※ (カ)
1														
2														
3														
4														
5														
6														
7														
8														
9														
10														
11														
12														
13														
14														
15														
合計		事業所数												

郡市名	区町村名	調査区番号	調査実施月日	月　日から	備考	調査員印		市町村職員印	
☆	☆	☆		月　日まで					

※欄は、記入しないこと。
☆欄は、市町村において記入すること。◎欄は、都道府県において記入すること。

通商産業省

都道府県名
◎

㊙　指定統計第10号

工業調査

準備調査名簿

※整理用	1	2	3	通し番号
				◎ 第　　号

番号	1事業所名 営業上用いている名称を記入すること。定まつた名称のない場合には、事業主の氏名を記入すること。	2事業所所在地 都道府県名および郡市名を除き、番地まで詳細に記入すること。	3申告者名 個人経営の場合は、事業主の氏名を、会社等による団体経営の場合は、代表者の職名及氏名を記入すること。	4従業者数 12月31日現在の常用労働者ならびに個人業主および家族従業者の合計を記入すること。	5調査票の種別 従業者数4人以上の場合は、甲、3人以下の場合は、乙と記入すること。	6主要製品名 製造品または加工品の名称または種類の主なものを、具体的に記入すること。	◎7調査票の通し番号 甲	◎7調査票の通し番号 乙	8備考
1									
2									
3									
4									
5									
6									
7									
8									
9									
10									
11									
12									
13									
14									
15									
16									
17									
18									
19									
20									

郡市名	区町村名	調査区番号	調査実施月日	月　日から 月　日まで	☆調査事業所数	1 調査票甲によるもの 2 調査票乙によるもの		調査員なつ印		市町村吏員職なつ印	
☆	☆	☆									

※欄は、記入しないこと。

☆欄は、市町村において記入すること。◎欄は、都道府県において記入すること。

通商産業省

都道府県名	郡市区名
◎	◎

㊙ 指定統計第10号 工業調査票甲

※	※	通し番号
		◎第　　号

1 事業所名
（電話　　局　　番）

2 事業所所在地

3 経営組織（12月31日現在）次のいずれかの番号に○印をつけること。
1 株式会社　2 株式合資会社　3 合資会社　4 合名会社
5 有限会社　6 協同組合　7 企業組合　8 個人　9 その他

6 従業者数（12月31日現在）
イ 職員と労務者の区別は、待遇や呼称によらず、従事する職務によること。臨時または日雇の者は、継続して30日以上雇用された者に限り含めること。
ロ 個人業主は、実務に従事する者に限る。家族従業者は、無報酬で、かつ、常時業務に従事する者に限る。
Ⓐ—1 ※

区別			男 B—1	女 B—2	計 B—3
イ常用労働者	職員	1			
	労務者	2			
	計	3			
ロ個人業主および家族従業者		4			

7 月別常用労働者数（毎月末日現在）30日に満たない臨時または日雇の者および6ロ個人業主および家族従業者は、含めないこと。
Ⓐ—2 ※

B—4	B—5	B—6	B—7
1月	4月	7月	10月
2月	5月	8月	11月
3月	6月	9月	12月

8 現金給与総額（1月1日から12月31日まで）
イ 常用労働者に対する(1)きまつて支給する給与および(2)特別に支払われた給与の合計金額を、職員と労務者に区別して記入すること。
ロ 常用労働者に含まれない従業者に対する給与および常用労働者に対する給与で、イに含まれないものの合計金額を記入すること。

区別			金額 Ⓒ
イ常用労働者現金給与	職員	1	円
	労務者	2	円
ロその他の現金給与		3	円
計 Ⓐ—3		4	円

9 原料および材料（10石炭、石油、ガス等使用額に掲げた品目を除く。）使用額（1月1日から12月31日まで）
実際に使用した自工場の所有に属する主要原材料、補助材料、購入部分品、包装材料ならびに工場維持用の材料および消耗品の総価額を記入すること。自工場の製品を製造させるため、下請工場などに支給したものも含めること。

価額は、運賃諸掛を含めた購入実価によること。

Ⓒ—4　　円

4 貴工場を経営している法人または個人事業主は、この工場以外にも製造工場を持つているか。（12月31日現在）次のいずれかの符号に○印をつけること。
1 持つている　　0 持つていない
なお、持つている場合に限り、その本社または本店の名称および所在地を下に記入すること。

（名称）　　（所在地）

5 原動機を設備しているか。（12月31日現在）
イ 貴工場は、電動機、（作業機械に内装した電動機を含む。）を設備しているか。次のいずれかの符号に○印をつけること。
1 設備している　　0 設備してない
ロ 貴工場は、電動機以外の原動機（蒸気機関、蒸気タービン、ガス機関、石油機関および各種水車）を設備しているか。次のいずれかの符号に○印をつけること。
1 設備している　　0 設備していない

※符号 1 Ⓐ B. Ⓒ D. E. Ⓟ				※符号 2 Ⓐ				
規模	産業(4)	業態	票番(3)	3	4	5イ	5ロ	休業

14 主要原料および材料名　16製造品出荷額等に記入した製品の製造、加工に使用した主なものの名称を記入すること。

15 作業工程　16製造品出荷額等に記入した製品の製造、加工に関する工程の大約を記入すること。

16 製造品出荷額等（1月1日から12月31日まで）
1 調査期間内に、この事務所から出荷した製品の全部について記入すること。ただし、購入した形のまま他に転売したものは含めないこと。
2 出荷とは製造品をその事業所の構内から搬出することをいう。

イ Ⓟ 製造品出荷額　この事業所の所有に属する原材料から製造されたものを記入すること。他の工場などに原材料を支給して製造させたものも含めること。
Ⓐ—5 ※

※ a	製造品名（工業調査用商品分類表によること。）b	数量 c	単位名 d	価額（工場渡値段によること。）e
				円
				円
				円
				円

◎欄は、都道府県で記入すること。※欄は、記入しないこと。この調査票は、二通提出すること。一通は、都道府県に、

10 石炭、石油、ガス等使用額（1月1日から12月31日まで）
実際に使用した自工場の所有に属する石炭、石油、ガス等（下記1乃至6に掲げた物資）について記入すること。
下記品目は、原材料として使用したものであつても9原料および材料に含めないで、本項に記入すること。

品目		数量a	価額b
1 石炭	D—1	瓲	円
2 亜炭	D—2	瓲	円
3 コークス	D—3	瓲	円
4 揮発油、軽油、燈油および重油	D—4	立	円
5 ガス（天然ガスを含む。）	E—1	立方米	円
6 木炭、煉炭、薪その他1から5までに含まれない燃料	E—2		円
7 1から6までの合計金額	Ⓒ—5		円

11 電力（燈用を含む。）使用額（1月1日から12月31日まで）
1 価額は需用電力料金、標準分電力量料金、追加使用電力量料金および特殊電力量料金を含めた金額によること。
2 自家発電の余剰電力を他に販売した場合には、16イ製造品出荷額の製造品名欄に「水力電気」、「火力電気」の別を、数量欄には、キロワツト時を、価額欄には、その金額を記入すること。

区別			キロワツト時a	価額b
イ 購入のもの	従量制	1	E—3	円
	定額制	2	××××××× E—4	円
			計	Ⓒ—6 円
ロ 自家発電	E—5	3		

12 委託生産費（1月1日から12月31日まで）
原材料または、自工場の製品を他に支給して製造加工を委託した場合、これに支拂つた工賃および支拂うべき工賃を記入すること。　Ⓒ—7　円

13 8、9、10、11および12の合計金額　円　Ⓐ—4 ※

				円
				円
				円

ロ 加工賃収入　他の所有に属する原材料または製品に加工して、これに対して受取つた工賃を記入すること。
Ⓟ 修理は、含めないこと。　Ⓐ—6 ※

※ a	加工品名（工業調査用商品分類表によること。）b	数量c	単位名d	加工賃収入e
				円
				円
				円
				円

ハ 修理料収入　Ⓟ　8X　円

ニ 自工場で出たくずおよび廃物の出荷額　Ⓟ　9X　円

ホ イ、ロ、ハおよびニの合計金額　Ⓐ—7　円

17 内国消費税　16イ製造品出荷額の価額中に含まれている物品税、酒税、骨牌税、砂糖消費税および揮発油税の税額を記入すること。　Ⓐ—8　円

18 16ホから17を差し引いた金額　円　Ⓐ—9 ※

19 転売品（1月1日から12月31日まで）
他から買入れた製品に加工しないで、そのまま転売したものの価額およびその仕入原価をそれぞれ該当の欄に記入すること。原料および材料ならびに石炭、石油、ガス等の転売も含めること。この項に記入した金額は、9、10または16に含めないこと。

イ 転売品の価額	E—6	円
ロ 転売品の仕入原価	E—7	円

休業の理由
イ 貴工場は、12月25日から31日まで継続して休業していたか。次のいずれかの符号に○印をつけること。
A 休業していた　X 休業していない
ロ もし、休業していた場合には、次の休業の理由のうち該当するものの番号に○印をつけること。
1 資金不足　2 原材料入手難　3 事業不振
4 季節的作業　5 その他
ハ いつから休業していたか。（　月　日から）

備考

証明
この調査票に記入した事項は、私の知り、かつ、信ずる限り正確、完全であることを証明します。　昭和　年　月　日
(1) 事業主の氏名および住所または名称および所在地
(2) 責任者の職名氏名およびなつ印

調査員なつ印		市町村吏員なつ印		※審査用	1	2	3	4	5	※整理用	イ	ロ	ハ	ニ

他の一通は、通商産業省に送付され、ここで集計された上厳重に保管される。

通商産業省

◉**通商産業省告示第三百十一号**

昭和二十五年十月通商産業省告示第百九十九号（小型自動車競走場の登録規格に関する件）の一部を次のように改正する。

昭和二十六年十二月二十八日

通商産業大臣　高橋龍太郎

一の(1)および(2)を次のように改める。

(1) 規格

一級　競走路には、直線部と曲線部を設ける。
　競走路の曲率半径は、五十メートル以上とする。

二級　競走路には、直線部と曲線部を設ける。
　競走路の曲率半径は、二十五メートル以上とする。

三級　競走路には、直線部と曲線部を設ける。
　競走路の曲率半径は、十二メートル以上とする。

(2) 小型自動車競走場、小型自動車および選手登録規則（昭和二十五年通商産業省令第四十七号）第一條の規定による一級競走場においては、競走路の両側にそれぞれ三メートル以上、二級競走場においては、競走路の内側に二メートル以上、三級競走場においては、競走路の内側に一メートル以上の回避地帯を設ける。

二の(3)を次のように改める。

(3) 入場券発売所、勝車投票券発売所、拂戻金交付所および返還金交付所を設け、かつ、勝車投票券発売所、拂戻金交付所および返還金交付所の窓口は、金網張りとする。

◉**通商産業省告示第三百十二号**

輸入貿易管理令（昭和二十四年政令第四百十四号）第十三條の二第二項但書の規定に基き、対外支拂手段の取極の制限の特例に関する場合を次のように定め、昭和二十六年十二月二十四日から適用する。

昭和二十六年十二月二十八日

通商産業大臣　高橋龍太郎

輸入貿易管理令（以下「令」という。）第四條第二項第二号の貨物（令第三條の規定による公表において船積期が指定されているものを除く。）につき、同條第一項の規定による輸入の承認を受けた者がその承認にかかわる貨物の輸入につき、連合王国通貨表示または特別決済勘定による対外支拂手段の取極めをする場合

◉**通商産業省告示第三百十三号**

昭和二十六年十月通商産業省告示第二百六十三号（輸入に関する事項の公表（第四十五回）に関する件）の一部を次のように改正し、昭和二十六年十二月二十四日から適用する。

昭和二十六年十二月二十八日

通商産業大臣　高橋龍太郎

担保の比率の項を次のように改める。

担保の比率（%）	
スターリングまたは清算勘定を決済通貨または決済勘定とする場合	米ドルを決済通貨とする場合
1	5
1	5
1	5
1	5
1	×
1	2
1	×
1	×
1	×
1	×
1	2
1	2
1	×
1	×
1	×
1	×
1	×
1	×
1	×
1	×
1	×
1	×
1	×
1	×
1	3
1	2
1	×
1	5
1	5
1	3
1	×
1	5
1	5
1	2
1	×
1	2
1	2
1	×
1	1
1	1
1	1
1	1
1	×
1	1
1	1
1	×
1	1
1	1
1	1
1	1
1	1
1	1
1	1
1	1
1	1
1	1
1	1
1	1
1	1
1	1
1	1
1	×
1	2
1	2
1	2
1	2
1	2
1	×
1	×
1	1
1	1
1	2
1	×
1	×
1	×
1	2
1	2
1	×
1	×
1	2
1	×
1	2
1	2
1	1
1	×
1	×
1	×
1	×
1	3
1	×
1	×
1	×
1	×
1	3
1	3
1	×
1	×
1	3
1	×
1	3
1	2
1	1
1	1
1	×
1	×
1	×
1	2
1	2
1	2
1	×
1	2
1	×
1	×
1	×
1	2
1	2
1	2
1	2
1	×
1	×
1	×
1	5
1	5
1	5
1	3
1	3
1	3
1	×
1	×
1	×
1	×
1	×
1	×
1	×
1	×
1	×
1	×
1	3
1	×
1	5
1	×
1	×
1	5
1	5
1	×
1	×
1	×
1	5
1	5
1	5
1	5
1	5
1	5
1	5
1	5
1	3
1	3
1	×
1	3
1	×
1	×
1	×

◉**通商産業省告示第三百十四号**

指定輸入自動車等販売規則（昭和二十五年通商産業省令第七十八号）第八條第一項第二号の規定に基き、外国為替銀行の発行する書類を次のように定める。

昭和二十六年十二月二十九日

通商産業大臣　高橋龍太郎

左の様式による外貨交換済証明書

（表　面）

外貨交換済証明書

証明番号＿＿＿＿＿＿

証明事項	外貨の種類及び買入額	外貨	
		円貨	
	証明額	外貨	
		円貨	
	外貨買入日		
目的	支拂目的 支拂先		
上記の外貨買入の事実を証明願います。 （証明依頼人）			
上記の外貨買入の事実を証明します。 年　月　日 （証明銀行）			
有効期限	年　月　日まで		

（裏　面）

支拂受領の目的
支拂受領年月日
支拂受領金額
支拂受領者 住所 氏名又は商号

◉**通商産業省告示第三百十五号**

昭和二十六年十二月通商産業省告示第二百八十五号（輸入に関する事項の公表（第五十一回）に関する件）の一部を次のように改正し、昭和二十七年一月一日から適用する。

昭和二十六年十二月二十九日

通商産業大臣　高橋龍太郎

ドライスキン・ミルクの欄中「12月31日」を「1月31日」に改める。

◉**通商産業省告示第三百十六号**

昭和二十六年十月通商産業省告示第二百六十四号（輸入に関する事項の公表（第四十六回）に関する件）の一部を次のように改正し、昭和二十七年一月一日から適用する。

昭和二十六年十二月二十九日

通商産業大臣　高橋龍太郎

コーヒー豆およびクローバー種子（赤または白）の欄中「12月31日」を「1月31日」に改める。

◉通商産業省告示第三百十七号

昭和二十六年十月通商産業省告示第二百六十四号（輸入に関する事項の公表（第四十六回）に関する件）の一部を次のように改正し、昭和二十七年一月一日から適用する。

昭和二十六年十二月二十九日

通商産業大臣　高橋龍太郎

主要食糧の欄中「12月31日」を「12月31日（台湾およびタイ清算勘定により輸入する場合に限り1月31日）」に、砂糖の欄中「12月31日」を「12月31日（船積期4—6月(52)により輸入する場合に限り1月31日）」に改める。

◉通商産業省告示第三百十八号

昭和二十六年十二月通商産業省告示第二百八十三号（輸入に関する事項の公表（第五十回）に関する件）の一部を次のように改正し、昭和二十七年一月一日から適用する。

昭和二十六年十二月二十九日

通商産業大臣　高橋龍太郎

晒サルファイトパルプ（セルローズ分89%以上のものに限る。）の欄中「12月31日」を「1月31日」に改める。

◉通商産業省告示第三百十九号

昭和二十六年十月通商産業省告示第二百六十三号（輸入に関する事項の公表（第四十五回）に関する件）の一部を次のように改正し、昭和二十七年一月一日から適用する。

昭和二十六年十二月二十九日

通商産業大臣　高橋龍太郎

決済通貨または決済勘定の項の「×」のない欄に「×」を加える。

告示

◉通商産業省 運輸省告示第一号

外国自動車譲受規則（昭和二十六年通商産業省 運輸省令第一号）第五條第二項の規定により外国自動車譲受許可申請書の提出期間を次のように定める。

昭和二十六年六月九日

通商産業大臣　横尾　龍
運　輸　大　臣　山崎　猛

昭和二十六年六月　九　日から
昭和二十六年六月二十二日まで

◉通商産業省運輸省告示第二号

外国自動車譲受規則（昭和二十六年通商産業省・運輸省令第一号）第五條第二項の規定に基き、外国自動車譲受許可申請書の提出期間を次のように定める。

昭和二十六年十一月二十八日

通商産業大臣　高橋龍太郎

運輸大臣　山崎　猛

昭和二十六年十二月一日から

昭和二十六年十二月十日まで

◉通商産業省 運輸省告示第三号

高圧ガス取締法施行規則（昭和二十六年通商産業省令第六十八号）第九十七条の規定に基き、鉄道車両に固定する容器の容器検査および容器再検査における規格を次のように定める。

昭和二十六年十二月六日

通商産業大臣 高橋龍太郎

運輸大臣 山崎 猛

一 鉄道車両に固定する容器の容器検査の規格は、高圧ガス取締法施行規則（以下「規則」という。）第四十三条に規定するもののほか左の各号に掲げるものとする。

1 鏡板の形は皿型とし、鏡板の中央部における内面の半径は鏡板の外径以下であり、鏡板の平行部を胴端より測つた長さは鏡板の肉厚以上で、かつ、鏡板端曲り部における内面の半径は鏡板の肉厚の三倍以上、鏡板の中央部における内面の半径の〇・〇六倍以上または五〇ミリメートル以上であること。

2 胴板および鏡板の肉厚ならびに鏡板またはマンホールにつける平形盖板の肉厚は、JES 機械八三〇一号「火なし圧力容器の構造」第四十一条、第五十一条第三号および第七十六条の規定に適合するものであること。

3 前号のJES 機械八三〇一号「火なし圧力容器の構造」第四十一条、第五十一条第三号および第七十六条の規定において最高使用圧力、引つ張り強さに対する許容応力の割合および材料の腐れしろは、左表の上欄に掲げるガスの種類に応じて、それぞれ当該欄に掲げるものとする。

ガスの種類	最高使用圧力（単位 キログラム毎平方センチメートル）	引つ張り強さに対する許容応力の割合	材料の腐れしろ（単位 ミリメートル）
液体アンモニア	一八	〇・二五	三
液体塩素	一三	〇・二五	六

4 胴部または鏡板に穴を設けるときは、JES 機械八三〇一号「火なし圧力容器の構造」第七十八条および第七十九条の規定により補強すること。

5 容器には、一以上のマンホールを設けること。

6 容器には、内容積（ドーム部を除く。）三〇〇〇リットル未満毎に内部に波よけ板を設けること。

7 周継手を溶接するときの二つの胴の長手継手間の距離は、厚い方の板の厚さの五倍以上とすること。

8 胴の長手継手は、胴と垂直な断面における中心と最低点とを結ぶ半径に対し、中心において左右それぞれ二〇度の角度内にないこと。

9 容器受板は、胴の長手継手の部分において取り付けないこと。

10 マンホールの溶接部と胴の周継手との距離は、五〇ミリメートル以上であること。

11 容器には、その容器の耐圧試験圧力の一〇分の八以下の圧力で作動し、かつ、JES 機械八三〇一号「火なし圧力容器の構造」第百五十五条の規定に適合するバネ式安全弁を一箇以上備えること。

二 鉄道車両に固定する容器の容器再検査の規格は、規則第四十三条第二号（気密試験にかかわるものに限る。）および第五十三条に規定するもののほか、前項第十一号の規格とする。

◉通商産業省 運輸省告示第四号

外国自動車譲受規則（昭和二十六年通商産業 運輸省令第一号）第一条第一項第二号の規定に基き、在日米軍調達機関を次のように定める。

昭和二十六年十二月二十七日

通商産業大臣 高橋龍太郎

運輸大臣 村上 義一

在日兵站司令部（The Japan Logistical Command）

告示

◉運輸省告示第一号

倉庫業法(昭和十年法律第四十一号)第一條の規定により、倉庫証券の発行を次のように許可した。

昭和二十六年一月九日

運輸大臣　山崎　猛

名　称　日本海冷蔵株式会社
主たる営業所の所在地　富山市赤江町三番地
許可年月日　昭和二十五年十二月二十日

名　称　佐志田倉庫株式会社
主たる営業所の所在地　東京都千代田区神田須田町二丁目五番地
許可年月日　昭和二十五年十二月二十日

◉運輸省告示第二号

運輸審議会において次のように決定があつたから、運輸審議会一般規則(昭和二十四年運輸省令第七十五号)第十條の規定によつて、これを告示する。

昭和二十六年一月九日

運輸大臣　山崎　猛

(内容省略 官報参照)

◉運輸省告示第三号

スエズ運河トン数証書交付規則第十一條の規定による事務を行う管海官庁及び測度執行地を定める告示(昭和二十五年六月運輸省告示第百十五号)を次のように改正する。

昭和二十六年一月十日

運輸大臣　山崎　猛

スエズ運河トン数証書交付規則第十一條の規定による事務を行う管海官庁及び測度執行地

管海官庁	測度執行地
北海海運局函館支局	函館市
関東海運局	横浜市、横須賀市
関東海運局東京支局	東京都
東海海運局	名古屋市
東海海運局清水支局	清水市
東海海運局伏木支局	富山市
近畿海運局	大阪市
神戸海運局	神戸市、相生市
中国海運局	広島市
中国海運局玉野支局	玉野市
中国海運局尾道支局	広島県御調郡向島東村
中国海運局尾道支局因島出張所	広島県御調郡土生町、三庄町、田熊町
中国海運局徳山支局	下松市
九州海運局	下関市
九州海運局長崎支局	長崎市、長崎県西彼杵郡香焼村

◉運輸省告示第四号

パナマ運河トン数証書交付規則第十條の規定による事務を行う管海官庁及び測度執行地を定める告示(昭和二十五年六月運輸省告示第百十六号)を次のように改正する。

昭和二十六年一月十日

運輸大臣　山崎　猛

パナマ運河トン数証書交付規則第十條の規定による事務を行う管海官庁及び測度執行地

管海官庁	測度執行地
北海海運局函館支局	函館市
関東海運局	横浜市、横須賀市
関東海運局東京支局	東京都
東海海運局	名古屋市
東海海運局清水支局	清水市
東海海運局伏木支局	富山市
近畿海運局	大阪市
神戸海運局	神戸市、相生市
中国海運局	広島市
中国海運局玉野支局	玉野市
中国海運局尾道支局	広島県御調郡向島東村
中国海運局尾道支局因島出張所	広島県御調郡土生町、三庄町、田熊町
中国海運局徳山支局	下松市
九州海運局	下関市
九州海運局長崎支局	長崎市、長崎県西彼杵郡香焼村

◉運輸省告示第五号

船用品型式承認規則(昭和二十三年総理庁令、運輸省令第四号)第一條の規定により、次のように船用品の型式承認をした。

昭和二十六年一月十一日

運輸大臣　山崎　猛

(内容省略 官報参照)

◉運輸省告示第六号

ホテル審議会の答申に基き、国際観光ホテル整備法(昭和二十四年法律第二百七十九号)第四條及び第二十八條の規定により、昭和二十五年十二月二十七日次のホテル及び旅館を登録した。

昭和二十六年一月十一日

運輸大臣　山崎　猛

(内容省略 官報参照)

◉運輸省告示第七号

船員法第百四條の規定により行政官庁の事務を行わせる市町村長指定の件(昭和二十二年九月運輸省告示第二百二十七号)の一部を次のように改正する。

昭和二十六年一月十二日

運輸大臣　山崎　猛

九州海運局管内中長崎県の下「南松浦郡青方町長」の次に次の一項を加える。

〃　若松村長　肥前若松

同管内中鹿児島県の下「川辺郡西南方村長」の次に次の一項を加える。

熊毛郡西之表町長　西之表

◉運輸省告示第八号

運輸審議会において次のように決定があつたから、運輸審議会一般規則（昭和二十四年運輸省令第七十五号）第十條の規定によつて、これを告示する。

昭和二十六年一月十三日　運輸大臣　山崎　猛

（内容省略　官報参照）

◉運輸省告示第九号

運輸審議会において次のように決定があつたから、運輸審議会一般規則（昭和二十四年運輸省令第七十五号）第十條の規定によつて、これを告示する。

昭和二十六年一月十三日　運輸大臣　山崎　猛

（内容省略　官報参照）

◉運輸省告示第十号

運輸審議会において次のように決定があつたから、運輸審議会一般規則（昭和二十四年運輸省令第七十五号）第十條の規定によつて、これを告示する。

昭和二十六年一月十九日　運輸大臣　山崎　猛

（内容省略　官報参照）

◉運輸省告示第十一号

運輸審議会において次のように決定があつたから、運輸審議会一般規則（昭和二十四年運輸省令第七十五号）第十條の規定によつて、これを告示する。

昭和二十六年一月十九日　運輸大臣　山崎　猛

（内容省略　官報参照）

◉運輸省告示第十二号

運輸審議会において次のように決定があつたから、運輸審議会一般規則（昭和二十四年運輸省令第七十五号）第十條の規定によつて、これを告示する。

昭和二十六年一月二十日　運輸大臣　山崎　猛

（内容省略　官報参照）

◉運輸省告示第十三号

運輸審議会において次のように決定があつたから、運輸審議会一般規則（昭和二十四年運輸省令第七十五号）第十條の規定によつて、これを告示する。

昭和二十六年一月二十二日　運輸大臣　山崎　猛

（内容省略　官報参照）

◉運輸省告示第十四号

運輸審議会において次のように決定があつたから、運輸審議会一般規則（昭和二十四年運輸省令第七十五号）第十條の規定によつて、これを告示する。

昭和二十六年一月二十三日　運輸大臣　山崎　猛

（内容省略　官報参照）

◉運輸省告示第十五号

車両規則第二十六條の二第三項の規定による自動車の指定に関する省令（昭和二十四年運輸省令第六十三号）第四條の規定により、次の自動車を指定する。

昭和二十六年一月二十四日　運輸大臣　山崎　猛

指定番号	品名及び型式	製作者の氏名又は名称	製作者の所在地	摘要
五一	ダツトサン号四一四六型トラツク	日産自動車株式会社	横浜市神奈川区宝町二	
五二	エーブスター号A型単車	エーブモーター株式会社	東京都目黒区唐ヶ崎町六二八	
一〇八五	ニツサンM二九〇型バス	日産自動車株式会社 横浜造船車両株式会社	横浜市神奈川区宝町二 横浜市神奈川区守屋町一の三	車台　ニツサンM二九〇型 車体　ヨコハマコーチ四A六〇
一〇八六	右に同じ	右に同じ	右に同じ	車台　ニツサンM二九〇型 車体　ヨコハマコーチ四B六〇

◉運輸省告示第十六号

船舶用石油製品割当規則（昭和二十四年運輸省令第七十一号）第八條の規定により、次に定めるところに従い、給油手帳の検閲及び証印を行う。

昭和二十六年一月二十七日　運輸大臣　山崎　猛

一　期間

昭和二十六年二月十二日から三月十一日まで。

二　場所

船舶用石油製品の割当に関し登録を受けた海運局又は同支局。（以下「登録局」という。）

三　要領

イ　船舶用石油製品割当規則第三條の規定により船舶の登録を受けた者（以下「船舶所有者」という。）は、第一号の期間内に、同條の所轄海運局長から交付を受けた給油手帳に登録証を添えて当該海運局長に提出して、給油手帳の検閲及び証印を受けるものとする。但し、昭和二十六年一月一日から同年二月十一日までの間に船舶用石油製品割当規則第三條の規定により船舶の登録を受けた者は、この限りでない。

船舶所有者は、前項の規定による検閲及び証印を受けようとするときは、船舶国籍証書又は船鑑札を提示するものとする。

所轄海運局長が、船舶国籍証書又は船鑑札で当該船舶のか動の事実が十分に証明されないと認めるときは、船舶所有者は、当該船舶が現にか動するものであることを証する書類を提示するものとする。

ロ　船舶所有者は、外航就行中又は海難その他やむを得ない事情により、第一号の期間内に、給油手帳の検閲及び証印を受けられない船舶については、昭和二十六年三月十一日までに所轄海運局長に対し、その理由を明示して、第一号に定める期間外の期日に、検閲及び証印を受けることを申請するものとする。

所轄海運局長は、前項の規定による申請について、その内容を審査し、その理由が妥当なものであると認める場合には、検閲及び証印を受けなければならない第一号に定める期間外の期日を指定する。

ハ　船舶所有者は、運航上その他やむを得ない事情により、所轄海運局長の検閲及び証印を受けられない船舶については、登録局以外の海運局又は同支局において、当該海運局長の検閲及び証印を受けることを申請するものとする。

前項の申請をしようとする者は、昭和二十六年三月十一日までに、所轄海運局長に別紙様式による申請書三通を提出するものとする。

所轄海運局長は、前項の規定による申請書を受理したときは、これを審査し、その理由が妥当なものであると認める場合には、これに検閲及び証印を受けなければならない海運局又は同支局名を奥書指定して、その一通を当該申請者に交付し、一通を当該海運局長に送付するものとする。

（別紙様式）

登録局外において、検閲を受ける海運局の指定申請書

昭和二十六年　月　日

船舶所有者　住所

氏名　㊞

所轄海運局長　あて

昭和二十六年一月運輸省告示第十六号第三号ハの規定により、登録局外において、検閲及び証印を受けなければならない海運局又は同支局の指定について左の通り申請します。

一　船　名

二　船舶用石油製品割当規則第十條の登録番号

三　登録を受けた海運局又は同支局名

四　検閲及び証印を受けようとする海運局又は同支局名

五　理由

◉運輸省告示第十七号

（官報号外七）

大正八年八月鉄道院告示第六十四号（地方鉄道法施行規則第四十九條営業報告書様式）を次のように改正し、昭和二十六年四月一日から施行する。

昭和二十六年一月三十一日

運輸大臣　山崎　猛

地方鉄道業の営業報告書の様式を定める告示

地方鉄道法施行規則（大正八年閣令第十号）第四十九條による営業報告書の様式は、地方鉄道業会計規則（昭和二十六年運輸省令第二号）別表第一営業報告書様式の定めるところによる。

◉運輸省告示第十八号

昭和二十五年九月運輸省告示第百九十三号による実地試験を次の要領により行う。

昭和二十六年二月一日

運輸大臣　山崎　猛

一　試験期日

(一)　自動車ヂーゼルエンヂン、自動車ヂーゼル機器及び小型四輪ガソリン自動車

昭和二十六年三月四日(日曜日)

(二)　自動車電装、電気自動車機、電気自動車蓄電池及び自動車機工

昭和二十六年三月五日(月曜日)

二　試験場所その他

試験場所、時刻その他実地試験に関する詳細の事項については、各陸運局長がそれぞれ公示する。

◉運輸省告示第十九号

海技専門学院規則(昭和二十四年運輸省令第五十六号)第十五條及び第三十九條の規定により、昭和二十六年度海技専門学院学生を次の要領によつて募集する。

昭和二十六年二月一日

運輸大臣　山崎　猛

一　採用人員

本　科

航海科　約二十五人　修業年限二年

機関科　約二十五人・修業年限二年

特修科

甲種船長科　約十人
甲種機関長科　約十人
甲種一等航海士科　約十五人
甲種一等機関士科　約十五人
乙種船長科　約十五人
乙種機関長科　約十五人
甲種二等航海士科　約二十人
甲種二等機関士科　約二十人
（以上　修業年限一年）

乙種一等航海士科　約四十人
乙種一等機関士科　約四十人
（以上　修業年限六月）

二　受験資格

1　本　科

元高等商船学校専科(元短期高等海員養成所を含む。)又は商船学校卒業者であつて船舶職員としての乗船履歴二年以上を有する者。

2　特修科

船舶職員試験規程に定める当該試験の受験履歴を有する者。但し、本学院所定の在学期間の二分の一は受験履歴として加算することができる。

3　年令には制限はない。

三　出願期間

昭和二十六年三月十五日まで

四　試験期日

昭和二十六年三月二十日、二十一日

五　試験科目

体格検査

船舶職員試験規程の体格検査標準表による。

筆記試験

本科、甲長科、甲一科、甲二科

英語、数学、作文、専門学

乙長科、乙一科

数学、作文、専門学

六　試験地

東京、神戸、門司

七　その他

1　受験志望者は願書提出の際検定料として二百円を納付すること。

2　志願用紙、受験心得等はあて名記載の封筒に返信切手を添付したものを同封して神戸市東灘区本庄町深江海技専門学院教務課に請求すること。

◉運輸省告示第二十号

倉庫営業者の営業所が次のように変更された。

昭和二十六年二月五日

運輸大臣　山崎　猛

名　称　藤山倉庫

旧主たる営業所の所在地　小樽市稲穂町東七丁目一一番地

新主たる営業所の所在地　小樽市港町一五番地

変更年月日　昭和二十五年十二月一日

◉運輸省告示第二十一号

中小企業等協同組合法(昭和二十四年法律第百八十一号)第七十一條の規定により、倉荷証券の発行を次のように許可した。

昭和二十六年二月五日

運輸大臣　山崎　猛

名　称　福井織物工業協同組合

住　所　福井市大手町四番地

許可年月日　昭和二十六年一月三十日

◉運輸省告示第二十二号

倉庫営業者の営業が次のように廃止された。

昭和二十六年二月五日

運輸大臣　山崎　猛

名　称　日本茶業株式会社

主たる営業所の所在地　静岡市神明町八三番地

廃止年月日　昭和二十五年十二月二十六日

◉運輸省告示第二十三号

倉庫業法(昭和十年法律第四十一号)第十一條ノ二の規定により、倉庫証券発行許可に基く権利義務の承継を次のように認可した。

昭和二十六年二月五日

運輸大臣　山崎　猛

被承継人　日本茶業株式会社

承継人　平和倉庫株式会社

主たる営業所の所在地　静岡市神明町八三番地

承継年月日　昭和二十五年十二月二十六日

◉運輸省告示第二十四号

ホテル審議会の答申に基き、国際観光ホテル整備法（昭和二十四年法律第二百七十九号）第四條及び第二十八條の規定により、昭和二十六年一月二十九日次のホテル及び旅館を登録した。

昭和二十六年二月六日

運輸大臣　山崎　猛

登録番号	ホテル又は旅館の名称	所在地
登録ホ第三十一号	第一ホテル	東京都
登録ホ第三十二号	強羅ホテル	神奈川県足柄下郡宮城野村
登録ホ第三十三号	ホテルヤシマ	東京都
登録ホ第三十四号	万平ホテル	長野県北佐久郡軽井沢町
登録旅第三号	シナ忠旅館	名古屋市
登録旅第四号	白良荘	和歌山県西牟婁郡白浜町
登録旅第五号	べにや	福井県坂井郡芦原町

◉運輸省告示第二十五号

海員養成所規則（昭和二十四年運輸省令第五十八号）第十七條の規定により、昭和二十六年度海員養成所本科生徒を次の要領によつて募集する。

昭和二十六年二月九日

運輸大臣　山崎　猛

一　募集海員養成所の名称及び所在地

名称	所在地
児島海員養成所	児島市味野町
小樽海員養成所	小樽市潮見台町
唐津海員養成所	唐津市大島町
宮古海員養成所	宮古市磯鶏
七尾海員養成所	七尾市小島町
粟島海員養成所	香川県三豊郡粟島村
門司海員養成所	門司市白野江
高浜海員養成所	愛知県碧海郡高浜町

二　募集人員

各海員養成所共　航海科　約六十人　機関科　約六十人

高浜海員養成所　事務科　約三十人

三　受験資格

1　昭和二十六年四月一日現在で次の年令に該当する者

航海科　十五年以上十九年未満

機関科　十七年以上十九年未満

事務科　十五年以上十九年未満

2　中学校を卒業した者又はこれと同等以上の学力があると認められる者

四　入学試験期日

昭和二十六年三月二十七日

五　試験科目

学術試験（社会、国語、数学、理科及び英語）

身体検査

六　試験地

養成所	試験地
児島海員養成所	本所、神戸市、広島市、米子市
小樽海員養成所	本所、函館市、旭川市、秋田市
唐津海員養成所	本所、鹿児島市、大牟田市、三角町、長崎市
宮古海員養成所	本所、塩竈市、郡山市、酒田市、盛岡市
七尾海員養成所	本所、新潟市、富山市、長野市、敦賀市
粟島海員養成所	本所、松山市、坂出市、德島市、高知市
門司海員養成所	本所、山口市、福岡市、大分市、宮崎市
高浜海員養成所	本所、東京都、松本市

七　募集締切日

昭和二十六年三月十五日

八　その他

出願書類は、あて先を記入し、且つ、返信用の切手をはつた封筒を同封して、各志望海員養成所教務課あて請求すること。

◉運輸省告示第二十六号

船舶職員法第五條第二項の規定により学術試験に合格すと認むる者及びその者に授与すべき海技免状に関する件（昭和十九年十一月運輸通信省告示第五百四十一号）の一部を次のように改正する。

昭和二十六年二月十五日

運輸大臣　山崎　猛

第八号中「元茨城県立湊水産学校（昭和十七年四月一日以後ノ入学者ヨリ適用ス）」の下に「、元宮城県気仙沼水産学校（昭和二十一年三月以後ノ卒業者ヨリ適用ス）、元福島県立小名浜水産学校（昭和二十三年三月以後ノ卒業者ヨリ適用ス）」を加える。

◉運輸省告示第二十七号

船舶職員試験規程第十七條第二項の規定により筆記試験を免除すべき学校及びその試験の種類に関する件（昭和十九年十一月運輸通信省告示第五百四十三号）の一部を次のように改正する。

昭和二十六年二月十五日

運輸大臣　山崎　猛

第一号中「元茨城県立湊水産学校（昭和十七年四月一日以後ノ入学者ヨリ適用ス）」の下に「、元宮城県気仙沼水産学校（昭和二十一年三月以後ノ卒業者ヨリ適用ス）、元福島県立小名浜水産学校（昭和二十三年三月以後ノ卒業者ヨリ適用ス）」を加える。

◉運輸省告示第二十八号

倉庫業法（昭和十年法律第四十一号）第一條の規定により、倉庫証券の発行を次のように許可した。

昭和二十六年二月十五日

運輸大臣　山崎　猛

名　称　本間倉庫株式会社
主たる営業所の所在地　札幌市南三條東二丁目一番地
許可年月日　昭和二十六年二月十日

名　称　千葉倉庫株式会社
主たる営業所の所在地　千葉市神明町三九五番地
許可年月日　昭和二十六年二月十日

名　称　高田興業倉庫運輸株式会社
主たる営業所の所在地　高田市仲町四丁目一四六番地
許可年月日　昭和二十六年二月十日

◉運輸省告示第二十九号

公有水面埋立法施行令第三十二條第一項第四号の規定に依る港湾指定の件（昭和十九年六月運輸通信省告示第二百六十三号）の一部を次のように改正し、昭和二十六年二月一日から適用する。

昭和二十六年二月十七日　運輸大臣　山崎　猛

港湾甲号中「小樽港」の下に「横須賀港　富山港　下津港　糸崎港　呉港　松山港　佐世保港」を加える。

港湾乙号中「横須賀港　佐世保港　富山港　糸崎港　呉港　下津港　松山港」を削り、「幌泉港」の下に「忠岡港　泉佐野港　貝塚港　鳴尾港　志筑港　多比良港（土黒港ヲ含ム）　須川港　鹿町港　印通寺港　福島港　調川港　川棚港　小長井港　西郷港（長崎）　伊王島港　香焼港　二見港（新潟）　名洗港　鵜殿港　二木島港　賀田港　三木里港　吉津港　賢島港　的矢港　白子港　富具崎港　江之浦港　手石港　田子之浦港　雄勝港　尻屋岬港　中浜港（広島）　川尻港　三津港　鹿川港　釣士田港　今切港　大部港　白鳥港　室本港　宇多津港　本島港　庵治港　岩松港　御荘港　波止浜港　波方港　三津港（高知）　椎名港　小筑紫港　伊佐港　興津港　伊布利港　井ノ浦港　富来港　日代港　高浜港（熊本）　富津港　赤崎港（熊本）　大浦港　田之浦港　島之浦港　美々津港　日井津港　宮ノ浦港（宮崎）　指江港　高須港　根占港　浜津脇港　宮之浦港（鹿児島県出水郡）　西方港　指宿港　隼人港　椒法華港」を加える。

◉運輸省告示第三十号

倉庫営業者の営業所が次のように変更された。

昭和二十六年二月十七日　運輸大臣　山崎　猛

名　称　鈴江組倉庫株式会社
旧主たる営業所の所在地　横浜市中区日本大通五番地
新主たる営業所の所在地　横浜市中区海岸通三丁目九番地
変更年月日　昭和二十五年十二月二十五日

◉運輸省告示第三十一号

倉庫営業者の営業が次のように廃止された。

昭和二十六年二月十七日　運輸大臣　山崎　猛

名　称　東洋倉庫株式会社
主たる営業所の所在地　大阪市福島区安井町二〇番地
廃止年月日　昭和二十五年十二月十三日

◉運輸省告示第三十二号

運輸審議会において次のように決定があつたから、運輸審議会一般規則（昭和二十四年運輸省令第七十五号）第十條の規定によつて、これを告示する。

昭和二十六年二月二十日　運輸大臣　山崎　猛

（内容省略　官報参照）

◉運輸省告示第三十三号

運輸審議会において次のように決定があつたから、運輸審議会一般規則（昭和二十四年運輸省令第七十五号）第十條の規定によつて、これを告示する。

昭和二十六年二月二十三日　運輸大臣　山崎　猛

（内容省略　官報参照）

◉運輸省告示第三十四号

ホテル審議会の答申に基き、国際観光ホテル整備法（昭和二十四年法律第二百七十九号）第四條及び第二十八條の規定により、昭和二十六年二月十四日次のホテル及び旅館を登録した。

昭和二十六年二月二十四日　運輸大臣　山崎　猛

登録番号	ホテル又は旅館の名称	所在地
登録ホ第三十五号	志賀高原温泉ホテル	長野県下高井郡平穏村
登録ホ第三十六号	奈良ホテル	奈良市
登録旅第六号	常磐ホテル	甲府市
登録旅第七号	矢田屋	石川県江沼郡片山津町
登録旅第八号	湯之島館	岐阜県益田郡下呂町

◉運輸省告示第三十五号

船員通信教育規則（昭和二十六年運輸省令第五号）第十二条の規定により、昭和二十六年度普通科通信生を次の要領によつて募集する。

昭和二十六年三月二日

運輸大臣　山崎　猛

一　募集人員

航海科　一、〇〇〇人｝修業年限四年
機関科　一、〇〇〇人｝

二　入学資格

1　船員法の属員である者又は属員であつた者

2　海員養成所を卒業し、又は修了した者

3　船員法の職員、海技免状を受有する者及び前各号に掲げる者以外の船員（船員であつた者を含む。）

三　出願期間

昭和二十六年四月二十五日まで定員に満たない場合は、受付期間以後でも受け付ける。

四　選考

願書の受付順に、書類により選考する。

五　募集学校名及び所在地

海技専門学院　神戸市東灘区本庄町深江

六　その他

願書用紙、志願者心得等は、あて名記載の封筒に返信用切手を添付したものを同封して、海技専門学院通信教育部に請求すること。

◉運輸省告示第三十六号

運輸審議会において次のように決定があつたから、運輸審議会一般規則（昭和二十四年運輸省令第七十五号）第十条の規定によつて、これを告示する。

昭和二十六年三月三日

運輸大臣　山崎　猛

大山観光株式会社申請の追分、下社間地方鉄道敷設免許外四件について

標記の件につき運輸審議会に諮問中のところ、次のとおり答申があつた。

第五号

昭和二十六年二月十三日

運輸審議会会長　木村　隆規

運輸大臣　山崎　猛殿

答申書

大山観光株式会社申請の追分、下社間地方鉄道敷設免許について

昭和二十六年一月十三日鉄監第三一号をもつて諮問にかかる大山観光株式会社追分、下社間地方鉄道敷設免許申請については、審議の結果次のように答申する。

主文

大山観光株式会社追分、下社間地方鉄道敷設免許申請はこれを免許することが適当であると認める。

理由

本申請線は、かつて大山鋼索鉄道株式会社が免許を受けて経営していたところ戦時中企業整備によつて運輸営業を廃止し、その施設を撤去して現在に至つたものであるが大山は秀麗な山容と展望美とにより世に知られ、背後には丹沢連峰をひかえる絶好のハイキングコースとして登山者多く又阿夫利神社に参詣する信徒も、四時その後を絶たない。

今回大山観光株式会社が地元民の熱望にこたえ、旧鋼索鉄道の路盤その他の残存施設を補修整備し、これを復活せしめんとすることはこれら登山、参詣者の利便を増大し内外の観光客を誘致し、地方の発展に貢献するところが大きいものと思われる。

第六号

昭和二十六年二月十三日

運輸審議会会長　木村　隆規

運輸大臣　山崎　猛殿

答申書

呉市申請の呉市海岸通一丁目、七丁目間軌道敷設特許について

昭和二十六年一月十三日鉄監第三一号をもつて諮問にかかる呉市海岸通一丁目、七丁目間軌道敷設特許申請については、審議の結果次のように答申する。

主文

呉市海岸通一丁目、七丁目間軌道敷設特許申請はこれを特許するのが適当であると認める。

理由

本申請路線は、市営電気軌道のわずかな延長であつて、工事にさしたる支障がなく、又本延長区間は、呉市の非戦災地区であつて人口ち密であり、しかも呉市の物資移入港たる川原石港をひかえており、中央卸市場などもあつて交通量が非常に多い。

現在国営自動車が運転しているが、さらに輸送力の大きい市営電車の運行することによつて市民の利便はいちじるしく増大すると思われる。

第七号

昭和二十六年二月十三日

運輸審議会会長　木村　隆規

運輸大臣　山崎　猛殿

答申書

四国中央鉄道株式会社申請の立江、生比奈間地方鉄道敷設免許について

昭和二十六年一月二十九日鉄監第八七号をもつて諮問にかかる四国中央鉄道株式会社立江、生比奈間地方鉄道敷設免許申請については、審議の結果次のように答申する。

主文

四国中央鉄道株式会社立江、生比奈間地方鉄道敷設免許申請については、免許するのが適当であると認める。

理由

本路線は、昭和二十一年十一月免許をうけ、昭和二十二年十月工事施

行の認可をうけた四国中央鉄道中田、棚野間の路線の一部変更である。初期の計画線は、工事施行認可の際徳島県の道路幅員計画にもとずく附帯命令をうけたが、それにしたがう時は、断崖絶壁の場所に、長い隧道をうがつ難工事となり、しかも、風水害のおそれも多い線である。

本計画はそれをさけて、工事の容易な平坦線に変更せんとするものであり、延長において二・七粁短縮となる。本鉄道は将来土佐山田までつながんとする大計画の一部で、その沿線は、現在全く未開発であるが無限の林産宝庫であり、又電源開発上にもすこぶる有望な地帯であるため、地元徳島県が綜合開発の一環として非常に力を入れている鉄道であるが、この路線変更によつて、本鉄道本来の使命に何ら影響するところはなく、しかも建設が促進されるので、適当な計画と思われる。

第八号

昭和二十六年二月十三日

運輸審議会会長　木村　隆規

運輸大臣　山崎　猛殿

答申書

仙台鉄道株式会社申請の鉄道一部運輸営業休止について

昭和二十六年一月二十九日鉄監第八七号をもつて諮問にかかる仙台鉄道株式会社申請の北仙台、加美中新田間鉄道運輸営業休止については、審議の結果次のように答申する。

主文

仙台鉄道株式会社申請の北仙台、加美中新田間鉄道運輸営業休止については許可することが適当であると認める。

理由

本鉄道は大正十一年創業以来政府補助金によつて営業を存続して来たものであるが、終戦後補助金の廃止されると同時に七回に及ぶ風水害に相次いで見舞われ、その都度鋭意復旧につとめ営業をつづけたが、昨年八月四日の水害は致命的となり、これが復旧費には約千四百万円を要し、二千九百余万円の負債を有するこの会社の経理状態をもつてしてはその復旧は極めて困難となつた。かりに復旧したとしても本鉄道の経過地はおおむね人家密集の国道陸羽街道筋を遠く離れた位置にあつて、線路屈曲の多い〇・七六二メートル軌間の蒸気鉄道では業績の好転は到底望み得ないものと思われる。かかる現況にかんがみ中新田、加美中新田間を残存せしめ北仙台、加美中新田間四〇・五キロの運輸営業を休止して根本的対策を講じようとするものである。

沿線の町村長はこの休止は已むを得ないものとして同意しており、労働組合との関係も昨年十二月二十九日宮城県地方労働委員会の調停によつて妥結して居る。休止後の代行機関としてはバス及びトラックの増強によつて地元民の要請にこたえんとしつつあるので本営業休止を許可することは事情已むを得ないものと認められる。

第九号

昭和二十六年二月十三日

運輸審議会会長　木村　隆規

運輸大臣　山崎　猛殿

答申書

西武鉄道株式会社所属新宿駅前、荻窪間軌道を東京都に譲渡について

昭和二十六年一月二十九日鉄監第八七号をもつて諮問にかかる西武鉄道株式会社所属新宿駅前、荻窪間軌道を東京都に譲渡許可申請については、審議の結果次のように答申する。

主文

西武鉄道株式会社所属新宿駅前、荻窪間軌道を東京都に譲渡については許可することが適当であると認める。

理由

本軌道は、陸上交通事業調整法第二條の規定にもとずく命令により、昭和十七年二月西武鉄道株式会社が東京都にその営業管理を委託し今日に至つたものであるが、今回これを東京都に譲渡して、名実ともに都営電車とすることは施設の補修、改良工事などに諸種の利便を生じ運営上きわめて好都合となり都民の交通利便を増進するものと思われる。

◉運輸省告示第三十七号

船用品型式承認規則（昭和二十三年総理庁令、運輸省令第四号）第一條の規定により、次のように船用品の型式承認をした。

昭和二十六年三月三日

運輸大臣　山崎　猛

船用品型式承認証書番号	第二七三号
船用品の品名及び型式	甲種そう口覆布用防水綿布地スワン印建染緑色ＫＨＫ防水大和紡績スワン印三号
証書有効期間	昭和二十六年二月五日から昭和三十一年二月四日まで
申請者名	関西帆布化学防水株式会社
営業所の位置及び名称	大阪市東区安土町一丁目四番地　関西帆布化学防水株式会社
製造所の位置及び名称	兵庫県武庫郡本庄村西青木字井出四八　関西帆布化学防水株式会社青木工場 大阪府泉北郡忠岡町忠岡六八〇　関西帆布化学防水株式会社大津川工場

船用品型式承認証書番号	第二七四号
船用品の品名及び型式	甲種そう口覆布用防水綿布地スワン印建染ね

づみ色ＫＨＫ防水大和紡績スワン印三号

証書有効期間　昭和二十六年二月五日から昭和三十一年二月四日まで
申請者名　関西帆布化学防水株式会社
営業所の位置及び名称　大阪市東区安土町一丁目四番地　関西帆布化学防水株式会社
製造所の位置及び名称　兵庫県武庫郡本庄村西青木字井出四八　関西帆布化学防水株式会社青木工場
大阪府泉北郡忠岡町忠岡六八〇　関西帆布化学防水株式会社大津川工場

船用品型式承認証書番号　第二七五号
船用品の品名及び型式　甲種そう口覆布用防水綿布地いかり印硫化建染うぐいす色ＫＨＫ防水大和紡績スワン印三号
証書有効期間　昭和二十六年二月五日から昭和三十一年二月四日まで
申請者名　関西帆布化学防水株式会社
営業所の位置及び名称　大阪市東区安土町一丁目四番地　関西帆布化学防水株式会社
製造所の位置及び名称　兵庫県武庫郡本庄村西青木字井出四八　関西帆布化学防水株式会社青木工場
大阪府泉北郡忠岡町忠岡六八〇　関西帆布化学防水株式会社大津川工場

船用品型式承認証書番号　第二七六号
船用品の品名及び型式　甲種そう口覆布用防水綿布地スワン印建染緑色ＫＨＫ防水大和紡績スワン印四号
証書有効期間　昭和二十六年二月五日から昭和三十一年二月四日まで
申請者名　関西帆布化学防水株式会社
営業所の位置及び名称　大阪市東区安土町一丁目四番地　関西帆布化学防水株式会社
製造所の位置及び名称　兵庫県武庫郡本庄村西青木字井出四八　関西帆布化学防水株式会社青木工場
大阪府泉北郡忠岡町忠岡六八〇　関西帆布化学防水株式会社大津川工場

船用品型式承認証書番号　第二七七号
船用品の品名及び型式　甲種そう口覆布用防水綿布地スワン印建染ねずみ色ＫＨＫ防水大和紡績スワン印四号
証書有効期間　昭和二十六年二月五日から昭和三十一年二月四日まで
申請者名　関西帆布化学防水株式会社
営業所の位置及び名称　大阪市東区安土町一丁目四番地　関西帆布化学防水株式会社
製造所の位置及び名称　兵庫県武庫郡本庄村西青木字井出四八　関西帆布化学防水株式会社青木工場
大阪府泉北郡忠岡町忠岡六八〇　関西帆布化学防水株式会社大津川工場

船用品型式承認証書番号　第二七八号
船用品の品名及び型式　甲種そう口覆布用防水綿布地いかり印硫化建染うぐいす色ＫＨＫ防水大和紡績スワン印四号
証書有効期間　昭和二十六年二月五日から昭和三十一年二月四日まで
申請者名　関西帆布化学防水株式会社
営業所の位置及び名称　大阪市東区安土町一丁目四番地　関西帆布化学防水株式会社
製造所の位置及び名称　兵庫県武庫郡本庄村西青木字井出四八　関西帆布化学防水株式会社青木工場
大阪府泉北郡忠岡町忠岡六八〇　関西帆布化学防水株式会社大津川工場

船用品型式承認証書番号　第二七九号
船用品の品名及び型式　甲種そう口覆布用防水綿布地スワン印建染緑色ＫＨＫ防水大和紡績スワン印五号
証書有効期間　昭和二十六年二月五日から昭和三十一年二月四日まで
申請者名　関西帆布化学防水株式会社
営業所の位置及び名称　大阪市東区安土町一丁目四番地　関西帆布化学防水株式会社
製造所の位置及び名称　兵庫県武庫郡本庄村西青木字井出四八　関西帆布化学防水株式会社青木工場
大阪府泉北郡忠岡町忠岡六八〇　関西帆布化学防水株式会社大津川工場

船用品型式承認証書番号　第二八〇号
船用品の品名及び型式　甲種そう口覆布用防水綿布地スワン印建染ねずみ色ＫＨＫ防水大和紡績スワン印五号
証書有効期間　昭和二十六年二月五日から昭和三十一年二月四日まで

申請者名　関西帆布化学防水株式会社

営業所の位置及び名称　大阪市東区安土町一丁目四番地　関西帆布化学防水株式会社

製造所の位置及び名称　兵庫県武庫郡本庄村西青木字井出四八　関西帆布化学防水株式会社青木工場

大阪府泉北郡忠岡町忠岡六八〇　関西帆布化学防水株式会社大津川工場

船用品型式承認証書番号　第二八一号

船用品の品名及び型式　甲種そう口覆布用防水綿布地いかり印硫化建染うぐいす色ＫＨＫ防水大和紡績スワン印五号

証書有効期間　昭和二十六年二月五日から昭和三十一年二月四日まで

申請者名　関西帆布化学防水株式会社

営業所の位置及び名称　大阪市東区安土町一丁目四番地　関西帆布化学防水株式会社

製造所の位置及び名称　兵庫県武庫郡本庄村西青木字井出四八　関西帆布化学防水株式会社青木工場

大阪府泉北郡忠岡町忠岡六八〇　関西帆布化学防水株式会社大津川工場

船用品型式承認証書番号　第二八二号

船用品の品名及び型式　乙種そう口覆布用防水綿布地スワン印建染縁色ＫＨＫ防水大和紡績スワン印六号

証書有効期間　昭和二十六年二月五日から昭和三十一年二月四日まで

申請者名　関西帆布化学防水株式会社

営業所の位置及び名称　大阪市東区安土町一丁目四番地　関西帆布化学防水株式会社

製造所の位置及び名称　兵庫県武庫郡本庄村西青木字井出四八　関西帆布化学防水株式会社青木工場

大阪府泉北郡忠岡町忠岡六八〇　関西帆布化学防水株式会社大津川工場

船用品型式承認証書番号　第二八三号

船用品の品名及び型式　乙種そう口覆布用防水綿布地スワン印建染ねづみ色ＫＨＫ防水大和紡績スワン印六号

証書有効期間　昭和二十六年二月五日から昭和三十一年二月四日まで

申請者名　関西帆布化学防水株式会社

営業所の位置及び名称　大阪市東区安土町一丁目四番地　関西帆布化学防水株式会社

製造所の位置及び名称　兵庫県武庫郡本庄村西青木字井出四八　関西帆布化学防水株式会社青木工場

大阪府泉北郡忠岡町忠岡六八〇　関西帆布化学防水株式会社大津川工場

船用品型式承認証書番号　第二八四号

船用品の品名及び型式　乙種そう口覆布用防水綿布地いかり印硫化建染うぐいす色ＫＨＫ防水大和紡績スワン印六号

証書有効期間　昭和二十六年二月五日から昭和三十一年二月四日まで

申請者名　関西帆布化学防水株式会社

営業所の位置及び名称　大阪市東区安土町一丁目四番地　関西帆布化学防水株式会社

製造所の位置及び名称　兵庫県武庫郡本庄村西青木字井出四八　関西帆布化学防水株式会社青木工場

大阪府泉北郡忠岡町忠岡六八〇　関西帆布化学防水株式会社大津川工場

◉運輸省告示第三十八号

船用品型式承認規則（昭和二十三年総理庁令、運輸省令第四号）第一条の規定により、次のように船用品の型式承認をした。

昭和二十六年三月五日

運輸大臣　山崎　猛

船用品型式承認証書番号　第二二五八号
船用品の品名及び型式　甲種そう口覆布用綿布地敷島紡績月星印五号
証書有効期間　昭和二十六年二月九日から昭和三十一年二月八日まで
申請者名　敷島紡績株式会社
営業所の位置及び名称　大阪市東区備後町四丁目三四番地　敷島紡績株式会社
製造所の位置及び名称　滋賀県栗太郡草津町大字大路井　敷島紡績株式会社草津工場
滋賀県蒲生郡八幡町大字宮内　敷島紡績株式会社八幡工場

船用品型式承認証書番号　第二九三号
船用品の品名及び型式　甲種げん燈（紅）（電気用第三種）日船式第四号
証書有効期間　昭和二十六年二月九日から昭和三十一年二月八日まで
申請者名　日本船燈株式会社
営業所の位置及び名称　東京都江東区深川佐賀町一の三〇番地　日本船燈株式会社
製造所の位置及び名称　東京都江東区深川冬木町二八番地　日本船燈株式会社

船用品型式承認証書番号　第二九四号
船用品の品名及び型式　甲種げん燈（緑）（電気用第三種）日船式第四号
証書有効期間　昭和二十六年二月九日から昭和三十一年二月八日まで
申請者名　日本船燈株式会社
営業所の位置及び名称　東京都江東区深川佐賀町一の三〇番地　日本船燈株式会社
製造所の位置及び名称　東京都江東区深川冬木町二八番地　日本船燈株式会社

◉運輸省告示第三十九号

倉庫業法（昭和十年法律第四十一号）第一条の規定により、倉庫証券の発行を次のように許可した。

昭和二十六年三月六日

運輸大臣　山崎　猛

名称　集鱗冷蔵株式会社
主たる営業所の所在地　小樽市北浜町二丁目四番地
許可年月日　昭和二十六年二月二十六日

名称　中外倉庫運輸株式会社
主たる営業所の所在地　横浜市鶴見区馬場町二二四六番地
許可年月日　昭和二十六年二月二十六日

名称　八街倉庫株式会社
主たる営業所の所在地　千葉県印旛郡八街町八街ほ二三五番地
許可年月日　昭和二十六年二月二十六日

名称　追浜倉庫株式会社
主たる営業所の所在地　横須賀市浦郷元第一海軍技術廠内
許可年月日　昭和二十六年二月二十八日

名称　東和興業株式会社
主たる営業所の所在地　横須賀市米が浜通二丁目二番地
許可年月日　昭和二十六年二月二十八日

◉運輸省告示第四十号

船舶法施行細則（明治三十二年逓信省令第二十四号）第十七条ノ四の規定により、次の船舶に信号符字を点附した。

昭和二十六年三月七日

運輸大臣　山崎　猛

汽船の部

符信字号	船舶番号	船名	総トン数	所有者	点附年月日	点附理由
JBAC	六七〇〇〇	H栄丸	一一、八〇六	日東商船株式会社	昭和二五、一二、一五	新造
JBCO	六六九三九	CP8	一〇六	大蔵省	六	旧軍所属船より編入
JBJO	六五二一一	第一富士丸	一〇六	小林利夫	二五	積量変更
JEKM	六六七四一	清光丸	四、七四七	甲南汽船株式会社	一九	新造
JERV	五二二二二	第四神威丸	二四八	黒川栄二郎	八	抹消船再用
JGIS	六七〇二一	富士丸	二一三	大和田孝市	一三	〃
JIKI	六六四五九	第八駿遠丸	一八九	駿遠商事株式会社	六	新造
JJHP	六六五四二	近江丸	二九一	日本水産株式会社	六	〃
JLZU	六六六九四	日令丸	六、六八四	日産汽船株式会社	一五	〃
JMVP	六七一一七	松隆丸	五、五九七	松岡汽船株式会社	二三	〃
JMWW	六五六七八	進洋丸	一八六	株式会社永瀬石油店	二二	〃
JNAP	六六九九九	協和丸	五、三八一	協立汽船株式会社	四	〃
JNPB	六六六八八	さんぺどろ丸	一一、九六一	三菱海運株式会社	九	〃
JPBW	六六六九三	吾妻山丸	六、九九三	三井船舶株式会社	八	〃
JPHV	六六七九七	第八清栄丸	三一〇	一柳源太郎	二一	抹消船再用
JPKR	六七一一八	和川丸	六、三〇五	川崎汽船株式会社	二三	新造
JREB	六七〇一九	第六十六日ノ丸	二四六	泰和海運株式会社	一一	抹消船再用

帆船の部

符信字号	船舶番号	船名	総トン数	所有者	点附年月日	点附理由
JBRI	六六三七八	第二春日丸	一〇八	反田邦治	昭和二五、一二、八	抹消船再用
JEBK	六七〇二〇	第十一政運丸	五一	スエヒロ水産株式会社	二二	申請
JEUK	六四九七六	第十一大慶丸	九九	尾形金兵衛	二三	〃
JFCK	六六四六七	第八魁神丸	三六	村松政一	四	〃
JHGK	六四九七五	第七金徳丸	四七	小島三吉外一人	八	〃
JHJI	六三七二九	第二千代丸	五二	鈴木千代松	四	〃
JIEV	六七一二五	幸神丸	一四六	尼崎製鉄株式会社	二七	不登簿船より編入
JJHI	六六四七五	第十二東洋丸	一二五	昭和漁業株式会社	二二	新造
JJNQ	三八六六六	第十七喜久丸	四八	丸徳海洋漁業株式会社	二一	申請
JKMV	六三六〇八	蛭子丸	二九	岡崎春一外一人	四	〃
JMOJ	六六〇〇〇	第一純海丸	一九四	金内正己	二三	新造
JNXY	六二六七五	第一豊漁丸	三八	山根幸造	一一	申請
JNYA	六五三八一	共栄丸	一二〇	株式会社広瀬商店	一五	抹消船再用
JNYY	四八〇六四	第五十愛幸丸	四三	島根水産株式会社	一一	申請
JPHU	六五一〇四	第一輝丸	四七	中島正男	一三	〃

◉運輸省告示第四十一号

船舶法施行細則（明治三十二年逓信省令第二十四号）第十七條ノ四の規定により、次の船舶の信号符字を取り消した。

昭和二十六年三月七日

運輸大臣　山崎　猛

汽船の部

符信字号	船舶番号	船名	総トン数	所有者	取消年月日	取消理由
JAPW	五二八四七	夏月丸	八八二	日鉄汽船株式会社	昭和二五、一二、一五	独航機能撤去
JAXA	五四五九三	第四近油丸	八七二	平和汽船株式会社	二五	〃
JBAA	五五七七一	第七東油丸	八八三	〃	二一	〃
JBNU	五二四一九	永仁丸	六、九六八	日本郵船株式会社	一八	〃
JBRA	五四六〇九	第八南隆丸	八八八	日本商船株式会社	一九	〃

符信字号	船舶番号	船名	総トン数	所有者	取消年月日	取消事由
JBRC	一五八二一	大正丸	八三〇	旭汽船株式会社	一二	〃
JBQC	二六〇二一	正吉丸	九七〇	東邦水産株式会社	一八	〃
JCRB	五四八七八	松丸	九一二	日鉄汽船株式会社	六	〃
JEAJ	五四七一二	榊丸	九〇五	日本海汽船株式会社	一五	〃
JEHB	二九二四二	高倉山丸	一、八二六	三井船舶株式会社	二五	〃
JEMA	五四六四〇	慶昭丸	二、六一一	飯野海運株式会社	四	〃
JEYW	五三一一二	城山丸	八九六	橋本汽船株式会社	八	〃
JEZR	四九〇九〇	鳳丸	九一八	日鉄汽船株式会社外一人	六	〃
JFOA	五五七六〇	天和丸	八三四	飯野海運株式会社	二一	〃
JFQD	二四〇七四	大東丸	一、二一九	尼崎汽船株式会社	一一	沈没
JGAB	四七九五五	第九南進丸	八四三	日本商船株式会社	九	独航機能撤去
JGVS	四九九二七	鵯丸	八八五	日鉄汽船株式会社	六	〃
JGYP	四七九三〇	三重山丸	九一八	三井船舶株式会社外一人	一五	〃
JHSL	五六八三四	鴨川丸	八八四	川崎汽船株式会社外一人	八	〃
JIKL	五六八六〇	第八五水丸	七九	五洋水産株式会社外一人	二六	国籍喪失
JINN	四九二七一	笠瀬丸	一一三	運輸省	四	独航機能撤去
JIYC	二五五二七	第三真盛丸	一、二六九	原商事株式会社	一八	〃
JJXE	九〇四三	樺太丸	一、五九八	大阪商船株式会社	八	〃
JKDB	五一六九七	山月丸	八九二	日鉄汽船株式会社	一五	〃
JKOQ	一〇三一四	八重岳丸	三五八	九州商船株式会社	一九	沈没
JLHB	三〇〇四七	朝博丸	一、三〇〇	川崎汽船株式会社	五	独航機能撤去
JLUE	五七〇六一	伊根丸	八八九	照国海運株式会社	八	〃
JMUE	三〇三八六	竹生島丸	二六二	太湖汽船株式会社	九	〃
JNDS	五〇〇三八	千鳥丸	九一〇	日鉄汽船株式会社	九	滅失
JNGB	六七〇〇六	原田丸	四、一一四	太洋汽船株式会社	八	独航機能撤去
JPDD	二八一五八	美洋丸	五、四七九	東洋汽船株式会社	一八	〃
JPNT	五〇八四〇	鵬丸	九〇五	日鉄汽船株式会社	六	〃
JPOC	五五四〇二	第二十二雲洋丸	八八二	中村汽船株式会社外一人	一六	〃
JQDT	五〇八五八	乾坤丸	九〇九	乾汽船株式会社外一人	一二	〃
JQNF	五六一六〇	壱岐丸	二、二一一	栃木汽船株式会社	一三	〃
JRGS	五〇一一九	水無月丸	八七五	日鉄汽船株式会社	一五	〃
JRIS	五〇一二一	葉月丸	八九一	〃	一五	〃
JMJJ	五三九四九	第二十六金比羅丸	九二	株式会社那須商店	一八	申請

帆船の部

符信字号	船舶番号	船名	総トン数	所有者	取消年月日	取消事由
JARC	五二八八四	第一辰雁丸	九九	織田等	昭和二五、一二、二〇	職権抹消
JCHP	四七六〇六	第三三栄丸	一〇四	井華鉱業株式会社	四	沈没
JDEC	六二一〇三	第六芳野丸	一九三	相互海運株式会社	二一	〃
JFMS	六三二四三	第一白洋丸	一五五	昭和漁業株式会社	六	〃
JFUI	六二〇九一	第一芳野丸	二七二	相互海運株式会社	一一	〃
JFVF	四二二八五	第三神宝丸	一三八	田中喜太郎	二七	〃
JLUC	五五三六一	第三十六天社丸	二三二	神原汽船株式会社	二三	滅失
JMCO	四六六六〇	日の出丸	一一〇	新興運輸株式会社	六	独航機能撤去
JNPY	六二六六五	金剛丸	一七五	合同汽船株式会社	二六	沈没
JPEL	五二五五七	第百五十二梅丸	一〇三	日産近海機船株式会社	一九	〃

◉**運輸省告示第四十二号**

運輸審議会において次のように決定があつたから、運輸審議会一般規則(昭和二十四年運輸省令第七十五号)第十条の規定によつて、これを告示する。

昭和二十六年三月八日

運輸大臣　山崎　猛

自動車運送事業経営免許について

標記の件につき運輸審議会に諮問中のところ、次のとおり答申があつた。

第百七号

昭和二十五年十二月五日

運輸審議会会長　木村　隆規

運輸大臣　山崎　猛殿

答申書

自動車運送事業経営免許について

諮問にかかる自動車運送事業経営免許申請事案については、審議の結果左の事案を免許すべきものと認める。

諮問番号	事業種別	申請者	区域又は区間
628	一般乗合	十和田鉄道株式会社	市川村尻引—同高屋敷
548	〃	青森バス株式会社	筒井村浦町—同村八川橋
648	〃	青森市	筒井村桜川四〇五—同八七 滝内村三内—新城村石江
650	〃	塩釜交通株式会社	仙台市荒浜—同市六郷 利府村賀瀬—同村森郷 七浜村北遠山—同村丸山 多賀城村八幡—同村沖
544	〃	穂別村	穂別村仁和—同村稲里 穂別村穂別—同村富内
48	〃	宇和島自動車株式会社	大州町—高浜町
273	〃	伊予鉄道株式会社	中川村—泉川町
589	一般貸切貨物(小型)	東成運輸株式会社 発起人総代　高武　勘蔵	福岡市及びその近郊
590	〃	三瀬陸運株式会社 発起人総代　嘉村　忠吉	佐賀県一円
641	〃	石炭輸送株式会社 発起人総代　占野　儁	直方市を中心とする隣接市郡
619	一般貸切貨物(霊柩)	大牟田市	大牟田市一円
533	〃	仙台葬儀株式会社	仙台市一円
640	〃	林　二三雄	稚内市及び隣接町村
645	一般貸切貨物(小型)	北網小運送株式会社 発起人総代　小椋　忠愛	北見市及び網走支庁管内
422	〃	中野運送株式会社 発起人総代　相原　信吉	中野区を中心とする東京都一円
594	〃	築地市場小型運送株式会社 発起人総代　山下　要	中央区を中心とする東京都一円
497	一般積合	紀北貨物自動車株式会社	和歌山市—堺市
581	〃	丹波貨物自動車株式会社	篠山町—大阪市
573	〃	武蔵野通運株式会社	飯能町—東京都千代田区
516	〃	王子運送株式会社	東京都北区—名古屋市
515	〃	西濃トラック株式会社	名古屋市—東京都台東区
553	〃	宝飯運送株式会社	静岡市—東京都中央区
522	〃	愛知陸運株式会社	浜松市—東京都港区
588	〃	小林トラック株式会社	小林市—鹿児島市
616	〃	都城貨物自動車株式会社	都城市—鹿児島市
635	〃	日本通運株式会社九州支社	川内市—八代市 宮川町—国分町
591	〃	東盤貨物自動車株式会社	千厩町—気仙沼町

なお次の事案は免許することが適当でないと認める。

諮問番号	事業種別	申請者	区域又は区間
628	一般乗合	共栄自動車株式会社 発起人総代　吉田　良知	長崎市袋町—小浜町 江の浦村開名—同脇の前
630	〃	南国交通株式会社	谷山町—鹿児島市
546	〃	北日本乗合自動車株式会社 発起人総代　葛西　正憲	十三村—木造町
569	〃	株式会社若林交通社 発起人総代　若林　清	浦河町東町—同町昌平町
273	〃	伊予鉄道株式会社	大州町—五十崎町
234	〃	瀬戸内運輸株式会社	中川村—松山市

◉運輸省告示第四十三号

倉庫営業者の営業が次のように廃止された。

昭和二十六年三月十日　運輸大臣　山崎　猛

名　称　浜松堀留合資会社

主たる営業所の所在地　浜松市東伊場町一九一番地

廃止年月日　昭和二十五年十一月二十日

◉運輸省告示第四十四号

車両規則第二十六條の二第三項の規定による自動車の指定に関する省令（昭和二十四年運輸省令第六十三号）第四條の規定により、次の自動車を指定する。

昭和二十六年三月十三日　運輸大臣　山崎　猛

指定番号	品名及び型式	製作者の氏名又は名称	製作者の所在地	摘要
五三	ラビット号S―四一型	富士工業株式会社	東京都千代田区神田三崎町二の一三	
五四	ラビット号S―二五型	右に同じ	右に同じ	
五五	くろがね号自動三輪車KD―Ⅱ型	日本内燃機製造株式会社	東京都大田区古市町一七七	
五六	ホンダドリーム号D型	本田技研工業株式会社	浜松市板屋町二五七	
五七	サンカー号三輪自動車FA型	日新工業株式会社	川崎市今井上町五〇	
五八	コンドルBR三一型バス	民生デイゼル工業株式会社 富士自動車工業株式会社	川口市彌平町二五三 伊勢崎市旭町一〇八	
一〇八七	日野BH一〇型バス	日野ヂーゼル工業株式会社 富士自動車工業株式会社	東京都南多摩郡日野町日野七三一九 伊勢崎市旭町一〇八	車台　日野BH―一〇型 車体　CO八一五―一三
一〇八八	右に同じ	右に同じ	右に同じ	車台　日野BH―一〇型 車体　CO八〇五―一三
一〇八九	いすゞBX―九五型バス	いすゞ自動車株式会社 富士自動車工業株式会社	東京都品川区大井坂下町二六九一 伊勢崎市旭町一〇八	車台　いすゞBX―九五型 車体　CID八一五―二
一〇九〇	右に同じ	右に同じ	右に同じ	車台　いすゞBX―九五型 車体　CID八〇五―二
一〇九一	いすゞBX―九一型バス	右に同じ	右に同じ	車台　いすゞBX―九一型 車体　CID六一五―0
一〇九二	右に同じ	右に同じ	右に同じ	車台　いすゞBX―九一型 車体　CID六〇五―0

◉運輸省告示第四十五号

戦時海運管理令（昭和十七年勅令第二百三十五号）第十四條第一項本文の規定により次の船舶を昭和二十六年三月四日その所有者に返還した。

昭和二十六年三月十六日　運輸大臣　山崎　猛

所有者名	船名	船舶番号
関西汽船株式会社	新興丸	四五三八一

◉**運輸省告示第四十六号**

次の船舶国籍証書及び仮船舶国籍証書は無効になつたから、船舶法施行細則（明治三十二年逓信省令第二十四号）第四十一條第二項の規定により公告する。

昭和二十六年三月二十日

運輸大臣　山崎　猛

汽船の部

船舶番号	船名	証書の種類	証書の日附	所有者	理由
一六六三	光輝丸	船舶国籍証書	不明	愛知県	滅失
九〇二一	日進丸	〃	昭和一七年七月八日	川南工業株式会社	〃
九三九五	福浦丸	〃	不明	飯野海運株式会社	〃
一二一一六	大阪丸	〃	昭和二一年九月九日	運輸省	〃
二三五五二	東裕丸	〃	不明	飯野海運株式会社	〃
三一三九五	海王丸	〃	昭和八年一月一日	長崎県	未返還
三一七三四	第三大源丸	〃	不明	名村汽船株式会社	滅失
三三四四九	貫行丸	〃	昭和二五年三月二七日	三洋汽船株式会社	〃
三四二九六	駿遠丸	〃	昭和一七年一二月九日	駿遠商事株式会社	〃
三八〇四四	海龍丸	〃	昭和八年七月一五日	長崎県	未返還
三九〇八六	隼丸	〃	昭和九年四月六日	千葉県	滅失
三九五二八	第三幸進丸	〃	昭和一一年三月三〇日	西内一郎	〃
三九八八六	大八州丸	〃	不明	飯野海運株式会社	〃
四一〇四二	北條丸	〃	昭和二二年二月二〇日	瀬戸内海汽船株式会社	〃
四一二一二	雲仙丸	〃	昭和一五年一一月一日	長崎県	未返還
四二九七八	国島丸	〃	不明	飯野海運株式会社	滅失
四四八二六	君島丸	〃	〃	〃	〃
四六三七五	安島丸	〃	〃	〃	〃
四六八七五	第十一産興丸	〃	昭和一六年七月二一日	山陰道産業株式会社	〃
四八〇六八	第十二産興丸	〃	昭和一八年四月二三日	〃	〃
四八七九六	常島丸	〃	不明	飯野海運株式会社	〃
四九二一七	八紘丸	〃	昭和一八年三月一五日	脇口金之助	〃
四九五一〇	瑞鳳丸	〃	不明	飯野海運株式会社	〃
四九八七二	南邦丸	〃	〃	〃	〃
四九九八七	第二十六義宗丸	〃	昭和二一年三月一一日	栗林近海機船株式会社	〃
四九九八八	第二十五義宗丸	〃	〃	〃	〃
五〇五四八	第五仁邦丸	〃	昭和一九年七月二〇日	〃	〃
五二二三五	第四十義宗丸	〃	昭和一九年一二月一六日	〃	〃
五二五四四	第四十六義宗丸	〃	昭和二〇年一二月二六日	〃	〃
五五八一三	平和丸	〃	昭和二三年四月七日	近畿海運株式会社	〃
五八八二九	第一南洋丸	〃	昭和二四年二月二四日	川南工業株式会社	〃
五九五三九	第八十一徳広丸	〃	昭和二四年一月一二日	徳島水産株式会社	〃
五九五八七	第三十二興洋丸	〃	昭和二三年六月二八日	興洋漁業株式会社	〃
六〇〇三一	儀合祥丸	〃	昭和二四年七月六日	大久保正雄	〃

帆船の部

船舶番号	船名	証書の種類	証書の日附	所有者	理由
七二九五	日月丸	船舶国籍証書	昭和七年一〇月一日	反田長七	未返還
七六八五	文通丸	〃	昭和一七年一二月二六日	岩谷幸七	滅失
七七〇六	龍丸	〃	昭和七年一〇月一日	永田佐喜男	未返還
一二一五二	久美丸	〃	昭和一六年一二月九日	有沢禎治	滅失
一五八九七	宝正丸	〃	昭和八年三月一日	鈴木善次郎	〃
一八四一三	三神丸	〃	昭和一八年一二月六日	大崎重六	未返還

一九八二三	灘吉丸	〃	昭和二三年一一月二日	三宅 一政	滅失
一九八七一	安宅丸	〃	昭和一八年六月一四日	金子 久男	未返還
二〇〇七七	稲吉丸	〃	昭和八年七月一日	小松元右衛門外二名	滅失
二〇九二五	玉丸	〃	昭和一八年七月一日	谷田 力蔵	未返還
二二四九九	重栄丸	〃	昭和八年六月一日	越野栄太郎	滅失
二二五三九	第二金恵丸	〃	昭和二〇年一月二三日	広段 熊人	〃
二六四四六	大栄丸	〃	昭和二三年四月八日	中京機船株式会社	〃
二六四五一	第七大正丸	〃	昭和八年七月一日	大正海運株式会社	〃
二八七五六	第五十商船丸	〃	昭和一六年五月二八日	奥村 宗義	〃
二九〇九二	第四十大正丸	〃	昭和八年八月一日	大正海運株式会社	〃
二九九六九	大正丸	〃	昭和一五年六月二五日	清水 武夫	未返還
三一〇一四	第四十三播州丸	〃	昭和一一年六月一九日	中部幾次郎	滅失
三二二八六	第一玉栄丸	〃	昭和二〇年一二月一日	本田 正吉	〃
三五一三四	清運丸	〃	昭和二三年一一月一一日	仲條清太郎	〃
三六一四〇	欣盛丸	〃	昭和一五年七月九日	松本市太郎	〃
三六二二七	第八勇昌丸	〃	昭和二二年一二月二七日	山下清太郎	〃
三六六三六	金一丸	〃	昭和二三年五月七日	高野産業株式会社	〃
三七〇二六	天神丸	〃	昭和一八年六月二五日	栗林近海機船株式会社	〃
三七四一六	第二清重丸	〃	昭和二三年七月一五日	黒沢 清吉	未返還
三八〇三六	鶴丸	〃	昭和一五年五月九日	長崎県	〃
三八一七二	第二十八孟盛丸	〃	昭和一八年六月二八日	夏堀 栄吉	滅失
三八二三一	福吉丸	〃	昭和二一年一一月二〇日	星野 利七	〃
三八三八九	第十住吉丸	〃	昭和一五年八月二三日	西山 亀七	〃
三八六六六	第十七喜久丸	〃	昭和二四年九月一三日	丸徳海洋漁業株式会社	〃
三八七二九	磯善丸	〃	昭和一八年七月二八日	東北振興水産株式会社	〃
三八九〇一	新栄丸	〃	昭和二三年一一月二〇日	岡本 新一	〃
三九四四七	栄漁丸	〃	昭和一四年一〇月二四日	尾崎 三吉	〃
三九五三二	第二広栄丸	〃	昭和一七年五月二二日	安田 卯典	〃
三九七四八	第五弁天丸	〃	昭和一七年二月二日	清水 楠蔵	〃
四〇三三八	大栄丸	〃	昭和一〇年三月二六日	市川 順次	〃
四〇三五四	大栄丸	〃	昭和二三年五月八日	浜野 一郎	〃
四〇五六九	第二太洋丸	〃	昭和二三年三月二二日	小島 栄吉	〃
四〇七三二	第二平繁丸	〃	昭和一一年三月六日	松本 兵吉	〃
四一〇〇五	第五十九万生丸	〃	昭和二二年八月一九日	丸徳海洋漁業株式会社	未返還
四一二〇六	天神丸	〃	昭和二一年一〇月一八日	糸井 藤蔵	滅失
四一二四八	第二十七海上丸	〃	昭和一八年八月三日	溝口椎三外一名	未返還
四一五四〇	第三十六振興丸	〃	昭和二四年九月二八日	東北振興水産株式会社	滅失
四一九一二	第十紀美丸	〃	不明	中村 睦男	〃
四三七〇八	第一手子后丸	〃	昭和一八年三月三〇日	平井 春吉	〃
四三九九五	第七大浜丸	〃	昭和二二年一〇月二八日	村山文太郎	〃
四四二三三	第六豊丸	〃	昭和一七年八月一三日	卯南 新三	〃
四四八一九	第八三栄丸	〃	昭和一四年八月一七日	古屋 野積	〃
四五一九〇	第三稲荷丸	〃	昭和一四年八月二八日	根本 豊助	〃
四五六六二	第十二神保丸	〃	昭和一六年一二月一六日	小久保康治郎	〃
四五六八四	第十不動丸	〃	昭和一四年三月一四日	川崎次郎吉	〃
四六〇三四	第二十五忠洋丸	〃	昭和一九年三月六日	栗林近海機船株式会社	〃
四六二二八	第三雲海丸	〃	昭和一九年一〇月一八日	豊川 漢根	〃
四六二六九	第二明神丸	〃	昭和一四年一〇月一三日	加瀬 伝六	〃
四六二七一	第二大力丸	〃	〃	鮎原喜之助	〃
四六四七五	栄壽丸	〃	昭和二四年一二月二〇日	草川 道雄	〃
四六四九一	第二石産丸	〃	昭和一九年一〇月一三日	石原産業株式会社	〃
四六七八九	第八進取丸	〃	昭和一八年八月三〇日	山下林太郎	〃
四七二一五	八紘丸	〃	昭和一七年四月四日	孫田 太一	〃

四七五〇一	第一伊東丸	〃	昭和一五年九月二五日	伊東　庄吉	〃
四七五〇五	第十八万丸	〃	昭和二一年三月七日	柏熊　明	〃
四七六五六	第二十八万丸	〃	〃	〃	〃
四九六四七	第四十六忠洋丸	〃	昭和一九年八月一七日	栗林近海機船株式会社	〃
四九六五八	第二十征海丸	〃	昭和二〇年一二月二六日	〃	〃
四九八〇四	第七忠洋丸	〃	昭和一八年一〇月四日	〃	〃
四九九五三	第五忠洋丸	〃	昭和一九年二月一八日	〃	〃
五〇〇〇七	宝栄丸	〃	昭和二二年三月一〇日	丸吉海運株式会社	〃
五〇二三三	大成丸	〃	昭和一九年三月二日	大西楠次郎	〃
五〇三一〇	第七十七忠洋丸	〃	昭和一九年七月三〇日	栗林近海機船株式会社	〃
五〇三五一	第十九忠洋丸	〃	昭和一九年七月一一日	〃	〃
五〇五一八	第二十七忠洋丸	〃	昭和一九年三月三〇日	〃	〃
五〇六〇三	第六土佐丸	〃	不明	土佐機帆船運送株式会社	〃
五〇八一三	第三菱丸	〃	昭和一九年一月五日	三菱重工業株式会社	未返還
五一〇四八	第六十八忠洋丸	〃	昭和一九年一〇月三日	栗林近海機船株式会社	滅失
五一〇六〇	第八十三忠洋丸	〃	昭和一九年一〇月五日	〃	〃
五一〇六七	第四十四忠洋丸	〃	昭和一九年一〇月三日	〃	〃
五一三三一	第十一神海丸	〃	昭和二〇年一〇月二三日	山田　次作	〃
五一六七四	大黒丸	〃	昭和一九年五月一〇日	北田　彌市	〃
五一八一三	第二登栄丸	〃	昭和二一年九月一一日	櫨本　太郎	未返還
五一九二五	第二十孝栄丸	〃	昭和一九年八月一七日	栗林近海機船株式会社	滅失
五一九二六	第二十一孝栄丸	〃	昭和一九年一二月一六日	〃	〃
五一九二七	第二十二孝栄丸	〃	〃	〃	〃
五一九二八	第二十三孝栄丸	〃	〃	〃	〃
五二二一一	第一住吉丸	〃	昭和二二年二月六日	小林　格三	〃
五二二三一	第十一孝栄丸	〃	昭和一九年八月二一日	栗林近海機船株式会社	〃
五二二八四	第二十五孝栄丸	〃	昭和一九年八月一一日	〃	〃
五二二八六	第四十忠洋丸	〃	昭和一九年一〇月三日	〃	〃
五二二九五	第六十四忠洋丸	〃	〃	〃	〃
五二四三三	住吉丸	〃	不明	須藤　泰作	〃
五三一一九	第七十一忠洋丸	〃	昭和一九年一一月三日	栗林近海機船株式会社	〃
五三一二六	第三十二孝栄丸	〃	昭和二〇年一二月二六日	〃	〃
五三六九三	第五松福丸	〃	昭和二四年九月一日	島守　岩松	〃
五三八九六	第九十四忠洋丸	〃	昭和一九年一〇月五日	栗林近海機船株式会社	〃
五四四九二	第二嘉宝丸	〃	昭和一九年一二月二一日	横田　光晃	〃
五五一四二	第二瑞洋丸	〃	昭和一九年一一月九日	中川寅之助	〃
五五四三八	住吉丸	〃	昭和二〇年一月二〇日	高知県造船株式会社	〃
五五九七〇	米山丸	〃	昭和二三年八月二五日	米山勝太郎	〃
五六三五三	第十二光栄丸	〃	昭和二三年三月一〇日	金沢　徳尾	〃
五六八七七	第十一笹山丸	〃	昭和二三年八月三日	笹山漁業株式会社	〃
五八一七八	海幸丸	〃	昭和二五年五月一〇日	柳下彌三郎	〃
五八二四〇	第八龍丸	〃	昭和二四年三月二二日	本吉美智子	〃
五八三七一	第五十天社丸	〃	昭和二三年二月一二日	瀬戸内海船舶株式会社	〃
五八四一六	第一稲栄丸	〃	昭和二三年一〇月六日	大平商船株式会社	〃
五八五三一	第七事代丸	〃	昭和二三年八月一六日	寺本　正市	〃
五八五三三	第十二琴平丸	〃	昭和二三年一二月二二日	山崎勝次郎	〃
五八八三七	第五蛭子丸	〃	昭和二三年一月一九日	丸徳海洋漁業株式会社	〃
五八八九九	第八喜福丸	〃	昭和二三年一一月五日	佐々木喜一	〃
五九〇五五	虎一丸	〃	昭和二三年三月一二日	竹村春馬外三名	〃
五九三二七	日枝丸	〃	昭和二四年九月二八日	中村　藤吉	〃
五九五二四	第一光豊丸	〃	昭和二三年一一月二〇日	中村　德門	〃
五九五三三	第八大盛丸	〃	昭和二三年一月二二日	田中　精造	〃

五九九〇七	祐徳丸	〃	昭和二二年八月二八日	初村栄一	〃
五九九五六	第十一忠洋丸	〃	昭和一九年一一月二一日	栗林近海機船株式会社	〃
六〇一九一	第二大栄丸	〃	昭和二二年一一月二五日	浜野一郎	〃
六〇二〇三	鶴丸	〃	昭和二三年八月六日	久保喜一	〃
六〇二〇五	大喜丸	〃	昭和二二年一二月六日	座古茂雄	〃
六〇四六九	長徳丸	〃	昭和二三年一〇月二八日	山本友司	〃
六〇七三二	三福丸	〃	昭和二三年六月一一日	小船友市	〃
六〇七五〇	第二海政丸	〃	昭和二四年五月二三日	奥津政五郎	〃
六〇八一四	第五前田丸	〃	昭和二三年六月二日	脇舍実夫	〃
六〇八二五	第二十万吉丸	〃	昭和二三年九月二〇日	中国機帆船輸送株式会社	〃
六一一五五	第十五琴平丸	〃	昭和二三年六月三〇日	山崎勝次郎	〃
六一六一七	第二十五神保丸	〃	昭和一九年六月二四日	小久保康次郎	〃
六一六九六	第一やま太丸	〃	昭和二三年四月二四日	林浩太郎	〃
六二三六七	第三清栄丸	〃	昭和二四年七月二六日	信本廉夫外四名	〃
六二六〇一	第三三福丸	〃	昭和二三年一二月七日	大蔵省	〃
六二九九五	三光丸	〃	昭和二三年一二月二一日	中本九一	〃
六三二七三	第二住吉丸	〃	昭和二四年七月一八日	山崎初男	〃
六三四四二	第二振興丸	〃	昭和二四年二月八日	五島振興株式会社	〃
六三四四四	第一振興丸	〃	〃	〃	〃
六三四六九	第一大長丸	〃	昭和二四年三月二四日	六倉筒井	未返還
六三七一七	菅辰丸	〃	昭和二四年八月一日	菅宮重三	滅失
六四六七三	ますとみ丸	〃	昭和二四年一〇月一七日	桝富水産株式会社	〃
六六一三二	十三丸	〃	昭和二五年四月二五日	大野重太郎	〃
六六三四〇	としき丸	〃	昭和二五年七月一〇日	竹村利作	〃
	親共丸	仮船舶国籍証書	昭和二四年九月三日	大蔵省	〃

◉運輸省告示第四十七号

ホテル審議会の答申に基き、国際観光ホテル整備法(昭和二十四年法律第二百七十九号)第四條及び第二十八條の規定により、昭和二十六年三月十五日次のホテル及び旅館を登録した。

昭和二十六年三月二十日　運輸大臣　山崎　猛

登録番号	ホテル又は旅館の名称	所在地
登録ホ第三十七号	日光観光ホテル	栃木県上都賀郡日光町
登録ホ第三十八号	ホテル・ナニワ	大阪市
登録ホ第三十九号	逗子なぎさホテル	神奈川県三浦郡逗子町
登録旅第九号	林田温泉	鹿児島県始良郡牧園町
登録旅第十号	偕楽園	横浜市
登録旅第十一号	柊家	京都市

◉運輸省告示第四十八号

船舶法施行細則(明治三十二年逓信省令第二十四号)第十七條ノ四の規定により、次の船舶に、信号符字を点附した。

昭和二十六年三月二十日　運輸大臣　山崎　猛

汽船の部

信号符字	船舶番号	船名	総トン数	所有者	点附年月日	点附理由
JACD	六七〇一〇	東鳳丸	六、八四九	東邦海運株式会社	昭和 宗、一、元	新造

信号符字	船舶番号	船名	総トン数	所有者	点附年月日	点附理由
JBOG	六七二一七	第二南星丸	九一一	南日本汽船株式会社	一九	在外資産船より編入
JEQI	六七〇二四	平安丸	六、八四八	日本郵船株式会社	一〇	新造
JEZA	六四六二二	第五徳丸	二九	浜川才次郎	一三	申請
JGJS	六六〇三一	第一協栄丸	三五	協栄水産株式会社	三	〃
JIHF	六五九九五	あめりか丸	六、二一九	大阪商船株式会社	五	新造
JJCF	六五九九八	第五太平丸	一九三	近藤重五郎	二四	〃
JJWP	六二〇二二	第一永漁丸	三〇	高雄万吉	二	申請
JMRS	六六〇〇四	興洋丸	二九四	興洋汽船株式会社	一〇	大蔵省拂下
JMXW	五七五七五	第七永漁丸	二八	高雄文雄外一人	一三	申請
JNZY	六六四四九	第十六昌運丸	一九八	上村彌太郎	五	新造
JHBU	六七一二一	山下丸	六、二九四	山下汽船株式会社	二九	〃

帆船の部

信号符字	船舶番号	船名	総トン数	所有者	点附年月日	点附理由
JFDK	四〇三七九	天正丸	五一	田子村水産農業協同組合	昭和二六、一、二四	申請
JGHL	四八五九〇	第三海洋丸	四七	真岩作次郎	一〇	〃
JIZR	六五四一〇	神路丸	二五	三重県	一七	〃
JJTI	六六三八三	上運丸	二四二	有限会社口之津造船鉄工所	〃	旧軍所属船より編入
JJYP	六二六五九	第三日公丸	二二一	有限会社日公海運商会	二九	積量変更
JLUV	三八二六一	第二三玉丸	三五	柳沢宏基	九	申請
JMFL	五四四七九	第三十六竹丸	一四六	山下正子	三	まつ消船再用
JRWB	六四四六六	第十二太平丸	八九	小松悌吉	一六	申請

◉運輸省告示第四十九号

船舶法施行細則（明治三十二年逓信省令第二十四号）第十七條ノ四の規定により、次の船舶の信号符字を取り消した。

昭和二十六年三月二十日

運輸大臣　山崎　猛

汽船の部

信号符字	船舶番号	船名	総トン数	所有者	取消年月日	取消理由
JEBE	四七九三九	鷹川丸	九〇五	川崎汽船株式会社	昭和二六、一、一八	独航機能撤去
JMZD	五四五三四	曙丸	八七五	文部省	二四	解撤

帆船の部

信号符字	船舶番号	船名	総トン数	所有者	取消年月日	取消理由
JGGI	一七〇四二	第十六鍵屋丸	一二九	杉木五十蔵	昭和二五、一二、二七	沈没
JHRI	一九三九一	第二十三鍵屋丸	一四〇	〃	〃	〃
JHSI	一九六五二	第十一鍵屋丸	一四九	〃	〃	〃
JETB	五四九四五	対馬山丸	一五二	山下近海汽船株式会社	昭和二六、一、三一	独航機能撤去
JNAY	六〇九二〇	第三十六多摩丸	一四二	島根水産株式会社	二三	沈没

◉運輸省告示第五十号

次の船舶検査証書は滅失したので無効となつたから、船舶安全法施行規則（昭和九年逓信省令第四号）第百三十九條の規定により告示する。

昭和二十六年三月二十四日

運輸大臣　山崎　猛

一、証書を発給した管海官庁及び証書の番号　第三四号　東北海運局
二、証書の種類　乙種船舶検査証書
三、船名及び船舶番号　汽船第五国宝丸　宮崎県船鑑札第一七八一号
四、所有者の氏名又は名称　佐々木七郎
五、証書の有効期間　昭和二十三年六月十八日から昭和二十七年六月十七日まで

一、証書を発給した管海官庁及び証書の番号　第三五号　中国海運局
二、証書の種類　乙種船舶検査証書
三、船名及び船舶番号　帆船三福丸　第六〇七三三号
四、所有者の氏名又は名称　小弁友市
五、証書の有効期間　昭和二十三年六月十日から昭和二十七年六月九日まで

一、証書を発給した管海官庁及び証書の番号　第二六号　塩釜海上保安本部
二、証書の種類　乙種船舶検査証書
三、船名及び船舶番号　帆船恵比須丸　第五八七二七号
四、所有者の氏名又は名称　平塚篤一
五、証書の有効期間　昭和二十四年四月十五日から昭和二十八年四月十四日まで

一、証書を発給した管海官庁及び証書の番号　第四三号　九州海運局
二、証書の種類　漁船検査証書
三、船名及び船舶番号　汽船第七大成丸　第六一九三六号
四、所有者の氏名又は名称　大成水産株式会社
五、証書の有効期間　昭和二十三年六月十二日から昭和二十七年六月十一日まで

一、証書を発給した管海官庁及び証書の番号　第五六号　長崎海上保安部
二、証書の種類　漁船検査証書
三、船名及び船舶番号　帆船第十六瑞博丸　第五七九一五号
四、所有者の氏名又は名称　吉永義治
五、証書の有効期間　昭和二十四年八月十五日から昭和二十六年八月十四日まで

一、証書を発給した管海官庁及び証書の番号　第五七号　長崎海上保安部
二、証書の種類　漁船検査証書
三、船名及び船舶番号　帆船第十七瑞博丸　第五七九一六号
四、所有者の氏名又は名称　吉永義治
五、証書の有効期間　昭和二十四年八月十五日から昭和二十六年八月十四日まで

一、証書を発給した管海官庁及び証書の番号　第一二五号　広島海上保安部
二、証書の種類　乙種船舶検査証書
三、船名及び船舶番号　帆船住幸丸　第六二三七四号
四、所有者の氏名又は名称　高城一郎
五、証書の有効期間　昭和二十四年十月十八日から昭和二十八年十月十七日まで

一、証書を発給した管海官庁及び証書の番号　第一六七号　近畿海運局
二、証書の種類　乙種船舶検査証書
三、船種、船名及び船舶番号　汽船吉葉丸　大阪府船鑑札第二七九九号
四、所有者の氏名又は名称　大阪市
五、証書の有効期間　昭和二十三年十月十二日から昭和二十七年十月十一日まで

一、証書を発給した管海官庁及び証書の番号　第一七八号　門司海上保安本部
二、証書の種類　乙種船舶検査証書
三、船種、船名及び船舶番号　帆船第百五十梅丸　第五五三五号
四、所有者の氏名又は名称　日産近海機船株式会社
五、証書の有効期間　昭和二十四年九月十日から昭和二十八年九月九日まで

一、証書を発給した管海官庁及び証書の番号　第一号　塩釜海上保安本部
二、証書の種類　漁船検査証書
三、船種、船名及び船舶番号　帆船第二五雀山丸　第四九三四号
四、所有者の氏名又は名称　平塚留五郎
五、証書の有効期間　昭和二十五年三月十七日から昭和二十七年三月十六日まで

一、証書を発給した管海官庁及び証書の番号　尾道第一三六号　広島海上保安本部
二、証書の種類　乙種船舶検査証書
三、船種、船名及び船舶番号　帆船第三久福丸　第四一〇二八号
四、所有者の氏名又は名称　山根武雄
五、証書の有効期間　昭和二十四年十月二十二日から昭和二十八年十月二十一日まで

一、証書を発給した管海官庁及び証書の番号　第二八号　広島海上保安本部
二、証書の種類　乙種船舶検査証書
三、船種、船名及び船舶番号　帆船第五菊丸　第四六三〇号
四、所有者の氏名又は名称　浜本博文
五、証書の有効期間　昭和二十五年三月九日から昭和二十九年三月八日まで

一、証書を発給した管海官庁及び証書の番号　室蘭第一〇号　北海海運局
二、証書の種類　乙種船舶検査証書
三、船種、船名及び船舶番号　帆船第八岩手山丸　第五三一三六号
四、所有者の氏名又は名称　北海機船株式会社
五、証書の有効期間　昭和二十三年七月二十四日から昭和二十七年七月二十三日まで

一、証書を発給した管海官庁及び証書の番号　第一九号　広島海上保安本部
二、証書の種類　乙種船舶検査証書
三、船種、船名及び船舶番号　帆船第一野島丸　第六四九〇四号
四、所有者の氏名又は名称　出光興産株式会社
五、証書の有効期間　昭和二十四年二月二十五日から昭和二十八年二月二十四日まで

一、証書を発給した管海官庁及び証書の番号　玉野第一〇号　高松海上保安部
二、証書の種類　乙種船舶検査証書
三、船種、船名及び船舶番号　帆船森竹丸　第六三一四一号
四、所有者の氏名又は名称　森下直津雄
五、証書の有効期間　昭和二十四年三月十二日から昭和二十八年三月十一日まで

一、証書の番号及び証書を発給した管海官庁　第二一一号　大阪海上保安部
二、証書の種類　乙種船舶検査証書
三、船種、船名及び船舶番号　汽船第三通船丸　大阪府船鑑札第五八九七号
四、所有者の氏名又は名称　大阪通船運輸株式会社
五、証書の有効期間　昭和二十五年三月二十四日から昭和二十九年三月二十三日まで

一、証書の番号及び証書を発給した管海官庁　第二六号　大阪海上保安部
二、証書の種類　乙種船舶検査証書
三、船種、船名及び船舶番号　汽船第六通船丸　大阪府船鑑札第五八九九号
四、所有者の氏名又は名称　大阪通船運輸株式会社
五、証書の有効期間　昭和二十五年五月二十三日から昭和二十九年五月二十二日まで

一、証書の番号及び証書を発給した管海官庁　第五〇号　大阪海上保安監部
二、証書の種類　乙種船舶検査証書
三、船種、船名及び船舶番号　汽船第八通船丸　大阪府船鑑札第五九〇〇号
四、所有者の氏名又は名称　大阪通船運輸株式会社
五、証書の有効期間　昭和二十五年八月九日から昭和二十九年八月八日まで

一、証書の番号及び証書を発給した管海官庁　第二五号　大阪海上保安部
二、証書の種類　乙種船舶検査証書
三、船種、船名及び船舶番号　汽船第二通船丸　大阪府船鑑札第五八九六号
四、所有者の氏名又は名称　大阪通船運輸株式会社
五、証書の有効期間　昭和二十五年五月二十三日から昭和二十九年五月二十二日まで

一、証書の番号及び証書を発給した管海官庁　第七号　大阪海上保安部
二、証書の種類　乙種船舶検査証書
三、船種、船名及び船舶番号　汽船第一通船丸　大阪府船鑑札第五八九五号
四、所有者の氏名又は名称　大阪通船運輸株式会社
五、証書の有効期間　昭和二十五年四月十二日から昭和二十九年四月十一日まで

一、証書の番号及び証書を発給した管海官庁　第一七八号　大阪海上保安部
二、証書の種類　乙種船舶検査証書
三、船種、船名及び船舶番号　汽船若葉丸　大阪府船鑑札第一七六一号
四、所有者の氏名又は名称　大阪市
五、証書の有効期間　昭和二十四年十二月二十八日から昭和二十八年十二月二十七日まで

一、証書の番号及び証書を発給した管海官庁　第一四七号　中国海運局
二、証書の種類　乙種船舶検査証書
三、船種、船名及び船舶番号　帆船住栄丸　第六一三九七号
四、所有者の氏名又は名称　大日本セルロイド株式会社
五、証書の有効期間　昭和二十三年九月六日から昭和三十七年九月五日まで

一、証書の番号及び証書を発給した管海官庁　第八号　鹿児島海上保安部
二、証書の種類　乙種船舶検査証書

三、船種、船名及び船舶番号　汽船第二幸雲丸　鹿児島県船鑑札第三三四〇号
四、所有者の氏名又は名称　中村森右衛門
五、証書の有効期間　昭和二十四年二月十八日から昭和二十八年二月十七日まで

一、証書の番号及び証書を発給した管海官庁　第五五号　四国海運局
二、証書の種類　乙種船舶検査証書
三、船種、船名及び船舶番号　汽船天幸丸　第六二六三八号
四、所有者の氏名又は名称　久保田昇
五、証書の有効期間　昭和二十三年十月二十六日から昭和二十七年十月二十五日まで

一、証書の番号及び証書を発給した管海官庁　第八一号　中国海運局
二、証書の種類　乙種船舶検査証書
三、船種、船名及び船舶番号　汽船第二十四徳一丸　第五二六九九号
四、所有者の氏名又は名称　須波造船株式会社
五、証書の有効期間　昭和二十三年八月十四日から昭和二十七年八月十三日まで

一、証書の番号及び証書を発給した管海官庁　第二六号　玉野海上保安部
二、証書の種類　乙種船舶検査証書
三、船種、船名及び船舶番号　帆船第二明悦丸　第五一七五六号
四、所有者の氏名又は名称　香西繁松
五、証書の有効期間　昭和二十五年七月二十九日から昭和二十九年七月二十八日まで

一、証書の番号及び証書を発給した管海官庁　第一三九号　神戸海上保安部
二、証書の種類　乙種船舶検査証書
三、船種、船名及び船舶番号　帆船宝栄丸　第六四五三〇号
四、所有者の氏名又は名称　齋藤惣七
五、証書の有効期間　昭和二十四年六月十一日から昭和二十八年六月十日まで

一、証書の番号及び証書を発給した管海官庁　第一二八号　神戸海上保安部
二、証書の種類　乙種船舶検査証書
三、船種、船名及び船舶番号　帆船住勢丸　第六四八一一号
四、所有者の氏名及び名称　田丸寅一
五、証書の有効期間　昭和二十四年六月七日から昭和二十八年六月六日まで

一、証書の番号及び証書を発給した管海官庁　第七五号　神戸海上保安部
二、証書の種類　乙種船舶検査証書
三、船種、船名及び船舶番号　帆船金栄丸　第四〇〇一一号
四、所有者の氏名又は名称　山上政雄
五、証書の有効期間　昭和二十四年四月五日から昭和二十八年四月四日まで

一、証書の番号及び証書を発給した管海官庁　第五三号　神戸海上保安部
二、証書の種類　乙種船舶検査証書
三、船種、船名及び船舶番号　汽船ＭＳＯ七号
四、所有者の氏名又は名称　海上保安庁
五、証書の有効期間　昭和二十五年五月九日から昭和二十九年五月八日まで

◉**運輸省告示第五十一号**

運輸審議会において次のように決定があつたから、運輸審議会一般規則(昭和二十四年運輸省令第七十五号)第十条の規定によつて、これを告示する。

昭和二十六年三月二十七日

運輸大臣　山崎　猛

通運事業経営免許について

標記の件につき運輸審議会に諮問中のところ、次のとおり答申があつた。

第百十九号

昭和二十五年十二月二十二日

運輸審議会会長　木村　隆規

運輸大臣　山崎　猛殿

答申書

通運事業経営免許について

諮問にかかる通運事業経営免許申請について審議の結果次のとおり免許すべきものと認める。

土岐津　多治見運送株式会社
中津川　中津貨物自動車株式会社
掛川　遠州貨物自動車株式会社
浜田　石見運送株式会社　発起人総代　室崎勝造
石見益田　石見運送株式会社　発起人総代　室崎勝造
丸亀　中讃自動車株式会社
多度津　中讃自動車株式会社
小林町　小林運送株式会社
細島　扇興運輸株式会社　株式会社日向商船組
高田　上越貨物自動車株式会社
本別　本別運送株式会社　発起人総代　向山一松
大牟田　三池運輸株式会社　発起人総代　伊藤英次郎
尾道　尾三港運産業株式会社　尾道通運株式会社　発起人総代　加藤邦一
三原　山陽運輸株式会社
三原　尾三港運産業株式会社　取扱駅は糸崎とする。

第百十九号の二

昭和二十五年十二月二十五日

運輸審議会会長　木村　隆規

運輸大臣　山崎　猛殿

答申書

通運事業経営免許について

諮問にかかる通運事業経営免許申請につき審議の結果、次の申請は却下するを適当と認める。

一、土岐津駅　土岐津通運事業株式会社　発起人総代　水野広吉
二、細島駅　三輪商事運送株式会社
三、高田駅　高田興業倉庫運輸株式会社

◉**運輸省告示第五十二号**

運輸審議会において次のように決定があつたから、運輸審議会一般規則(昭和二十四年運輸省令第七十五号)第十二条の規定によつて、これを告示する。

昭和二十六年三月二十七日

運輸大臣　山崎　猛

運輸審議会主催公聴会開催決定

運輸省設置法第十六条及び運輸審議会一般規則により左のとおり公聴会を開催する。

一、事案　(1)塩釜市長申請の塩釜、金華山間定期航路事業の免許について
(2)道南海運株式会社申請の函館、大澗間及び函館、大畑間定期航路事業の免許について

一、日時　(1)の事案については、昭和二十六年四月七日(土)十時から
(2)の事案については、昭和二十六年四月十日(火)十時から

一、場所　(1)の事案については、塩釜市東北海運局
(2)の事案については、函館市役所

一、司会者　運輸審議会委員　太田三郎

一、証言手続

1、(1)の申請者は四月五日までに東北海運局へ、(2)の申請者は四月七日までに北海海運局函館支局へ申請者のために証言を行う者の名簿を提出されたい。

2、賛成又は反対の証言を行なおうとする者は、それぞれの公聴会開会前にその氏名とその事案に関する利害関係を説明する事項とを書面で申し出られたい。

運輸審議会

◉**運輸省告示第五十三号**

船舶職員法第五條第二項により学術試験に合格すと認むる者及びその者に授与すべき海技免状に関する件の一部を改正する告示を次のように定める。

昭和二十六年三月二十八日

運輸大臣　山崎　猛

船舶職員法第五條第二項により学術試験に合格すと認むる者及びその者に授与すべき海技免状に関する件の一部を改正する告示

船舶職員法第五條第二項により学術試験に合格すと認むる者及びその者に授与すべき海技免状に関する件(昭和十九年十一月運輸通信省告示第五百四十一号)の一部を次のように改正する。

第五号第一項中「若ハ元遠洋漁業科」の下に「、第二水産講習所ノ本科漁業科(昭和二十三年度以前ノ入学者ニ適用ス)」を加え、同号第二項中「海技免状受有後」の下に「(第二水産講習所ノ本科漁業科卒業者ヲ除ク)」を加える。

第五号の次に次の一号を加える。

五ノ二　第二水産講習所ノ本科機関科(昭和二十三年度以前ノ入学者ニ適用ス)卒業者、甲種二等機関士免状

第十五号第一項中「官立無線電信講習所」の下に「本科、別科高等科(但シ乙種船舶通信士免状ヲ受有シテ入学シタル者ニ限ル)、元」を加え、同号第二項中「官立無線電信講習所」の下に「元」を、「別科」の下に「普通科」を加える。

◉運輸省告示第五十四号

暴風標識あげおろし通知電報規程等の一部を改正する告示を次のように定め、昭和二十六年四月一日から施行する。

昭和二十六年三月二十九日

運輸大臣　山崎　猛

暴風標識あげおろし通知電報規程等の一部を改正する告示

第一條　暴風標識あげおろし通知電報規程（昭和二十五年六月運輸省告示第百二十二号）の一部を次のように改正する。

第一條中「秋田測候所　アキタソク　秋田県」を「秋田測候所　アキタソク　秋田県
山形測候所　ヤマガタソク　山形県」に、「長崎海洋気象台　ナガサキキセウ　長崎県（南松、対馬及び壱岐支庁管内を除く。）
富江測候所　トミエソク　長崎県南松支庁管内」を
「長崎海洋気象台　ナガサキキセウ　長崎県（南松、対馬及び壱岐支庁管内、西彼杵郡江ノ島村及び平島村、北松浦郡平村、神浦村及び小値賀町を除く。）
富江測候所　トミエソク　長崎県南松支庁管内、西彼杵郡江ノ島村及び平島村、北松浦郡平村、神浦村及び小値賀町」に改める。

第二條　気象予報規程（昭和二十五年六月運輸省告示第百二十三号）の一部を次のように改正する。

別表のうち、北海道地方予報区の部札幌管区気象台の項中

「

札幌管区気象台	札幌市、岩見沢市、夕張市、美唄市、石狩郡、厚田郡、浜益郡、札幌郡、千歳郡、空知郡、夕張郡、樺戸郡、雨龍郡

」を

「

札幌管区気象台	札幌市、石狩郡、厚田郡、浜益郡、札幌郡、千歳郡
岩見沢測候所	岩見沢市、夕張市、美唄市、空知郡、夕張郡、樺戸郡、雨龍郡

」に、関東甲信地方予報区の部水戸測候所の項担当区域の欄中「土浦市、」を「土浦市、古河市、」に、同部熊谷測候所の項担当区域の欄中「秩父市、」を「秩父市、所沢市、」に、同部中央気象台の項担当区域の欄中「八王子、」を「八王子市、三鷹市、」に、東海地方予報区の部岐阜測候所の項担当区域の欄中「多治見市、」を「多治見市、関市、」に、北陸地方予報区の部富山測候所の項伏木測候所の担当区域の欄中「高岡市」を「高岡市、新湊市及び射水郡牧野村」に、近畿地方予報区の部京都測候所の項舞鶴海洋気象台の担当区域の欄中「福知山市、」を「福知山市、綾部市、」に、九州地方予報区の部長崎海洋気象台の項担当区域の欄中「西彼杵郡、東彼杵郡、北松浦郡」を「西彼杵郡（江ノ島村及び平島村を除く。）、東彼杵郡、北松浦郡（平村、神浦村及び小値賀町を除く。）」に、同部富江測候所の担当区域の欄中「南松浦郡」を「南松浦郡、西彼杵郡江ノ島村及び平島村、北松浦郡平村、神浦村及び小値賀町」に、同部熊本測候所の項牛深測候所の担当区域の欄中「天草郡牛深町」を「天草下島」に、同部鹿児島測候所の項担当区域の欄中「枕崎市、」を「枕崎市、串木野市、」に、「熊毛郡上屋久村」を「熊毛郡上屋久村及び下屋久村」に改める。

第三條　気象通知電報式（昭和二十五年六月運輸省告示第百二十五号）の一部を次のように改正する。

第二條中

「長崎海洋気象台　長崎県（南松、対馬及び壱岐支庁管内を除く。）
富江測候所　長崎県南松支庁管内」を
「長崎海洋気象台　長崎県（南松、対馬及び壱岐支庁管内、西彼杵郡江ノ島村及び平島村、北松浦郡平村、神浦村及び小値賀町を除く。）
富江測候所　長崎県南松支庁管内、西彼杵郡江ノ島村及び平島村、北松浦郡平村、神浦村及び小値賀町」に改める。

◉運輸省告示第五十五号（官報号外三〇）

科学技術応用研究補助金交付規程を次のように定める。

昭和二十六年三月三十一日

運輸大臣　山崎　猛

科学技術応用研究補助金交付規程

（目的）

第一條　運輸大臣は、その所管する事業の科学技術の進歩改良に資する試験研究（以下「研究」という。）を奨励助成するため、この規程の定めるところにより、予算の範囲内において補助金を交付するものとする。

（交付の対象）

第二條　補助金は、研究を実施するために必要な経費のうち、左に掲げるものについて交付するものとする。

一　装置の新設、増設、改造及び修繕に要する費用

二　機械器具の買受、製造、据付等に要する費用

三　前各号に掲げるものの外、原材料等に要する費用であつて、運輸大臣が特に必要と認める費用

（申請の手続）

第三條　補助金の交付を受けようとする者は、別表様式第一の申請書とその副本三通にそれぞれ様式第二の試験研究計画概要書を添えて、運輸大臣に申請しなければならない。

2　前項の申請書等の提出期限は、運輸大臣が公示する。

（参考書類の提出）

第四條　運輸大臣は、必要があると認めるときは、前條第一項の申請をした者に対し、補助金交付のために参考となる書類を提出させ、又は説明を求めることができる。

（交付の決定）

第五條　運輸大臣は、第三條の申請書及び試験研究計画概要書その他参考となる書類を審査し、補助金の交付を受くべき者を決定し、その旨を当該決定に係る者に指令するものとする。

2　運輸大臣は、前項の指令について必要最少限度の条件を附することができる。

（請書）

第六條　前條の指令を受けた者は、別表様式第三の請書とその副本三通を運輸大臣に提出しなければならない。

（補助金の交付及びその使用制限）

第七條　運輸大臣は、前條の請書を提出した者に対し、補助金を交付するものとする。

2　補助金は、交付を受けた目的以外のものにこれを使用してはならない。

（帳簿記載）

第八條　補助金の交付を受けた者（以下「被交付者」という。）は、補助金交付の対象である研究に関し、その収支総額及び補助金の使途を明らかにする帳簿並びに補助金の支出を証明する書類を常に整理し、これを保管しなければならない。

（事故発生に関する報告書）

第九條　被交付者は、研究の遂行に重大な支障を及ぼす事故が発生したときは、遅滞なく、当該事故の原因及び状況並びにこれに対する措置に関する報告書とその副本三通を運輸大臣に提出しなければならない。

（運輸大臣の承認を要する場合）

第十條　被交付者は、左に掲げる場合には、運輸大臣の承認を受けなければならない。

一　試験研究計画概要書に記載された研究実施計画を著しく変更しようとするとき。

二　研究の全部若しくは一部を他に委任しようとするとき。

（研究経過の報告書）

第十一條　被交付者は、毎年五月三十一日までに前年度（国の会計年度による。）に実施した研究の経過報告書とその副本三通並びに補助金の収支決算書、補助金支出の領収書の写及び補助金により施設した装置又は購入した機械器具の目録各四通を運輸大臣に提出しなければならない。

（研究完了の報告書）

第十二條　被交付者は、研究が完了したときは、研究を完了した日から二十日以内にその研究成果の報告書とその副本三通並びに補助金の収支決算書、補助金支出の領収書の写及び補助金により施設した装置又は購入した機械器具の目録各四通を運輸大臣に提出しなければならない。

（工業所有権の登録届）

第十三條　被交付者は、研究に係る工業所有権の登録を受けたときは、その都度その旨を運輸大臣に届け出なければならない。

（報告及び検査）

第十四條　運輸大臣は、必要があると認めるときは、被交付者に対し、研究の実施状況又は研究に関する帳簿書類その他必要な事項につき報告させ、又は検査を行うことができる。

（交付指令の取消、補助金の減額又は返還）

第十五條　運輸大臣は、被交付者が、左の各号の一に該当すると認めるときは、その者に対し当該指令を取り消し、補助金の額を減少し、又は期限を附して既に交付した補助金の全部若しくは一部の返還を命ずることができる。

一　この規程又は第五條第二項の條件に違反したとき。

二　研究実施上不正又は怠慢その他不当と認められる行為があつたとき。

三　研究を遂行する見込がなくなつたとき。

四　補助金の対象となつた費目の決算額が補助金額に達しないとき。

五　第十條の規程により運輸大臣の承認を受けたとき。

（延滞利息）

第十六條　運輸大臣は、被交付者が前條の返還期限までになお未納付金のある場合には、その期限の翌日から起算して未納付金を納付するまでの日数について当該金額に対し、政府契約の支拂遅延防止等に関する法律（昭和二十四年法律第二百五十六号）第八條第一項の規程に基く大蔵大臣の定める利率と同率の利息を賦課するものとする。

（申請の手続に関する経由機関）

第十七條　申請者、補助金交付の指令を受けた者及び被交付者から運輸大臣に提出する書類は、左に掲げる区分に従い、その住所を管轄する機関の長（気象及び航空に関するものを除く。）を経由しなければならない。

一　海運に関するもの	地方海運局長
二　陸運に関するもの	地方陸運局長
三　気象に関するもの	中央気象台長
四　港湾工事に関するもの	港湾建設部長
五　水路に関するもの 六　燈台に関するもの	管区海上保安本部長
七　航空に関するもの	航空庁長官

附　則

この規程は、昭和二十六年四月一日から施行する。

別表

（様式第一）

科学技術応用研究補助金申請書

昭和　　年　　月　　日

運輸大臣　　　　　殿

住所

申請者

氏名　　　　　　　　　　印

別紙研究計画概要書により「　　　　」の研究をしたいので、補助金を交付されたく申請します。

（様式第二）

験研究試計画概要書　（その一）

1	研究項目	
2	申請者名及び住所	
3	本件に関する連絡責任者の氏名、住所及び電話	
4	主任研究者の氏名、年齢、及び略歴	
5	研究目的	
6	研究の概要（研究方法、研究計画等）	
7 研究の経過	A 研究の動機	
	B 基礎の終つているときには、その担当者、研究方法、研究経過及び研究のための直接支出した経費	
8	研究成果の具体的効果	
9	A 研究の場所	
	B 参加人員	担当者　人 補助者　人 工員その他　人　合計
	C 他よりの指導者及び協力者の有無及びその内容	
	D 研究設備の規模（新設及び既設を区分すること）	
	E 研究経費	（Ⅰ）研究経費　　円　（Ⅱ）補助希望額　　円
10	研究の予定期間	（　年　箇月）昭和　年　月から昭和　年　月まで

11 研究経費

	研究経費額			補助希望額			補助希望額の算定の根拠
	昭和年度	昭和年度	合計	昭和年度	昭和年度	合計	
施設費							
機械器具費							
原材料費							
人件費							
消耗品費							
旅費							
通信費							
謝金(手当)							
その他							
合計							

12 研究経費の調達方法

年度	研究経費	自己資金	他より調達できる資金	他よりの調達先	補助希望額	備考
総計						

13 既設の施設機械器具類の評価額

項目	数量	單価	金額	備考(自己所有と他より借用の別を記すること。)
総計				

14 研究経費の年度別予算内訳

A 第11項研究経費の中(1)施設費(2)機械器具費(3)原材料費(4)消耗品費については次の様式のごとく項目名別に仕訳けて記入のこと。

項目	数量	單価	金額	備考
合計				

B　A以外のものは次の様式に記入のこと。

種　　　類			
人　件　費			
旅　　　費			
通　信　費			
謝　金(手当)			
そ　の　他			
合　　　計			

15　研究に必要なる資材、消耗品及び動力等の中で当該年度にあつ旋を希望するもの。

種類品目	数　　量	備　　考（使用場所別にその数量を区分して記入すること。）

試験研究計画概要書　（その二）

1　申請者及び住所

2　申請者の略歴

A　設立年月日

B　代表者氏名

C　経歴及び現在のおもな事業内容

D　財産目録、貸借対照表及び法人にあつては定款又は寄附行為

E　他の実績中おもなもの

F　過去において受けた補助金、奨励金、賞状等(題目等も記載のこと。)

(様式第三)

請　　　書

昭和　　年　　月　　日

運輸大臣　　　　殿

住所

申請者

氏名　　　　　印

昭和　年　月　日附運輸省指令、官企第　　号により指令のあつた科学技術応用研究補助金による「　　」の研究については、交付の條件を守つて、この研究を責任をもつて果します。

◉**運輸省告示第五十六号**（官報号外三〇）

工業化試験補助金交付規程を次のように定める。

昭和二十六年三月三十一日

運輸大臣　山崎　猛

工業化試験補助金交付規程

（目的）

第一條　運輸大臣は、その所管する事業の進歩発展に資する工業化試験（以下「試験」という。）を奨励助長するため、この規定に定めるところにより、予算の範囲内において補助金を交付するものとする。

（交付の対象）

第二條　補助金は、試験を実施するために必要な経費（以下「試験費」という。）のうち、左に掲げるものについて交付するものとする。

一　建物、構造物又はこれらの附属施設の増設、改造及び修繕に要する費用

二　機械器具の買受、製造、据付等に要する費用

三　前各号に掲げるものの外、運輸大臣が特に必要と認める費用

（申請の手続）

第三條　補助金の交付を受けようとする者は、別表様式第一の申請書とその副本三通に、それぞれ左に掲げる書類を添えて、運輸大臣に申請しなければならない。

一　別表様式第二による試験実施計画書

二　最近の事業内容、財産目録、貸借対照表及び法人にあつてはその定款又は寄附行為

2　前項の申請書の提出期限は、運輸大臣が公示する。

（参考書類の提出）

第四條　運輸大臣は、必要があると認めるときは、前條第一項の申請をした者に対し、補助金交付のために参考となる書類を提出させ、又は説明を求めることができる。

（交付の決定）

第五條　運輸大臣は、第三條の申請書及び試験実施計画書その他参考となる書類を審査し、補助金の交付を受くべき者を決定し、その旨を当該決定に係る者に指令するものとする。

2　運輸大臣は、前項の指令について、必要最少限度の條件を附することができる。

（請書）

第六條　前條の指令を受けた者は、別表様式第三の請書とその副本三通を運輸大臣に提出しなければならない。

（補助金の交付及びその使用制限）

第七條　運輸大臣は、前條の請書を提出した者に対し、補助金を交付するものとする。

2　補助金は、交付を受けた目的以外のものにこれを使用してはならない。

（帳簿記載）

第八條　補助金の交付を受けた者（以下「被交付者」という。）は、補助金交付の対象となる試験に関し、その収支総額及び補助金の使途を明らかにする帳簿並びに補助金の支出を証明する書類を常に整理しこれを保管しなければならない。

（事故発生に関する報告書）

第九條　被交付者は、試験の遂行に重大なる支障を及ぼす事故が発生したときは、遅滞なく、当該事故の原因及び状況並びにこれに対する措置に関する報告書とその副本三通を運輸大臣に提出しなければならない。

（運輸大臣の承認を要する場合）

第十條　被交付者は、左に掲げる場合には、運輸大臣の承認を受けなければならない。

一　試験実施計画書に記載された試験実施計画を著しく変更しようとするとき。

二　試験を中止し、若しくは廃止し、又は試験の全部若しくは一部を他に委任しようとするとき。

（試験経過の報告書）

第十一條　被交付者は、毎年五月三十一日までに前年度（国の会計年度による。）に実施した研究の経過報告書とその副本三通並びに補助金の収支決算書、補助金支出の領収書の写及び補助金により施設した装置又は購入した機

械器具の目録各四通を運輸大臣に提出しなければならない。

（試験完了の報告書）

第十二條　被交付者は、試験を完了したときは、試験が完了した日から二十日以内に試験成果の報告書とその副本三通並びに補助金の収支決算書、補助金の支出の領収書の写及び補助金により施設した装置又は購入した機械器具の目録各四通を運輸大臣に提出しなければならない。

（試験成果の実現の認定）

第十三條　被交付者は、成功した試験につき、その企業化に着手し、又はその他の方法により試験成果を実用化しようとする場合には、遅滞なくその旨を運輸大臣に届け出なければならない。

2　運輸大臣は、前項の届出を受理したときは、当該被交付者に対して届出を受理したことを証明する文書を交付するものとする。

（補助金の償還）

第十四條　被交付者は、前條第二項の文書の交付を受けた場合には、当該文書の交付を受けた日から起算して五年をこえない期間内において補助金を償還しなければならない。この場合において、当該文書の交付を受けた日から起算して三月をこえない期間内において補助金償還に関する計画書（以下「補助金償還計画書」という。）とその副本三通を作成し運輸大臣に提出しなければならない。

2　被交付者は、前項の補助金還償計画書を変更しようとするときは、遅滞なくその旨を運輸大臣に届け出なければならない。

（工業所有権の登録届）

第十五條　被交付者は、試験に係る工業所有権の登録を受けた場合には、その都度その旨を運輸大臣に届け出なければならない。

（報告及び検査）

第十六條　運輸大臣は、必要があると認めるときは、被交付者に対し、試験の実施状況又は、試験に関する帳簿書類その他必要な事項につき報告をさせ、又は検査をすることができる。

（交付指令の取消、補助金の減額又は返還）

第十七條　運輸大臣は、被交付者が左の各号の一に該当すると認めるときは、その者に対し当該指令を取り消し、補助金の額を減少し、又は期限を附して既に交付した補助金の全部若しくは一部の返還を命ずることができる。

一　この規程又は第五條第二項の規程に違反したとき。

二　試験実施上不正又は怠慢その他不当と認められる行為があつたとき。

三　試験を遂行する見込がなくなつたとき。

四　補助金の対象となつた費目の決算額が補助金額に達しないとき。

五　第十條の規程による運輸大臣の承認を受けたとき。

（延滞利息）

第十八條　運輸大臣は、被交付者が第十四條第一項の償還期限又は前條の返還期限までになお未納付金のある場合には、その期限の翌日から起算して未納付金を納付する日までの日数について当該金額に対し、政府契約の支拂遅延防止等に関する法律（昭和二十四年法律第二百五十六号）第八條第一項の規程に基く大蔵大臣の定める利率と同率の利息を賦課するものとする。

（申請の手続に関する経由機関）

第十九條　申請者、補助金交付の指令を受けた者及び被交付者から運輸大臣に提出する書類は、左に掲げる区分に従い、その住所を管轄する機関の長（気象及び航空に関するものを除く。）を経由しなければならない。

一	海運に関するもの	地方海運局長
二	陸運に関するもの	地方陸運局長
三	気象に関するもの	中央気象台長
四	港湾工事に関するもの	港湾建設部長
五	水路に関するもの	管区海上保安本部長
六	燈台に関するもの	
七	航空に関するもの	航空庁長官

附　則

この規程は、昭和二十六年四月一日から施行する。

別表

（様式第一）

工業化試験費補助金交付申請書

「　　」について工業化試験費補助金　　　円を交付願いたく試験計画書を添えて申請致します。

昭和　　年　　月　　日

住所

申請者　氏　　　名　印

運輸大臣　　　　　殿

（様式第二）

工業化試験実施計画書

昭和　　年　　月　　日

申請者　氏　　　名　印

1　試験の題目
2　試験の目的
3　試験研究の従来の経過
4　試験担当者の氏名及び経歴
5　試験の実施計画
　イ　試験の場所
　ロ　参加人員
　ハ　試験に要する主な設備機器（新設又は既存の別）
　ニ　試験の方法
　ホ　試験開始及び完了定期日
6　試験完成のとき産業界に及ぼす影響その他参考となる事項
7　特許権、実用新案権等の有無
8　他の補助金、交付金等の有無
9　試験費予算

（1）　土地費

所在	用敷	工事種別	面積（坪）	単位	金額	備考
計						

（2）　建物費

名称	構造	工事種別	棟数	数量（坪）	単位	金額	備考
計							

（3）　附属設備装置及び工作物建設費

費目	名称	数量	単価	金額	備考
計					

（4）　附帯工事費

種別	数量	金額	備考
計			

（5）　機械器具費

費目	数量	単価	金額	備考
計				

（6）　原材料費（運転用に限る。）

品目	單位	数量	單価	金額	備考
計					

（7）　人件費（直接費）

費目	人数	單価	金額	備考
計				

（8）　事務費及び雑費（直接費）

費目	金額	備考
計		

（9）　計

（10）　補助希望額及びその使途

（11）　（9）と（10）との差異金の調達方法

（自己資金、借入金、交付金等の別及びその金額）

（12）　試験に伴う試作品及び副産物による収入

注（1）　（1）及び（2）の「工事種別」の欄には買上、借上、埋立、整地、新築、増築、補修改良等の別を記入すること。

（2）　年度別を記載すること。

（様式第三）

請　書

昭和　　年　　月　　日

運輸大臣　　　　殿

住所

申請者

氏名　　　　　　　　印

昭和　　年　　月　　日附運輸省指令、官企第　　号により指令のあつた工業化試験補助金による「　　　」の研究については、交付の條件を守つて、この研究の完成を責任をもつて果します。

◉**運輸省告示第五十七号**　（官報号外三〇）

科学技術応用研究補助金交付規程（昭和二十六年運輸省告示第五十五号）の申請書の受付期限を次のように定める。

昭和二十六年三月三十一日

運輸大臣　山崎　猛

科学技術応用研究補助金交付規定（昭和二十六年三月運輸省告示第五十五号）第三条第二項の申請書の提出期限は、昭和二十六年四月三十日までとする。

◉**運輸省告示第五十八号**　（官報号外三〇）

工業化試験補助金交付規程（昭和二十六年運輸省告示第五十六号）の申請書の交付期限を次のように定める。

昭和二十六年三月三十一日

運輸大臣　山崎　猛

工業化試験補助金交付規程（昭和二十六年三月運輸省告示第五十六号）第三条第二項の申請書の提出期限は、昭和二十六年四月三十日までとする。

◉**運輸省告示第五十九号**

倉庫業法（昭和十年法律第四十一号）第一条の規定により倉庫証券の発行を次のように許可した。

昭和二十六年四月三日

運輸大臣　山崎　猛

名　　称　株式会社上坂商店
主たる営業所の所在地　北海道夕張郡栗山町字栗山一四番地
許可年月日　昭和二十六年三月十日

名　　称　函館水産物株式会社
主たる営業所の所在地　函館市豊川町五七番地
許可年月日　昭和二十六年三月二十六日

名　　称　東両毛通運株式会社
主たる営業所の所在地　足利市伊勢町一九六番地
許可年月日　昭和二十六年三月二十六日

名　　称　鶴見倉庫株式会社
主たる営業所の所在地　横浜市鶴見区生麦町二〇三六番地
許可年月日　昭和二十六年三月三十日

名　　称　山陽倉庫株式会社
主たる営業所の所在地　岡山県吉備郡高松町大字原古才二四八番地の一
許可年月日　昭和二十六年三月三十日

◉**運輸省告示第六十号**

中小企業等協同組合法（昭和二十四年法律第百八十一号）第七十一条の規定により、倉荷証券の発行を次のように許可した。

昭和二十六年四月三日

運輸大臣　山崎　猛

名　　称　栗沢商工業協同組合
住　　所　北海道空知郡栗沢町字栗沢七五三番地の一五
許可年月日　昭和二十六年三月二十六日

◉**運輸省告示第六十一号**

運輸審議会において公聴会を開催する必要があるので、運輸審議会一般規則（昭和二十四年運輸省令第七十五号）第十二条の規定によって、これを告示する。

昭和二十六年四月三日

運輸大臣　山崎　猛

運輸審議会主催公聴会開催決定について

運輸省設置法第十六条及び運輸審議会一般規則により左のとおり公聴会を開催する。

一、事　案　(1)大昭汽船株式会社申請の音戸、宇品間定期航路事業免許について
(2)上村行雄申請の飛渡瀬、宇品間定期航路事業免許について
(3)上村行雄申請の切串、本川間定期航路事業免許について
(4)中空友石申請の中村、廿日市航路の飛渡瀬延長について
(5)丸尾達郎申請の大西、宇品間定期航路事業（航路変更）免許について

一、日　時　(1)、(2)、(3)の事案については、昭和二十六年四月十六日(月)十時から
(4)、(5)の事案については、昭和二十六年四月十七日(火)十時から

一、場　所　広島市　中国海運局

一、司会者　運輸審議会委員　平井好一

一、証言手続

1. (1)、(2)、(3)の申請者は四月十四日、(4)、(5)の申請者は四月十六日までに中国海運局へ申請者のために証言を行う者の名簿を提出されたい。

2. 賛成又は反対の証言を行おうとする者は、公聴会の開会前にその氏名と、この事案に関する利害関係を説明する事項とを書面で申し出られたい。

◉**運輸省告示第六十二号**

日本国沿岸に置き去られた船舶の措置に関する法律（昭和二十二年法律第百十六号）第一条の規定によって次の船舶を指定する。

昭和二十六年四月四日

運輸大臣　山崎　猛

船名	船種	総トン数	機関の種類	所在場所	発見された年月日
橋栄丸	漁船	二	焼玉	長崎県下県郡佐須村	昭和二四、一二、二〇
三徳丸	発動機船	三	同	同鶏知町	二五、一、一三
三福丸	漁船	不詳	同	同豆酘村	二五、九、一一

不詳(嚴原一号)	同	二	同	同鶏知町	二四、一一、九
不詳(嚴原二号)	同	一・五	同	同	二五、三、八
成徳丸	同	四	同	長崎県壱岐郡田河町	二五、一一、一九
最上丸	同	四	同	同初山村	二五、一一、五
春成丸	同	二	同	同嚴原町	二四、一〇、二八
大福丸	同	一三	同	同	二四、三、一八
新鳳丸	同	二・二	同	長崎県下県郡鶏知町	二四、一二、二九
眞當丸	同	四・七	同	同	二四、一二、二六
栄幸丸	同	八	同	長崎市元船町	二四、四、二〇
チョチャン	同	八	発動機	同	同
義・岡丸	機帆船	一五	焼玉	長崎県北松浦郡小佐々村	二五、一、一八
征南丸	同	一八・八	同	同	二五、一、一三
天任丸	燈舟	一・五	同	福岡県宗像郡岬村	二五、五、九
海福丸	機帆船	一・五	着火モーター	長崎県上県郡佐須奈村	二五、一二、一
不詳(嚴原三号)	漁船	四	焼玉	同	二五、五、二五
鳳日丸	同	一・七	同	長崎県下県郡如加岳村	二五、一一、二六
共栄丸	同	二	同	同上県郡佐須奈村	二五、五、八
不詳(嚴原四号)	同	二	同	同	二五、四、二九
不詳(嚴原五号)	同	〇・七	同	同上県郡豊崎町	二五、六、七
大錦丸	同	一・五	同	同	二四、一一、七
不詳	伝馬船	二ヒロ五	なし	同	二五、四、一六
千歳丸	漁船	二・五	焼玉	同	二五、五、二三
S215	同	不詳	同	山口県大津郡黄波戸	二三、二、二
幸栄丸	同	同	同	同仙崎町	二三、六、一九
不詳(三池一号)	同	五	同	福岡県三瀦郡昭代村	二五、一一、一五
新栄丸	同	五	同	長崎県北松浦郡小佐々村	二五、八、三〇

◉運輸省告示第六十三号

運輸審議会において公聴会を開催する必要があるので、運輸審議会一般規則(昭和二十四年運輸省令第七十五号)第十二条の規定によつて、これを告示する。

昭和二十六年四月五日　運輸大臣　山崎　猛

運輸審議会主催公聴会開催決定について

運輸省設置法第十六条及び運輸審議会一般規則により左のとおり公聴会を開催する。

一、事案　国内航空運送事業の免許について

申請者

(1) 日本航空株式会社　発起人総代　藤山愛一郎

(2) 国際自動車株式会社　社長　波多野元二

(3) 日本航空輸送株式会社　発起人総代　鈴木幸七

(4) 日本航空株式会社　発起人総代　尾崎行輝

(5) 日本航空輸送株式会社　発起人総代　青木春男

一、日時　昭和二十六年四月十六日(月)、十七日(火)十時から

一、場所　運輸省八階講堂

一、司会者　運輸審議会会長　木村隆規

一、証言手続

1 申請者は四月十四日までに運輸省運輸審議会事務局へ申請者のために証言を行う者の名簿を提出されたい。

2 賛成又は反対の証言を行おうとする者は、四月十六日公聴会の開会前にその氏名と、この事案に関する利害関係を説明する事項とを書面で申し出られたい。

◉運輸省告示第六十四号

昭和二十五年七月十五日運輸省告示第百四十号により指定した「ダイハツ号三輪自動車SF型」及び「ダイハツ号三輪自動車SSF型」は、昭和二十六年三月二十日以降の新造車より、次のとおり型式の呼称が改められた。

昭和二十六年四月五日　運輸大臣　山崎　猛

指定番号	品名及び型式		製作者の氏名又は名称
	旧呼称	改正呼称	
三五	ダイハツ号三輪自動車SF型	ダイハツ号三輪自動車SK型	発動機製造株式会社
三六	ダイハツ号三輪自動車SSF型	ダイハツ号三輪自動車SSK型	同右

◉運輸省告示第六十五号

倉庫営業者の営業所が次のように変更された。

昭和二十六年四月五日　運輸大臣　山崎　猛

名称　石崎産業株式会社

新主たる営業所の所在地　稚内市本通南四丁目

旧主たる営業所の所在地　稚内市南浜通四丁目

変更年月日　昭和二十六年一月二十三日

◉運輸省告示第六十六号

運輸審議会において次のように決定があつたから、運輸審議会一般規則（昭和二十四年運輸省令第七十五号）第十條の規定によつて、これを告示する。

昭和二十六年四月六日　　運輸大臣　山崎　猛

自動車運送事業経営免許について

標記の件につき運輸審議会に諮問中のところ、次のとおり答申があつた。

第百二十八号

昭和二十五年十二月二十六日　　運輸審議会会長　木村　隆規

運輸大臣　山崎　猛殿

答　申　書

自動車運送事業経営免許について

諮問にかかる自動車運送事業経営免許申請について審議の結果次のように措置されることが適当であると認める。

諮問番号	事業種別	申請者	事業区域又は区間	摘要
366	一般乗合	千葉郊外自動車株式会社	仁戸名—今井町 今井町三四三—同町五六二	免許 却下
368	〃	小湊鉄道株式会社	今井町八五—同町一一〇〇 長洲町—仁戸名	免許 却下
367	〃	千葉市内乗合自動車株式会社 発起人総代　山崎　恒	栄町—今井町外四線	〃
542	〃	村松自動車株式会社 発起人総代　町田英四郎	久慈町—湊町外一線	〃
333	〃	甲賀交通株式会社	鳥居町—前野	免許
494	〃	高松琴平電鉄株式会社	山田村—栗熊村 山田村—西分村	却下 免許
704	〃	三豊バス株式会社	辻村—財田村	〃
706	〃	琴平参宮電鉄株式会社	詫間町—上高瀬村	〃
707	〃	〃	栗熊村—枌所村	〃
552	一般積合	埼北貨物自動車株式会社	高崎市—桐生市	〃
574	〃	協同貨物自動車株式会社	小鹿野町—東京都中央区 行田市—東京都中央区	〃 〃
637	〃	東群馬貨物自動車株式会社	館林町—佐野市 相生村—足尾町 桐生市—足利市 山辺村—太田市 太田市—伊勢崎市 東京都千代田区—横浜市 館林町—鴻巣町 伊勢崎市—熊谷市	〃 〃 〃 〃 〃 〃 〃 〃
638	〃	東武通運株式会社	東京都墨田区—伊勢崎市 桐生市—葛生町 東京都千代田区—宇都宮市 今市町—大宮村	〃 〃 〃 〃
713	〃	東上通運株式会社	小川町—東京都中央区	〃
576	〃	山口　律	中野町—横浜市外一線	却下
684	〃	豊島運送株式会社	大宮市—熊谷市 熊谷市—前橋市	〃 免許
585	〃	佐世保貨物自動車株式会社	折尾瀬村—嬉野町外二線	却下
586	〃	大運トラック株式会社	佐世保循環	〃

709	〃	大和中央陸運株式会社 発起人総代 北原鋤太郎	高田―大阪 宇陀―榛原	免許
710	〃	〃	奈良県一円	〃
716	一般貸切	〃	〃	〃
711	一般積合	美吉野運送株式会社 発起人総代 藤井栄十郎	大淀―大阪	〃
712	〃	〃	奈良県一円	〃
717	一般貸切 貨物	〃	〃	〃
525	〃	成城小型運送株式会社 発起人総代 渡辺 栄松	世田谷区を中心とする東京都一円	〃
593	〃	足利小型自動車運送株式会社 発起人総代 長島 卯平	栃木県一円	〃
597	〃	京阪神急行電鉄株式会社	東京都、川崎市、横浜市一円	〃
364	〃	東京貨物運送株式会社 発起人総代 山口健治郎	東京都一円	〃
644	〃	銚子トラック運送株式会社 発起人総代 高橋 忠蔵	千葉県一円	〃
721	〃	赤羽小型運送株式会社 発起人総代 木村 茂樹	東京都一円	却下
527	〃	神戸貨物運輸株式会社 発起人総代 吉田 栄一	兵庫県一円	免許
528	〃	神貨自動車株式会社 発起人総代 城本繁太郎	〃	〃
529	〃	神戸貨物自動車運輸株式会社 発起人総代 山口 浅次	〃	〃
603	〃	京都中央運送株式会社 発起人総代 芝原金次郎	京都市及び隣接地域	〃
602	〃	菊水自動車運送株式会社 発起人総代 笹谷愼一郎	京都市一円	〃
609	〃	第一運送株式会社 発起人総代 村井 尚	〃	却下
605	〃	山陽自動車運送株式会社	大阪市一円	〃
618	〃	今治霊柩自動車合資会社	今治市越智郡陸地郡一円	免許
530	〃	西宮自動車運送株式会社 発起人総代 北本幸次郎	兵庫県一円	〃
531	〃	芦屋貨物自動車株式会社 発起人総代 西尾 益一	〃	〃
532	〃	東神貨物自動車株式会社 発起人総代 梶町源次郎	〃	〃
436	一般乗合	江ノ島鎌倉観光株式会社	横浜市南区―同西区	〃
559	〃	横浜市	野毛町―太田町	〃
322	一般積合	日本通運株式会社	浦富町―米子市	〃
			姫路市―鳥取市	〃
742	〃	伊万里運送株式会社	伊万里町―佐世保市	却下
582	〃	石見運送株式会社 発起人総代 室崎 勝造	益田町―松江市	免許
			浜田市―広島市	〃
			祖式村―新庄町	〃
			川本町―田所村	〃
			豊田村―山口市	〃
			益田町―西見村	〃
			益田町―都茂村	〃
			益田町―須佐町	〃
			有福村―同村	〃

607	一般貸切貨物	〃	島根県一円	〃
520	一般乗合	金沢乗合自動車株式会社 発起人総代　宮下　太一	金沢市—山中町	却下
601	一般貸切貨物	井住運送株式会社	大阪市一円	免許
753	〃	大村小型自動車運送株式会社 発起人総代　加々良福男	大村市及び東彼杵郡一円	〃
754	〃	鹿児島機帆船運送株式会社	鹿児島市及び隣接町村一円	船舶輸送物資に限るとして免許
608	〃	坂出港運株式会社	坂出市及び隣接町村	却下
329	〃	共栄貨物自動車株式会社 発起人総代　大石　米造	厚狭郡を中心とする山口県一円	免許
673	〃	益田陸運株式会社 発起人総代　柿原　清	島根県一円	却下
674	〃	浜田陸運株式会社 発起人総代　金子　虎義	〃	〃
675	〃	石東陸運株式会社 発起人総代　西島誠之助	〃	〃
751	〃	小田　唯夫	岡山県一円	〃
750	〃	倉福運輸有限会社 発起人総代　石崎　藤助	倉敷市を中心とする近郊一円	〃
749	〃	吉備運輸株式会社	岡山県一円	免許
406	〃	網走運輸株式会社 発起人総代　宮津恂太郎	斜里町を中心とする網走支庁管内	却下
666	〃	有限会社小清水トラック 発起人総代　横道　四郎	斜里郡小清水村及び斜里町を中心とする網走支庁管内	免許
667	〃	有限会社常呂トラック 発起人総代　長尾　正七	常呂郡常呂村を中心とする網走支庁管内	〃
811	〃	久慈貨物自動車株式会社 発起人総代　三河　熊蔵	岩手県一円	〃
812	〃	岩手自動車運輸株式会社 発起人総代　高宮　春三	〃	〃
740	〃	大崎運送株式会社	東京都—浜松市	〃
698	一般乗合	帝産オート株式会社中国支社	大畑町—西九軒町 已斐西本町—草津南	〃 〃
565	〃	明石市	西本町—同町（循環） 西本町—大蔵町 錦江町—鍛冶屋町 公園前通り—和坂 大久保町江井ヶ島—同町一一四	〃 〃 〃 〃 〃
504	〃	鹿島参宮鉄道株式会社	土浦市小松—同右	〃
693	〃	周防自動車株式会社	光市浅江—同島田 北河内村—岩国市 山口市早間田町—同上宇野令 徳山市—山口市	〃 〃 〃 〃
689	〃	山陽急行バス株式会社 発起人総代　伊藤　勘助	山口市上宇野令—同 山口市早間田—同新道 下関市—山口市	〃 〃 〃
688	〃	宇部市	小野田市—下関市外一線	却下
689	〃	山口市	小郡町—下関市	〃

690	〃	防長自動車株式会社	下関市—山口市外一線	〃
691	〃	〃	小郡町—山口市 山口市宇野令—同米屋町	急行便に限り免許
694	〃	山陽電気軌道株式会社	宇部市—山口市外二線	却下
668	〃	備北交通株式会社	東城町—新見駅前	免許
669	〃	備北乗合株式会社	上市町—東城町	却下
726	〃	東野鉄道株式会社	祖母井町—北高根沢	免許
686	〃	福神自動車株式会社	新馬場町—庄原町外三線	却下
731	〃	日本国有鉄道	祖母井町—北高根沢	認可
539	〃	高松琴平電気鉄道株式会社	西内町—天神前 内町—通町 通町—福岡町 玉藻町—塩上町 南亀井町—東瓦町 中新町—栗林町 天神前—中新町 宮脇町—同町 西通町—幸町	免許 〃 〃 〃 〃 〃 〃 〃 〃
695	〃	山陽急行バス株式会社	山口市—下松市外三線	却下
727	〃	山口市	小郡町—秋吉村	〃
728	〃	〃	小郡町—山口市	〃
793	〃	〃	小郡町—厚狭	免許
484	〃	駿豆鉄道株式会社	熱海市—宇佐美村外二線	却下
799	〃	金沢乗合自動車株式会社 発起人総代 宮下太一	大野町—上野本町	〃
524	一般積合	日本通運株式会社	姫路市—和田山町 五庄村—福知山市	免許 〃
820	一般乗合	日本国有鉄道	土浦市—古河市	認可
820	〃	常総オート株式会社	土浦市—古河市	却下
312	一般積合	日本通運株式会社	大和高田市—和歌山市	免許
524	〃	〃	姫路—和田山 豊岡—福知山	〃 〃
42	〃	高知通運株式会社	高知市—室戸町 長岡村—槇山村 高知市—地蔵寺村 高知市—清水村 伊野町—池川町 高知市—宿毛町 須崎町—檮原村 窪川町—吉野生村 平田村—宿毛町	〃 〃 却下 〃 免許 〃 〃 〃 却下
639	〃	高知県陸運株式会社	大篠村—槇山村 高岡町—新宇佐町 高知市—田井村 須崎町—檮原村 中村町—江川崎村 平田村—宿毛町	免許 〃 〃 〃 〃 〃

◉運輸省告示第六十七号

車両規則（昭和二十二年運輸省令第三十六号）第十九條の二の規定による消火器についての告示（昭和二十四年十月運輸省告示第三百八号）の一部を次のように改正し、昭和二十六年四月一日から適用する。

昭和二十六年四月七日　運輸大臣　山崎　猛

第四條第五号中「〇・五リットル」を「〇・三リットル」に改める。

◉運輸省告示第六十八号

自動車用消火器検定規則（昭和二十六年総理府令運輸省令第一号）に基き、昭和二十六年四月一日附で次の消火器を型式承認した。

昭和二十六年四月七日　運輸大臣　山崎　猛

型式承認番号	消火器名	消火器の型式	製作者の氏名又は名称	製作者の住所
一	東邦ジェッター	手動蓄圧式四塩化炭素消火器1／4ガロン型	東邦化学興業株式会社	東京都港区芝田村町二丁目一五番地
二	キング印五〇一号	手動式四塩化炭素消火器1／4ガロン型	日進工業株式会社	東京都千代田区神田松永町一八番地
三	プレスト消火器	蓄圧式モノクロールモノブロームメタン消火器1／12ガロン型	日本プレスト消火器株式会社	東京都中央区日本橋兜町一丁目七番地
四	右に同じ	蓄圧式モノクロールモノブロームメタン消火器1／8ガロン型	右に同じ	右に同じ
五	サイクロップス	手動式四塩化炭素消火器3／8ガロン型	深田工業株式会社	名古屋市北区上飯田町畑得三二番地
六	右に同じ	手動式四塩化炭素消火器1／4ガロン型	右に同じ	右に同じ

◉運輸省告示第六十九号

ホテル審議会の答申に基き、国際観光ホテル整備法（昭和二十四年法律第二百七十九号）第四條及び第二十八條の規定により、昭和二十六年四月四日次のホテル及び旅館を登録した。

昭和二十六年四月七日　運輸大臣　山崎　猛

登録番号	ホテル又は旅館の名称	所在地
登録ホ第四十号	熱海ホテル	熱海市
登録旅第十二号	開花亭	福井県坂井郡芦原町
登録旅第十三号	二見館	三重県度会郡二見町

◉運輸省告示第七十号

運輸審議会において公聴会開催につき四月三日告示をしたが、次のように変更することに決定したので、運輸審議会一般規則（昭和二十四年運輸省令第七十五号）第十二條の規定によって、これを告示する。

昭和二十六年四月九日　運輸大臣　山崎　猛

運輸審議会主催公聴会開催決定について

運輸省設置法第十六條及び運輸審議会一般規則により左のとおり公聴会を開催する。

一、事　案　⑴大昭汽船株式会社申請音戸、宇品間定期航路事業免許について

⑵上村行雄申請飛渡瀬、宇品間定期航路事業免許について

⑶上村行雄申請切串、本川間定期航路事業免許について

⑷中空友石申請中村、廿日市間定期航路の飛渡瀬延長について

⑸丸尾達郎申請大西、宇品間定期航路事業（航路変更）免許について

一、日　時　⑴、⑵、⑶の事案については、昭和二十六年四月二十六日(木)十時から

⑷、⑸の事案については、昭和二十六年四月二十七日(金)十時から

一、場　所　広島市、中国海運局

一、司会者　運輸審議会委員　平井好一

一、証言手続

1　⑴、⑵、⑶の申請者は四月二十四日、⑷、⑸の申請者は四月二十五日までに中国海運局へ申請者のために証言を行う者の名簿を提出されたい。

2　賛成又は反対の証言を行おうとする者は、公聴会の開会前にその氏名と、この事案に関する利害関係を説明する事項とを書面で申し出られたい。

◉運輸省告示第七十一号

運輸審議会において次のように決定があつたから、運輸審議会一般規則（昭和二十四年運輸省令第七十五号）第十條の規定によつて、これを告示する。

昭和二十六年四月十一日

運輸大臣　山崎　猛

通運事業経営免許について

標記の件につき運輸審議会に諮問中のところ、次のとおり答申があつた。

第四号

昭和二十六年二月八日

運輸審議会会長　木村　隆規

運輸大臣　山崎　猛殿

答　申　書

通運事業経営免許について・

昭和二十五年九月十八日付自通第二一七号による諮問中、足利駅については審議の結果、野州運送株式会社発起人総代高田重作に免許することを適当と認める。

◉運輸省告示第七十二号

船用品型式承認規則（昭和二十三年総理庁令運輸省令第四号）第一條の規定により、次のように船用品の型式承認をした。

昭和二十六年四月十二日

運輸大臣　山崎　猛

船用品型式承認証書番号　第二九五号
船用品の品名及び型式　船尾燈（電気用又は油用）日船式第六号用無色円筒形ガラス特硝第一号
証書有効期間　昭和二十六年三月二十六日から昭和三十一年三月二十五日まで
申請者名　大阪特殊硝子株式会社
営業所の位置及び名称　大阪市北区南同心町一丁目五番地　大阪特殊硝子株式会社
製造所の位置及び名称　大阪市北区南同心町一丁目五番地　大阪特殊硝子株式会社

船用品型式承認証書番号　第二九六号
船用品の品名及び型式　乙種白燈（電気用）日船式第一号用無色円筒形ガラス特硝第一号
証書有効期間　昭和二十六年三月二十六日から昭和三十一年三月二十五日まで
申請者名　大阪特殊硝子株式会社
営業所の位置及び名称　大阪市北区南同心町一丁目五番地　大阪特殊硝子株式会社
製造所の位置及び名称　大阪市北区南同心町一丁目五番地　大阪特殊硝子株式会社

船用品型式承認証書番号　第二九七号
船用品の品名及び型式　乙種しよう燈（電気用又は油用第二種）日船式第一号用無色円筒形ガラス特硝第一号
証書有効期間　昭和二十六年三月二十六日から昭和三十一年三月二十五日まで
申請者名　大阪特殊硝子株式会社
営業所の位置及び名称　大阪市北区南同心町一丁目五番地　大阪特殊硝子株式会社
製造所の位置及び名称　大阪市北区南同心町一丁目五番地　大阪特殊硝子株式会社

船用品型式承認証書番号　第二九八号
船用品の品名及び型式　甲種そう口覆布用綿布地　敷島紡績月星印二号
証書有効期間　昭和二十六年三月二十七日から昭和三十一年三月二十六日まで
申請者名　敷島紡績株式会社
営業所の位置及び名称　大阪市東区備後町四丁目三四番地　敷島紡績株式会社
製造所の位置及び名称　滋賀県栗太郡草津町大字大路井　敷島紡績株式会社草津工場　滋賀県蒲生郡八幡町大字宮内　敷島紡績株式会社八幡工場

船用品型式承認証書番号　第二九九号
船用品の品名及び型式　信号燈（油用）日船式第一号用無色透鏡特硝第一号
証書有効期間　昭和二十六年三月二十六日から昭和三十一年三月二十五日まで
申請者名　大阪特殊硝子株式会社
営業所の位置及び名称　大阪市北区南同心町一丁目五番地　大阪特殊硝子株式会社
製造所の位置及び名称　大阪市北区南同心町一丁目五番地　大阪特殊硝子株式会社

船用品型式承認証書番号　第三〇〇号
船用品の品名及び型式　乙種白燈（油用第二種）日船式第一号用無色なつめ形ガラス特硝第一号
証書有効期間　昭和二十六年三月二十六日から昭和三十一年三月二十五日まで
申請者名　大阪特殊硝子株式会社
営業所の位置及び名称　大阪市北区南同心町一丁目五番地　大阪特殊硝子株式会社
製造所の位置及び名称　大阪市北区南同心町一丁目五番地　大阪特殊硝子株式会社

船用品型式承認証書番号　第三〇一号
船用品の品名及び型式　船尾燈（電気用）AB型日船式第三号及び船尾燈（電気用）日船式第四号用無色透鏡特硝第一号
証書有効期間　昭和二十六年三月二十六日から昭和三十一年三月二十五日まで

申請者名　大阪特殊硝子株式会社
営業所の位置及び名称　大阪市北区南同心町一丁目五番地　大阪特殊硝子株式会社
製造所の位置及び名称　大阪市北区南同心町一丁目五番地　大阪特殊硝子株式会社
船用品型式承認証書番号　第三〇二号
船用品の品名及び型式　甲種げん燈(緑)(電気用第一種)日船式第一号
証書有効期間　昭和二十六年三月二十六日から昭和三十一年三月二十五日まで

申請者名　日本船燈株式会社
営業所の位置及び名称　東京都江東区深川佐賀町一丁目三〇番地　日本船燈株式会社
製造所の位置及び名称　東京都江東区深川冬木町二八番地　日本船燈株式会社
船用品型式承認証書番号　第三〇三号
船用品の品名及び型式　甲種げん燈(紅)(電気用第一種)日船式第一号
証書有効期間　昭和二十六年三月二十六日から昭和三十一年三月二十五日まで

申請者名　日本船燈株式会社
営業所の位置及び名称　東京都江東区深川佐賀町一丁目三〇番地　日本船燈株式会社
製造所の位置及び名称　東京都江東区深川冬木町二八番地　日本船燈株式会社
船用品型式承認証書番号　第三〇四号
船用品の品名及び型式　甲種しよう燈(電気用第一種)日船式第一号
証書有効期間　昭和二十六年三月二十六日から昭和三十一年三月二十五日まで

申請者名　日本船燈株式会社
営業所の位置及び名称　東京都江東区深川佐賀町一丁目三〇番地　日本船燈株式会社
製造所の位置及び名称　東京都江東区深川冬木町二八番地　日本船燈株式会社
船用品型式承認証書番号　第三〇五号
船用品の品名及び型式　甲種げん燈(緑)(油用第一種)日船式第一号
証書有効期間　昭和二十六年三月二十六日から昭和三十一年三月二十五日まで

申請者名　日本船燈株式会社
営業所の位置及び名称　東京都江東区深川佐賀町一丁目三〇番地　日本船燈株式会社
製造所の位置及び名称　東京都江東区深川冬木町二八番地　日本船燈株式会社
船用品型式承認証書番号　第三〇六号
船用品の品名及び型式　甲種げん燈(紅)(油用第一種)日船式第一号
証書有効期間　昭和二十六年三月二十六日から昭和三十一年三月二十五日まで

申請者名　日本船燈株式会社
営業所の位置及び名称　東京都江東区深川佐賀町一丁目三〇番地　日本船燈株式会社
製造所の位置及び名称　東京都江東区深川冬木町二八番地　日本船燈株式会社
船用品型式承認証書番号　第三〇七号
船用品の品名及び型式　甲種しよう燈(油用第一種)日船式第一号
証書有効期間　昭和二十六年三月二十六日から昭和三十一年三月二十五日まで

申請者名　日本船燈株式会社
営業所の位置及び名称　東京都江東区深川佐賀町一丁目三〇番地　日本船燈株式会社
製造所の位置及び名称　東京都江東区深川冬木町二八番地　日本船燈株式会社

◉運輸省告示第七十三号

運輸審議会において次のように決定があつたから、運輸審議会一般規則(昭和二十四年運輸省令第七十五号)第十條の規定によつて、これを告示する。

昭和二十六年四月十三日
運輸大臣　山崎　猛

神戸港港湾区域の認可について

標記の件につき運輸審議会に諮問中のところ、次のとおり答申があつた。

第三十二号
昭和二十六年三月十八日
運輸審議会会長　木村　隆規
運輸大臣　山崎　猛殿

答申書

神戸港港湾区域の認可について

昭和二十六年三月八日附港管第四三六号による神戸港港湾区域の認可に関する諮問に対し、審議の結果次のように答申する。

主文

左記予定港湾区域の申請はこれを認可すべきものと認める。

妙法寺川口左岸突端から九十三度に引いた線、傍示川口（神戸市と芦屋市の境界海岸）右岸突端から二百十一度五十分に引いた線及び陸岸に囲まれた海面

理由

申請者神戸市は港湾法第三十三條第一項及び第二項並びに第四條第三項により関係地方公共団体から神戸港の港湾管理者として指定されたものであつて、申請された上記予定港湾区域は、

一、明治三十九年以降神戸市が港湾施設設置費用の一部を負担してきた区域であり、経済的に一体の港湾

として管理運営するために必要な最少限度の区域であるとともに、これを地先水面とする地方公共団体は神戸市だけであつて、他の地方公共団体の利益を害しないから、法第四條第六項前段の規準にかなつている。

二、港湾法による港の区域は妙法寺川口左岸突端から九十三度に引いた線、芦屋川口左岸突端より二百二十二度三十分に引いた線及び陸岸に囲まれた海面であるので、これをこえておらないから、法第四條第六項後段の規定に合致している。

三、河川法第二條第一項の規定による河川の区域との関係はないから、第四條第五項による地方行政庁との協議を要しない。

よつて主文のごとく認可すべきものと認める。

なお関係地方公共団体たる兵庫県と神戸市との協議により成立した神戸港管理に関する覚書によれば、

一、神戸港の港湾管理者は、差当り神戸市とする。

二、この際左記による神戸港管理主体協議会を設置して、あらかじめ神戸港の港湾施設が全面的に解放された場合の管理方式として港務局その他の管理方式に関し調査研究するものとする。

記

神戸港管理主体協議会組織

一、協議会委員数　十名

兵庫県	四名
神戸市	四名
学識経験者	二名

二、協議会委員は名誉職とする。

三、協議会委員は知事、市長がそれぞれ委嘱する。但し、学識経験者については知事、市長がそれぞれ一名を委嘱するものとする。

となつているが、港湾法の趣旨に鑑み、神戸港今後の発展と能率的な運営のためには港務局の設置が望ましく、速やかにその実現を期待するものである。

◉運輸省告示第七十四号

船員法施行規則第七十七條の規定による船員法事務に関する手数料に関する件（昭和二十二年九月物価庁運輸省告示第二十六号）の一部を次のように改正し、昭和二十六年五月一日から施行する。

昭和二十六年四月十六日

運輸大臣　山崎　猛

第一号第一項を次のように改める。

一、手数料の額は、次の通りとする。

船員手帳の交付又は再交付	一冊につき	六〇・〇〇円
船員手帳の訂正（但し、行政区かくの変更又は記載事項の誤記が官庁の過失に因る場合を除く。）	一件につき	五・〇〇
雇入契約の公認又は確認	一名につき	一〇・〇〇
船員法施行規則第十四條の規定による航行に関する報告書の証明	一通につき	四〇・〇〇
船員法施行規則第二十九條の規定による乗船履歴の証明	一件につき	一〇・〇〇

◉運輸省告示第七十五号

運輸審議会において次のように決定があつたから、運輸審議会一般規則（昭和二十四年運輸省令第七十五号）第十條の規定によつて、これを告示する。

昭和二十六年四月十六日

運輸大臣　山崎　猛

通運事業経営免許について

標記の件につき運輸審議会に諮問中のところ、次のとおり答申があつた。

第三十三号

昭和二十六年三月二十二日

運輸審議会会長　木村　隆規

運輸大臣　山崎　猛殿

答申書

通運事業経営免許について

諮問にかかる通運事業経営免許については、審議の結果次のように免許することが適当であると認める。

松永駅　松永運送株式会社
釜石駅　釜石港湾運送株式会社
三田駅　大同通運株式会社
相野駅　大同通運株式会社
黒井駅　大同通運株式会社
市島駅　大同通運株式会社

なお次の申請は却下することが適当であると認める。

松永駅　福山通運株式会社
紋別駅　紋別運輸倉庫株式会社

◉運輸省告示第七十六号

運輸審議会において次のように決定があつたから、運輸審議会一般規則（昭和二十四年運輸省令第七十五号）第十條の規定によつて、これを告示する。

昭和二十六年四月十八日

運輸大臣　山崎　猛

札幌市申請の桑園駅前、桑園駅通間軌道旅客運輸営業休止外八件について

標記の件につき運輸審議会に諮問中のところ、次のとおり答申があつた。

第二十三号

昭和二十六年三月十九日

運輸審議会会長　木村　隆規

運輸大臣　山崎　猛殿

答申書

札幌市申請の桑園駅前、桑園駅通間軌道旅客運輸営業休止について

昭和二十六年三月八日鉄監第二七二号をもつて諮問にかかる札幌市申請の桑園駅前、桑園駅通間軌道旅客運輸営業休止については、審議の結果次のように答申する。

主文

札幌市申請の桑園駅前、桑園駅通間軌道旅客運輸営業休止については許可することが適当であると認める。

理由

申請区間は六七四メートルの短距離であつて冬期間は雪害のため、しばしば運転不能となり、またほとんど利用されていない状況であるので冬期間に限り定期的に営業を休止し、他の長距離にして多客区間の輸送力維持につとめようとするもので事情やむを得ないものと認められる。

第二十四号

昭和二十六年三月十九日

運輸審議会会長　木村　隆規

運輸大臣　山崎　猛殿

答申書

羽後鉄道株式会社申請の二井山、老方間鉄道貨物運輸営業休止について

昭和二十六年三月八日鉄監第二七二号をもつて諮問にかかる羽後鉄道株式会社申請の二井山、老方間鉄道貨物運輸営業休止については、審議の結果次のように答申する。

主文

羽後鉄道株式会社申請の二井山、老方間鉄道貨物運輸営業休止については、許可することが適当であると認める。

理由

申請区間は千分の二十五の急勾配の難路線である上、冬期には降雪量多く、毎年十二月から翌年五月までは営業休止せざるをえない状態である。ことに昭和二十四年度においては、雪害、融雪水等による線路災害箇所が多かつたので、その復旧及び保守のためには多額の資金を必要とするが、本区間の営業成績はきわめて不良であつて、会社全体の経理を悪化させている現状である。しかもその貨物輸送利用状況は一日平均二十トン余に過ぎない。よつて一時営業を休止して時期をみて営業を再開始せんとするもので、休止中は、トラック、荷馬車によつて代行輸送は確保されているので許可して差支えないものと認められる。

第二十五号

昭和二十六年三月十九日

運輸審議会会長　木村　隆規

運輸大臣　山崎　猛殿

答申書

早来鉄道株式会社申請の早来、厚真間鉄道貨物運輸営業廃止について

昭和二十六年三月八日鉄監第二七二号をもつて諮問にかかる早来鉄道株式会社申請の早来、厚真間鉄道貨物運輸営業廃止については、審議の結果次のように答申する。

主文

早来鉄道株式会社申請の早来、厚真間鉄道貨物運輸営業廃止については許可することが適当であると認める。

理由

本鉄道は大正十一年創業以来、拓殖補助金をうけて営業してきたものであるが、昭和二十一年で二十五年を経過し、補助をうち切られるに至つた。今後鉄道営業を継続するには多額の補修費を必要とし、経理上到底不可能であるから、この際さきに申請会社において昭和二十四年十月三十一日免許を受け、すでに経営せる興業費の少い一般小口積合貨物自動車運送事業に切りかえようとするもので、事情やむを得ないものと認められる。

第二十六号

昭和二十六年三月十九日

運輸審議会会長　木村　隆規

運輸大臣　山崎　猛殿

答申書

西日本鉄道株式会社申請の大牟田市内線旭町、栄町駅前間軌道旅客運輸営業休止について

昭和二十六年三月八日鉄監第二七二号をもつて諮問にかかる西日本鉄道株式会社申請の大牟田市内線旭町、栄町駅前間軌道旅客運輸営業休止については、審議の結果次のように答申する。

主文

西日本鉄道株式会社申請の大牟田市内線旭町、栄町駅前間軌道旅客運輸営業休止については許可することが適当であると認める。

理由

本件は大牟田市復興都市計画による道路事業及び換地予定地指定による家屋移転の都合上本申請区間の道路を民地に変更するため軌道移設方大牟田市長から要望があつたので工事期間中営業を休止せんとするもので事情やむを得ないものと認められる。

第二十七号

昭和二十六年三月十九日

運輸審議会会長　木村　隆規

運輸大臣　山崎　猛殿

答申書

西日本鉄道株式会社申請の大牟田市内線栄町駅前、大牟田駅前間軌道旅客運輸営業休止について

昭和二十六年三月八日鉄監第二七二号をもつて諮問にかかる西日本鉄道株式会社申請の大牟田市内線栄町駅前、大牟田駅前間軌道旅客運輸営業休止については、審議の結果次のように答申する。

主　文

西日本鉄道株式会社申請の大牟田市内線栄町駅前、大牟田駅前間軌道旅客運輸営業休止については許可することが適当であると認める。

理　由

福岡県大牟田土木事務所長から県道瀬高大牟田線鉱害復旧工事のため工事期間中電車運行を中止するよう要請があつたために営業を休止せんとするもので事情やむを得ないものと認められる。

第二十八号

昭和二十六年三月十九日

運輸審議会会長　木村　隆規

運輸大臣　山崎　猛殿

答申書

鹿児島市申請の柳町、春日町間軌道敷設特許について

昭和二十六年三月八日鉄監第二七二号をもつて諮問にかかる鹿児島市申請の柳町、春日町間軌道敷設特許申請については、審議の結果次のように答申する。

主　文

鹿児島市申請の柳町、春日町間軌道敷設については特許することが適当であると認める。

理　由

本申請線は鹿児島駅の北方に位し、吉野、吉田部落の門戸として従来より軌道敷設の要望があつたが、道路狭あいにして軌道敷設が困難であつたところ、戦後都市計画実施によつて道路敷地が拡張されたので軌道敷設が可能となつた。また住宅もこの方面に増加する傾向を示しているが交通は至つて不便で市勢発展を阻害しているので、多年の懸案である軌道を延長して市民の利便と市勢発展に寄与しようとするもので適当なる計画と認められる。

第二十九号

昭和二十六年三月十九日

運輸審議会会長　木村　隆規

運輸大臣　山崎　猛殿

答申書

東武鉄道株式会社申請の鶴田、新鶴田間貨物運輸営業休止について

昭和二十六年三月八日鉄監第二七二号をもつて諮問にかかる東武鉄道株式会社申請の鶴田、新鶴田間貨物運輸営業休止については、審議の結果次のように答申する。

主　文

東武鉄道株式会社申請の鶴田、新鶴田間貨物運輸営業休止については、許可することが適当であると認める。

理　由

大谷線の貨物は東武宇都宮線に出るものが大部分で、新鶴田、西川田間の連絡線があれば輸送上に支障なく、昭和二十四年下期の輸送実績においては一日平均一、二トン程度に過ぎない実情である。よつて連絡運輸に要する無駄を省き、輸送の円滑を図ろうとするもので、地元荷主も同意しているので、本区間の営業休止許可は差支えないものと認められる。

第三十号

昭和二十六年三月十九日

運輸審議会会長　木村　隆規

運輸大臣　山崎　猛殿

答申書

出石鉄道株式会社申請の江原、円山川間貨物運輸営業休止について

昭和二十六年三月八日鉄監第二七二号をもつて諮問にかかる出石鉄道株式会社申請の江原、円山川間貨物運輸営業休止については審議の結果次のように答申する。

主　文

出石鉄道株式会社申請の江原、円山川間貨物運輸営業休止については許可することが適当であると認める。

理　由

出石鉄道は戦時中企業整備により江原、出石間全線一一・二キロの中、円山川、出石間一〇・三キロは線路を撤去され、本申請区間は当時海軍省の命令により本舞鶴へ一日約二二五トンの砂利輸送を目的のため存置されて今日に至つたものであるが終戦後その使用目的は終了し一般貨物も昭和二十四年度の実績においては一日平均四トン程度に過ぎずほとんど利用されていない現状であり休止後は同社においてすでに兼営せる一般小口積合貨物自動車運送事業によつておぎなうものであるから許可差支えないものと認められる。

第三十一号

昭和二十六年三月十九日

運輸審議会会長　木村　隆規

運輸大臣　山崎　猛殿

答申書

小坂鉄道株式会社申請の茂内、長木沢間鉄道運輸営業廃止について

昭和二十六年三月八日鉄監第二七二号をもつて諮問にかかる小坂鉄道株式会社申請の茂内、長木沢間鉄道運輸営業廃止については審議の結果次のように答申する。

主　文

小坂鉄道株式会社申請の茂内、長木沢間鉄道運輸営業廃止については許可することが適当であると認める。

理　由

申請区間は輸送需要がなくなり昭和二十三年度及び昭和二十四年度においては輸送実績は皆無となり、そ

の必要性が乏しくなつたため、これを廃止して経営の合理化を図ろうとするものであり、地元においても何等異議はなく、これを廃止するも公共の福祉に影響するところはほとんどないものと認められる。

◉運輸省告示第七十七号

運輸審議会において次のように決定があつたから、運輸審議会一般規則（昭和二十四年運輸省令第七十五号）第十條の規定によつて、これを告示する。

昭和二十六年四月十九日

運輸大臣　山崎　猛

信貴生駒電鉄株式会社（鋼索線）旅客運賃改訂外九件について

標記の件につき運輸審議会に諮問中のところ、次のとおり答申があつた。

第十一号

昭和二十六年二月二十日

運輸審議会会長　木村　隆規

運輸大臣　山崎　猛殿

答申書

信貴生駒電鉄株式会社（鋼索線）旅客運賃改訂について

昭和二十六年二月五日付鉄監第一三四号をもつて諮問にかかる信貴生駒電鉄株式会社（鋼索線）旅客運賃改訂については、審議の結果次のように答申する。

主文

信貴生駒電鉄株式会社（鋼索線）の現行均一制旅客運賃二十円を三十円に改めることは妥当な措置と認められるから、本件は認可することが適当である。

理由

本鋼索線は、創業以来二十八年の星霜を経過し、諸施設が極度に老朽化し、今日まで部分的修理を重ね、辛うじて運転を継続してきたが、耐用年限も既に命数に達しており、捲揚場及びその附属施設を根本的に改築する必要に迫られているので、現行の旅客運賃（二十円均一）を三十円均一に改訂し、その増収額を所要経費に充当し、もつて収支の均衡をはかろうとするもので、本件は認可するを適当と認める。

第十二号

昭和二十六年二月二十日

運輸審議会会長　木村　隆規

運輸大臣　山崎　猛殿

答申書

西大寺鉄道株式会社旅客運賃改訂について

昭和二十六年二月五日付鉄監第一三四号をもつて諮問にかかる西大寺鉄道株式会社旅客運賃改訂については、審議の結果次のように答申する。

主文

西大寺鉄道株式会社の現行旅客運賃一粁当り二円二十銭を二円五十銭に改めることは妥当な措置と認められるから、本件は認可することが適当である。

理由

本鉄道線の最近における旅客輸送数量は、沿線疎開者の岡山市復興に伴う復帰、岡山電気軌道株式会社経営岡山市内バス路線の延長に伴う転嫁、学区制改正に伴う鉄道利用通学生の減少、農村不況による一般利用者の減少及び軽車輛利用者の激増に伴う鉄道の利用減等幾多の理由により、数量において一一・一パーセント、収入において一二・四パーセントの減少をきたし、そのため年間約三百五十万円の欠損を生じているので、現行の旅客基本賃率一粁当り二円二十銭を二円五十銭に改訂し、その増収額を欠損額の一部に充当し、もつて企業の健全化をはかろうとするもので、本件は認可することを適当と認める。

第十三号

昭和二十六年二月二十日

運輸審議会会長　木村　隆規

運輸大臣　山崎　猛殿

答申書

東武鉄道株式会社（鋼索線）旅客運賃改訂について

昭和二十六年二月五日付鉄監第一三四号をもつて諮問にかかる東武鉄道株式会社（鋼索線）旅客運賃改訂については、審議の結果次のように答申する。

主文

東武鉄道株式会社（鋼索線）の現行均一制旅客運賃十五円を三十円に改めることは、妥当な措置と認められるから、本件は認可することが適当である。

理由

本鋼索線は、創業以来十八年余の星霜を重ね、諸施設が甚しく老朽化しており、加うるに現在の輸送施設をもつてしては、輸送力の不足により、一時に殺到する観光旅客を輸送しえない実状にあるので、鋼索施設を全面的に改造して輸送力を増強する必要に迫られているので、現行旅客運賃（十五円均一）を三十円均一に改訂し、その増収額を所要経費に充当して、企業の健全化をはかろうとするもので、本件は認可するを適当と認める。

第十四号

昭和二十六年二月二十二日

運輸審議会会長　木村　隆規

運輸大臣　山崎　猛殿

答申書

和歌山鉄道株式会社旅客運賃改訂について

昭和二十六年二月十三日付鉄監第一四六号をもつて諮問の和歌山鉄道株式会社旅客運賃改訂については、審議の結果次のとおり答申する。

主文

和歌山鉄道株式会社の現行旅客運賃一粁当り二円を二円二十銭に改めることは妥当と認められるから、本件は認可することが適当である。

理由

同社は昨年五月他の鉄、軌道とともに旅客運賃の改訂を認められたが、その後の実績に徴しなお年間四百三十余万円の欠損を免れざる見込で経営難に陥つているので、現行旅客運賃一粁当り二円を二円二十銭に改訂して企業の健全化をはかろうとするもので、本件は認可することを適当と認める。

右改訂後もなお年間百四十八万余円の欠損を残すこととなる見込であるが、これはバス運賃（一粁当り二円二十五銭）との均衡上これ以上の引上は不可能であると思われる。

第十五号

昭和二十六年二月二十二日

運輸審議会会長　木村　隆規

運輸大臣　山崎　猛殿

答申書

大和鉄道株式会社旅客運賃改訂について

昭和二十六年二月十三日付鉄監第一四六号をもつて諮問の大和鉄道株式会社旅客運賃改訂については、審議の結果次のとおり答申する。

主文

大和鉄道株式会社の現行旅客運賃一粁当り二円を二円二十銭に改めることは妥当と認められるから、本件は認可することが適当である。

理由

同社は昨年五月他の鉄、軌道とともに旅客運賃の改訂を認められたが、その後の実績に徴しなお年間四百四十余万円の欠損を免れざる見込で経営難に陥つているので、現行旅客運賃一粁当り二円を二円二十銭に改訂して企業の健全化をはかろうとするもので、本件は認可することを適当と認める。

右改訂後もなお年間二百九十余万円の欠損を残すこととなる見込であるが、これはバス運賃（一粁当り二円二十五銭）との均衡上これ以上の引上は不可能であると思われる。

第十六号

昭和二十六年二月二十二日

運輸審議会会長　木村　隆規

運輸大臣　山崎　猛殿

答申書

新潟交通株式会社旅客運賃改訂について

昭和二十六年二月十三日付鉄監第一四六号をもつて諮問の新潟交通株式会社旅客運賃改訂については、審議の結果次のとおり答申する。

主文

新潟交通株式会社の現行旅客運賃一粁当り一円四十五銭を一円五十銭に改めることは妥当と認められるから、本件は認可することが適当である。

理由

同社は昨年五月他の鉄、軌道とともに旅客運賃の改訂を認められたが、その後の実績に徴し、なお年間百四十余万円の欠損を免れざる見込で、経営難に陥つているので、現行旅客運賃一粁当り一円四十五銭を一円五十銭に改訂して企業の健全化をはかろうとするもので、本件は認可するを適当と認める。

第十七号

昭和二十六年二月二十二日

運輸審議会会長　木村　隆規

運輸大臣　山崎　猛殿

答申書

有田鉄道株式会社旅客運賃改訂について

昭和二十六年二月十三日付鉄監第一四六号をもつて諮問の有田鉄道株式会社旅客運賃改訂については、審議の結果次のとおり答申する。

主文

有田鉄道株式会社の現行旅客運賃一粁当り三円を三円八十銭に改めることは妥当と認められるから、本件は認可することが適当である。

理由

同社は昨年五月他の鉄、軌道とともに旅客運賃の改訂を認められたが、その後の実績に徴しなお年間二百四十余万円の欠損を生ずる見込で経営難に陥つているので、現行旅客運賃一粁当り三円を三円八十銭に改訂して企業の建全化をはかろうとするもので、本件は認可することを適当と認める。

第十八号

昭和二十六年二月二十二日

運輸審議会会長　木村　隆規

運輸大臣　山崎　猛殿

答申書

松本電気鉄道株式会社（軌道線）旅客運賃改訂について

昭和二十六年二月十三日付鉄監第一四六号をもつて諮問の松本電気鉄道株式会社（軌道線）旅客運賃改訂については、審議の結果次のとおり答申する。

主文

松本電気鉄道株式会社（軌道線）の現行区間制旅客運賃一区五円は据置、二区九円を十円に改めることは、妥当と認められるから、本件は認可することが適当である。

理由

同線は昨年五月他の鉄、軌道とともに旅客運賃の改訂を認められたが、その後の実績に徴しなお年間二十七万余円の欠損を生ずる見込で、そのうえ本軌道の沿線桜橋、横田間所在の松本市立高等学校の全焼に伴う通学生の激減、松本市内所在の日本ステンレス株式会社松本工場の閉鎖、石川島芝浦タービン株式会社松本工場及び宮田製作所松本工場の事業縮小に伴う通勤者の減少により、最近定期旅客は数量において二九・四パーセント、同収入において一九・一パーセントの減少をきたし、これによる減収額（五十七万余円）と併せて八十四万円の欠損となり経営難に陥つているので、現行一区運賃五円は据置とし、二区運賃九円を十円に改訂して企業の健全化をはかろうとするもので、本件は認可することが適当と認める。

第十九号

昭和二十六年二月二十二日

運輸審議会会長　木村　隆規

運輸大臣　山崎　猛殿

答　申　書

近畿日本鉄道株式会社（鋼索線）旅客運賃改訂について

昭和二十六年二月十三日付鉄監第一四六号をもつて諮問の近畿日本鉄道株式会社（鋼索線）旅客運賃改訂については、審議の結果次のとおり答申する。

主　文

近畿日本鉄道株式会社（鋼索線）の現行区間制旅客運賃一区十二円を二十円に、二区二十四円を四十円に改めることは妥当と認められるから、本件は認可することが適当である。

理　由

同線は昨年五月他の鉄、軌道とともに旅客運賃の改訂を認められたが、その後の実績に徴しなお年間二十三万余円の欠損を生ずる見込で、そのうえ同線の鳥居前、宝山寺間（一・〇キロメートル）は、大正十五年十一月から一線を増設して二線となり、更に昭和四年三月宝山寺、生駒山上間（一・一キロメートル）を延長したが、昭和十九年二月企業整備により前記鳥居前、宝山寺間の一線を廃止させられて今日に至つているので、同区間の交通需要に応じ輸送力を増強するため、これを二線に復活するのに要する営業費が七百十余万円増加するので、現行旅客運賃一区十二円を二十円に、二区二十四円を四十円に改訂して収支の均衡をはかろうとするもので、本件は認可することを適当と認める。

第二十号

昭和二十六年二月二十二日

運輸審議会会長　木村　隆規

運輸大臣　山崎　猛殿

答　申　書

南海電気鉄道株式会社（鋼索線）旅客運賃改訂について

昭和二十六年二月十三日付鉄監第一四六号をもつて諮問の南海電気鉄道株式会社（鋼索線）旅客運賃改訂については、審議の結果次のとおり答申する。

主　文

南海電気鉄道株式会社（鋼索線）の現行均一制旅客運賃十五円を二十五円均一に改めることは妥当と認められるから、本件は認可することが適当である。

理　由

同線は昨年五月他の鉄、軌道とともに旅客運賃の改訂を認められたが、その後の実績に徴しなお年間百八十余万円の欠損を生ずる見込で、そのうえ創業以来二十年の星霜を重ね全施設が老朽化し、かつ高野山の東北面の山峡に敷設されているので、湿度、気温、日当り等の関係上諸施設の腐しよく、荒廃甚しく、既に耐用命数に達し早急に鋼索施設を根本的に改築する必要に迫られているので、この復旧所要建設費に対する減価償却費、利子及び欠損額を補塡するため、現行均一制旅客運賃十五円を二十五円に改訂して収支の均衡をはかろうとするもので、本件は認可することを適当と認める。

◉運輸省告示第七十八号

船員法第百四条の規定により行政官庁の事務を行わせる市町村長指定の件（昭和二十二年九月運輸省告示第二百二十七号）の一部を次のように改正する。

昭和二十六年四月十九日

運輸大臣　山崎　猛

関東海運局管内千葉県の項中「海上郡船木村長　船木」を削り、同局管内茨城県の項中「那珂郡平磯町長　平磯町」を「那珂郡平磯町長　平磯
東茨城郡磯浜町長　磯浜」に改める。

東海海運局管内富山県の項中「下新川郡桜井町長　桜井」を削り、「氷見郡氷見町長　氷見」を「氷見郡氷見町長　氷見
下新川郡生地町長　生地」に改める。

◉運輸省告示第七十九号

自動車用消火器検定規則（昭和二十六年総理府令運輸省令第一号）に基き、昭和二十六年四月十五日次の消火器の型式承認をした。

昭和二十六年四月二十日

運輸大臣　山崎　猛

型式承認番号	消火器名	消火器の型式	製作者の氏名又は名称	製作者の住所
七	昭和式	炭酸ガス消火器三ポンド型	昭和高圧工業株式会社	東京都中央区木挽町一丁目四番地
八	〃	炭酸ガス消火器五ポンド型	〃	〃
九	バルブレス	蓄圧式四塩化炭素消火器3/8ガロン型	ゴールデンエンゼル株式会社	東京都杉並区八成町一五番地
十	〃	蓄圧式四塩化炭素消火器1/4ガロン型	〃	〃
十一	スタンダード消火器B型	炭酸ガス蓄圧式四塩化炭素消火器1/4ガロン型	スタンダード消火器工業株式会社	大阪市西区土佐堀通り一丁目一番地
十二	川崎（岐阜）式炭酸ガス消火器	炭酸ガス消火器	株式会社川崎岐阜製作所	岐阜県稲葉郡蘇原町三柿野

◉運輸省告示第八十号

運輸審議会において次のように決定があつたから、運輸審議会一般規則（昭和二十四年運輸省令第七十五号）第十條の規定によつて、これを告示する。

昭和二十六年四月二十日

運輸大臣　山崎　猛

奥野勝郎申請の高松、岡山間定期航路事業免許について

標記の件につき運輸審議会に諮問中のところ、次のとおり答申があつた。

第二十一号

昭和二十六年三月十五日

運輸審議会会長　木村　隆規

運輸大臣　山崎　猛殿

答　申　書

奥野勝郎申請の高松、岡山間定期航路事業免許について

昭和二十五年十一月二十八日付海輸第五六〇号をもつて諮問の奥野勝郎申請高松、岡山間定期航路事業免許については三月八日玉野市において公聴会を開催した上、慎重審議の結果次のとおり答申する。

主　文

本申請は海上運送法第四條に掲げる基準に適合するものと認める。

理　由

一、申請計画によれば奥野勝郎は個人資本をもつて木造船備讃丸一九・七二屯、旅客定員五〇名、焼玉機関七五馬力、速度約九節を新造して起点高松、終点岡山、途中家浦、山田、小串に寄港一日一往復の定期運航を行わんとするものである。本申請と併行となるべき既存航路としては南備海運合資会社の岡山、高松航路、西大寺（岡山）、高松航路及び関西汽船株式会社の岡山、高松航路とがあるが、三航路とも申請航路とは逆コースであり、南備の岡山、高松航路は往航岡山発七、〇〇途中小串、土庄に寄港して高松着一一、三〇、復航高松発一四、〇〇、土庄、小串を経て岡山帰着一八、三〇である。同社の西大寺、高松航路は往航岡山発七、〇〇途中西大寺、小串に寄港して高松着一一、〇〇帰航高松発一四、三〇、小串、西大寺を経て岡山帰着一八、二〇である。関西汽船の岡山、高松航路は往航岡山発五、三〇、途中唐櫃、家浦、本村に寄港して高松着一〇、〇〇、帰航高松発一五、〇〇、本村、家浦、唐櫃を経由して岡山帰着一九、三〇である。以上三航路に対し申請は往航高松発七、〇〇、途中家浦、山田、小串に寄港して岡山着一一、〇〇、復航岡山発一五、〇〇、小串、山田、家浦を経て高松帰着一九、〇〇であり、既存航路と七時間乃至八時間の時間的間隔があり旅客輸送には殆んど影響がないものと考えられる。又、起点、終点は異なるが、寄港地が一部併行する航路として梶川信司の番田、岡山航路、奥野福市（申請者の父）の胸上、岡山航路があるが前者は寄港地小串のみが併行しており、後者は山田、小串の二港が併行しているが、胸上を起点として番田、阿津、宮浦等に寄港する沿岸航路であり、共に大きな影響はないものと考えられる。

貨物輸送の面においても豊島は年産数万貫の果実、三十五万貫の甘藷を生産し、特に甘藷は小串村の主要産業たる製飴の原料として多大の需要があるが、現在は輸送力不足のため漁船で運んでいる状態である。又、同島は日産六石程度の牛乳を産出するが、山田村の製乳工場への輸送力不足のために多量を腐敗させている。以上により貨物輸送の面においても既存航路に与える影響は少ないものと思われる。

以上のとおり本計画は海上運送法第四條第一号の基準に適合するものと認められる。

二、同條第二号の基準については、単位輸送力備讃丸は定員五〇名であり、これに対し、申請者の推定による平均輸送需要量は七〇名であるが、中国海運局の調査によれば四四名であるので、著しい均衡を失しないものと考えられる。

三、使用船備讃丸（一九・七二G/t）はこの航路のための新造船（昭和二十五年七月進水）で、本航路の各寄港地はいずれも良港である。

四、公聴会においては寄港地小串、山田、豊島の村民代表から熱心な賛成公述があつた。なお、南備海運合資会社から同社の西大寺、高松間の既存航路を一部変更して豊島に寄港したいとの申請をしている旨の公述があつた。

五、申請者の損益見込予想計算書における旅客運賃収入の見込は算定基礎が若干過大と思われるが、豊島の生産物の輸送需要が多大であり、貨物面において将来予想以上の増収も期待され、且つ又寄港各地の有力者の支援が強いので経営は維持できるであろう。

六、申請者は胸上、岡山間の航路の実際上の経営者であり、個人経営であるから責任の範囲は明確である。

本計画は前記のとおり海上運送法第四條第一号から第六号までの基準に適合し、且つ申請者は同條第七号に掲げる事由に該当しないものと認める。

◉運輸省告示第八十一号

運輸審議会において次のように決定があつたから、運輸審議会一般規則（昭和二十四年運輸省令第七十五号）第十條の規定によつて、これを告示する。

昭和二十六年四月二十日　運輸大臣　山崎　猛

自動車運送事業経営免許について

標記の件につき運輸審議会に諮問中のところ、次のとおり答申があつた。

第三号

昭和二十六年一月二十八日　運輸審議会会長　木村　隆規

運輸大臣　山崎　猛殿

答　申　書

自動車運送事業経営免許について

諮問にかかる自動車運送事業経営免許申請について審議の結果次のように措置されることが適当であると認める。

番号	事業の種類	申請者	事業の区域又は区間	摘要
624	一般乗合旅客	新川自動車株式会社	富山市新富町－八尾町	却下
625	〃	富山地方鉄道株式会社	(1)富山市鴨島－同有沢 (2)中野－熊野村	〃 免許
819	〃	加越能鉄道株式会社	(1)高岡市片原横町－同市清水町 (2)高岡市木舟町－同市横田本町	〃 〃
203	〃	岐阜乗合自動車株式会社	長良北町－長良雄総	却下
204	〃	岐阜市	(1)龍興町－神田町 (2)神田町－港町 (3)長良－長良橋 (4)長森野－忠節町 (5)神田町－東興町	免許 （神田町－神田町六丁目として免許） 却下 〃 免許
537	〃	山陽電気軌道株式会社	豊田前村－大嶺町	〃
652-658	〃	北見バス株式会社	(1)遠軽町字学田－同町字奥社名淵 (2)美幌町－女満別村 (3)生田原村－留辺蘂町 (4)留辺蘂町－置戸町 (5)北見市－美幌町 (6)美幌町－津別町 (7)美幌町－網走市	〃 〃 〃 〃 〃 〃 〃
659	〃	北紋乗合自動車株式会社	滝ノ上町北二線－同二九線	〃
702	〃	斜里バス株式会社	斜里町－上札鶴市街	〃
734	一般積合貨物	名古屋貨物自動車株式会社	(4)名古屋市－岡崎市 (5)名古屋市－武豊町	〃 〃
735	〃	石川定期運輸株式会社	津幡町－富山市	〃
736	〃	加賀運輸株式会社	大聖寺－金沢市	〃
737	〃	七尾港海陸運送株式会社	(1)七尾市－金沢市 (2)柏崎村－七尾市	却下 〃
738	〃	礪波運輸株式会社	富山市－森本村	免許
773	〃	大同陸運株式会社	(1)尾鷲町－松阪市 (2)三瀬谷村－大杉谷村	却下 〃
774	〃	可児運輸株式会社	(1)中村－名古屋市 (2)伏見町－錦津村	免許 〃
775	〃	南濃運輸株式会社	(1)今尾町－名古屋市 (2)今尾町－岐阜市 (3)今尾町－大垣市	〃 〃 〃

776	〃	御殿場貨物自動車株式会社	(1)御殿場町―沼津市 (2)御殿場町―小山町	〃 〃
777	〃	日本通運株式会社名古屋支社	中津川町―塩尻町	〃
783	〃	飛驒運輸株式会社	(1)高山市―岐阜市 (2)鵜沼町―名古屋市	〃 〃
784	〃	那加トラック運輸株式会社	(1)那加町―岐阜市 (2)那加町―下原村	〃 〃
786	〃	第一合同運輸株式会社	(1)岐阜市―名古屋市 (2)岐阜市―岐阜市	〃 〃
787	〃	岐北トラック運輸株式会社	(1)板取村―岐阜市 (2)洞戸村―岐阜市	〃 〃
788	〃	東濃陸運株式会社	瑞浪町―名古屋市	〃
794	〃	愛知陸運株式会社	松阪市―宇治山田市	〃
241	〃	日本通運株式会社大阪支社	海南市―白浜市	〃
733	〃	〃	西富田村―松阪市	〃
804	〃	桃山貨物自動車株式会社	京都市―神戸市	〃
634	〃	佐久通運株式会社	小諸町―南牧村	〃
685	〃	日本通運株式会社新潟支社	天童町―仙台市	〃
801	〃	岩手貨物自動車株式会社	(1)横川目村―横手町 (2)沢内村―盛岡市	〃 〃
769	一般貸切貨物	鹿沼小型自動車運送株式会社 発起人総代　柿沼貫一	鹿沼市及び隣接町村	〃
807	〃	朝日運輸倉庫株式会社	東京都一円	〃
745	〃	羽咋運輸株式会社 発起人総代　釜石七太郎	羽咋郡を中心とする石川県一円	〃
770	〃	株式会社魚沼運輸 発起人総代　関　鼎一	新潟県一円(佐渡郡を除く。)	〃
771	〃	中魚沼トラック株式会社 発起人総代　馬場　文作	〃	〃
714	〃	函館倉庫株式会社	函館市及び隣接町村	却下
747	〃	北海小型運送株式会社 発起人総代　牧野惣太郎	札幌市一円	〃
748	〃	札幌駅構内特置有限会社	〃	免許
802	一般積合貨物	山形第一貨物自動車株式会社	仙台市―東京都中央区	〃

第十号

昭和二十六年二月十三日　　　　運輸審議会会長　木村　隆規

運輸大臣　山崎　猛殿

答申書

自動車運送事業経営免許について

諮問にかかる自動車運送事業経営免許申請について審議の結果次のように措置されることが適当であると認める。

番号	事業の種類	申請者	事業の区域又は区間	摘要
567	一般乗合旅客	日本国有鉄道	(1)棚倉町―石川町 (2)棚倉町―竹貫村	免許 却下

568	〃	福島県南交通株式会社	(1)棚倉町—鮫川村 (2)鮫川村—竹貫村	〃 〃
825	〃	津軽鉄道株式会社	赤石村種里—同村一ッ森	免許
826	〃	青森市	(1)新城村新城—同村鶴ヶ坂 (2)青森市—奥内村	却下 〃
828	〃	中央乗合自動車株式会社 発起人総代　松橋新八郎	浪岡町—板柳町	〃
829	〃	木造町外十ヶ村西津軽郡町村バス組合 管理者　伊藤藤吉	(1)十三村十三—木造町宮崎 (2)木造町千代町—森田村月見野 (3)森田村山田—木造町千代町 (4)木造町清水—鳴沢村出来町 (5)車力村—木造町清水 (6)出精村林—稲垣村 (7)森田村森田—赤石村 (8)川除村—出精村善積 (9)木造町曙町—青森市	〃 〃 〃 〃 〃 〃 〃 〃 〃
785	一般積合貨物	伊豆運送株式会社	静岡市—名古屋市	免許
679	〃	西幡合同運輸株式会社	赤穂町—岡山市	〃
806	〃	〃	大阪市—京都市	〃
805	〃	〃	西庄村—津山市	〃
765	一般貸切貨物	株式会社大平運輸 発起人総代　加藤末吉	愛知県一円	却下
766	〃	常滑運輸株式会社 発起人総代　柴山重二	常滑町を中心とする愛知県一円	〃
768	〃	七尾小型貸切貨物自動車有限会社 発起人総代　打越義雄	七尾市を中心とする石川県一円	〃
599	〃	東京運送株式会社 発起人総代　伊藤昇吉	大阪府一円	免許
609	〃	山谷三郎	愛媛県一円	免許 但し、事業区域を松山市を中心とする隣接町村、取扱物品を三津浜港発着貨物に限る。
601	〃	井住運送株式会社	大阪府一円	免許
780	一般積合貨物	蘇東運輸株式会社	一宮市—大阪市	〃
781	〃	半田通運株式会社	(1)名古屋市—神戸市 (2)名古屋市—老上村	〃
678	〃	日進運送株式会社	(1)八木町—大阪市 (2)八木町—国分町	〃
103	一般乗合旅客	北見バス株式会社	小清水村—斜里町市街	〃
760	〃	函館市	函館市松風町—同市湯の川町	〃
761	〃	北海道中央バス株式会社	岩見沢市—栗沢町	〃

◉運輸省告示第八十二号

自動車整備士技能検定規則（昭和二十四年運輸省令第五十号）第十條の規定により、自動車シャシー整備士三級及び自動車ガソリンエンヂン整備士三級の検定試験の施行期日等を次のように定める。

昭和二十六年四月二十一日

運輸大臣　山崎　猛

一　試験期日

㈠学科試験　昭和二十六年六月二十四日

㈡実地試験　別に官報で告示する。

二　試験の場所

各陸運局長がそれぞれ公示する。

三　検定申請書の提出期日及び提出場所

昭和二十六年五月十二日から五月二十六日までに所轄都道府県陸運事務所に提出すること。

四　受験資格の実務経歴

自動車整備士技能検定規則第六條に規定する実務経歴は、昭和二十六年六月二十三日現在とする。

五　その他検定試験に関する詳細な事項については、各陸運局長がそれぞれ公示する。

◉運輸省告示第八十三号

倉庫業法（昭和十年法律第四十一号）第一條の規定により、倉庫証券の発行を次のように許可した。

昭和二十六年四月二十一日

運輸大臣　山崎　猛

名　称　不二運輸株式会社
主たる営業所の所在地　広島市西蟹屋町三一四番地
許可年月日　昭和二十六年四月十日

名　称　鈴木回漕店　鈴木　武
主たる営業所の所在地　青森市大字新安方町八三番地
許可年月日　昭和二十六年四月十日

名　称　東進倉庫株式会社
主たる営業所の所在地　岡山市下石井一八九番地
許可年月日　昭和二十六年四月十日

◉運輸省告示第八十四号

運輸審議会において公聴会を開催する必要があるので、運輸審議会一般規則（昭和二十四年運輸省令第七十五号）第十二條の規定によつて、これを告示する。

昭和二十六年四月二十四日

運輸大臣　山崎　猛

運輸審議会主催公聴会開催決定について

運輸省設置法第十六條及び運輸審議会一般規則により左のとおり公聴会を開催する。

一、事　案　上松電気鉄道株式会社発起人総代林虎夫外九名申請の長野県松本市筑摩・同県上田市常入町間地方鉄道敷設免許について

二、日　時　五月十一日（金）十時から

三、場　所　松本市大名町　長野県松筑地方事務所

四、司会者　運輸審議会長　木村隆規

五、証言手続

1.申請者は五月九日までに長野県松筑地方事務所へ申請者のために証言を行う者の名簿を提出されたい。

2.賛成又は反対の証言を行おうとする者は、公聴会の開会前までにその氏名と、この事案に関する利害関係を説明する事項とを書面で申し出られたい。

◉運輸省告示第八十五号

運輸審議会において次のように決定があつたから、運輸審議会一般規則（昭和二十四年運輸省令第七十五号）第十條の規定によつて、これを告示する。

昭和二十六年四月二十四日

運輸大臣　山崎　猛

通運事業経営免許について

標記の件につき運輸審議会に諮問中のところ、次のとおり答申があつた。

第四十一号

昭和二十六年四月十日

運輸審議会会長　木村　隆規

運輸大臣　山崎　猛殿

答申書

通運事業経営免許について

諮問にかかる通運事業経営免許については、審議の結果次のように免許することが適当であると認める。

駅名	申請者名
宮古	宮古港湾運送株式会社
彦崎	彦崎通運株式会社　発起人総代　小森豊繁
夕張	夕張通運株式会社　発起人総代　古屋邦蔵
歌志内	歌志内運送株式会社　発起人総代　明円他吉

◉運輸省告示第八十六号

運輸審議会において次のように決定があつたから、運輸審議会一般規則（昭和二十四年運輸省令第七十五号）第十條の規定によつて、これを告示する。

昭和二十六年四月二十五日　　運輸大臣　山崎　猛

国鉄自動車予土南線自動車運送事業開始について

標記の件につき運輸審議会に諮問中のところ、次のとおり答申があつた。

第四十二号

昭和二十六年四月十二日　　運輸審議会会長　木村　隆規

運輸大臣　山崎　猛殿

答　申　書

国鉄自動車予土南線自動車運送事業開始について

日本国有鉄道法第五十三條及び運輸省設置法第六條にもとずき三月三十一日付鉄業第九二号によつて諮問にかかる標記の件は審議の結果次のように答申する。

主　文

佐川、高知間の自動車運送事業を開始することはさしつかえないと認める。

理　由

日本国有鉄道に対して、近来高知、松山間の直通旅客の漸増に伴い、直通運行の要望が強くなつて来た。

国鉄は高知、佐川間は鉄道、佐川、松山間には自動車線が運行しているのである。

直通運行をするためには、高知、佐川間の自動車事業を開始することであるが、ここには高知県交通株式会社及び土佐電気鉄道株式会社の自動車運送事業の免許路線がある。

国鉄は右両社と協定し、高知、佐川間の自動車運送事業をなすことと、松山、高知間直通二往復をなすことなどにつき円満に約束ができ、一般の要望にこたえんとするものであつて、適切な措置と思われるから、主文のように答申する。

◉運輸省告示第八十七号

運輸審議会において次のように決定があつたから、運輸審議会一般規則（昭和二十四年運輸省令第七十五号）第十條の規定によつて、これを告示する。

昭和二十六年四月二十五日　　運輸大臣　山崎　猛

自動車運送事業経営免許について

標記の件につき運輸審議会に諮問中のところ、次のとおり答申があつた。

第二十二号

昭和二十六年三月十六日　　運輸審議会会長　木村　隆規

運輸大臣　山崎　猛殿

答　申　書

自動車運送事業経営免許について

諮問にかかる自動車運送事業経営免許申請について審議の結果次のように措置されることが適当であると認める。

番号	事業の種類	申請者	事業の区域又は区間	摘要
572	一般乗合旅客	日本国有鉄道	(1)坂川村—檮林村 (2)檮林村—惣川村	〃却下
543	〃	宇和島自動車株式会社	惣川村—檮林村	免許

番号	種類	申請者	区間	処分
855	〃	日本国有鉄道	(1)吉野生村―泉村 (2)松丸町松丸―同町目黒 (3)近永町―宇和島市	却下〃 免許
647	〃	徳島バス株式会社	小松島町小松島―同町田野	〃
708	〃	土佐電気鉄道株式会社	岡豊村―久礼田村	〃
662	一般積合貨物	高知県陸運株式会社	(1)高知市―松山市	〃
663	〃	中予運送株式会社	松山市―高知市	〃
664	〃	宇和島自動車株式会社	松山市―高知市	却下
683	〃	三豊運送株式会社	(1)三島町―新居浜市 (2)金生町―佐馬地村 (3)山城谷村―大杉村	免許 却下 〃
670	一般貸切貨物	大阪旭運送株式会社 発起人総代 大西 勝	大阪府一円	免許
815	〃	氷上運輸自動車株式会社 発起人総代 堀田 義雄	兵庫県一円(淡路島を除く。)	却下
816	〃(小型)	浪速運送株式会社 発起人総代 長谷川佐吉	大阪府一円	免許
718	〃	高野索道株式会社	和歌山県伊都郡一円	免許 索道発着貨物に限る。
752	〃	伊予貨物自動車株式会社 発起人総代 佐々木 饒	愛媛県及び高知県幡多郡一円	愛媛県及び高知県幡多郡北部に限る。
866	〃	宇摩陸運株式会社 発起人総代 森実 元治	愛媛県、香川県三豊郡及び徳島県三好郡一円	徳島県三好郡を除き適
867	〃	新居浜陸運株式会社 発起人総代 森実 義夫	愛媛県一円	免許
868	〃	周桑陸運株式会社 発起人総代 伊藤 道春	〃	〃
869	〃	今治陸運株式会社 発起人総代 馬越 晃	〃	〃
846	〃(霊柩)	岡崎 鶴吉	高知市一円	〃
814	〃	滝ノ上トラック株式会社 発起人総代 加藤 長一	紋別郡を中心とする網走支庁一円	却下
639	一般積合貨物	高知県陸運株式会社	(4)大崎村―池川町 (5)伊野町―本川村	免許 〃
575	〃	秩父通運株式会社	(1)小鹿野町―東京都千代田区 (2)荒川村―秩父市 (3)行田市―新郷村	秩父―東京都千代田として免許 〃
792	〃	松浦通運株式会社	(1)唐津市―福岡市 (2)久里村―伊万里町	〃 〃
696	一般乗合旅客	神奈川中央乗合自動車株式会社	相模原町―大和町	〃
722	〃	横浜市	(1)横浜市日野町―同市平戸町 (2)横浜市日野町―同市六浦町	〃 却下
723	〃	〃	横浜市二俣川町―同市二ッ橋町	〃
724	〃	神奈川中央乗合自動車株式会社	(1)横浜市上柏尾町―同市名瀬町 (2)横浜市二ッ橋町―同市今宿町 (3)横浜市野庭町―同市日野町	免許 却下 免許
822	〃	笠間町	宍戸町―岩間町	〃
823	〃	愛宕交通株式会社	岩間町―笠間町	却下
830	〃	西武自動車株式会社	(1)中野区上高田―同区江古田 (2)中野区江古田―同	免許 〃
859	一般貸切旅客	株式会社公益社	大阪府一円	〃
835	一般積合貨物	大和運輸株式会社	栃木市―鹿沼市	〃

838	〃	東京都青果運送株式会社	(1)東京都千代田区—土浦市 (2)東京都千代田区—本庄町	〃 輸送貨物を食料品に限る
840	〃	神田運送株式会社	佐野市—宇都宮市	免許
841	〃	王子運送株式会社	下館町—水戸市	〃
642	一般貸切貨物	大阪島之内貨物自動車運送株式会社 発起人総代　田井　寅一	大阪府一円	却下
671	〃	九條運送株式会社	〃	免許
808	〃	真岡運送株式会社 発起人総代　坂本　憲一	栃木県一円	〃
924	〃	中越トラック株式会社 発起人総代　高桑彌太郎	新潟県一円（佐渡郡を除く。）	〃
925	〃	中越運送株式会社 発起人総代　中山四郎次	〃	〃
926	〃	刈羽トラック株式会社	〃	〃
138	一般乗合旅客	福井乗合自動車株式会社	藤島村—鶉村	〃
139	〃	京福電気鉄道株式会社	(1)福井市—春江町 (2)大石村—鶉村	却下 〃
795	〃	日東交通株式会社	(1)昭和町—木更津市 (2)根形村—平岡村	免許 〃
796	〃	君津自動車株式会社 発起人総代　川俣　義郎	(1)木更津市木更津—同市高柳 (2)同右—同右 (3)木更津市木更津—同市畑沢 (4)同右—同右 (5)三島村—久留里町	却下 〃 〃 〃 〃
797	〃	小湊鉄道株式会社	木更津市江川—同市高柳	免許
772	一般積合貨物	豊橋運輸株式会社	静岡市—東京都港区	〃
942	〃	盛岡統合貨物自動車株式会社	葛巻町—岩泉町	〃
942	〃	日本通運株式会社仙台支社	(1)松島町—青森市 (2)郡山市—白河市 (3)岩沼町—平市	〃 〃 〃
408	〃	白河貨物自動車運送株式会社（関根運送と称号変更）	(1)白河市—東京都中央区 (2)白河市—氏家町 (3)芦野町—西那須野町 (4)豊里村—石岡町	〃 白河市—大田原町として免許 免許 豊里村—鉾田町として免許
600	一般貸切貨物	美崎相互運送株式会社 発起人総代　井出　政雄	大阪府一円	却下
877	〃（小型）	仙台小型運送株式会社 発起人総代　庄司　一郎	仙台市を中心とする宮城県一円	免許
834	一般乗合旅客	弘南バス株式会社	竹館村切明—同村温川	〃
732	〃	十和田観光バス株式会社 発起人総代　大山　岩美	中郷村—竹館村	却下
981	一般積合貨物	日本運送株式会社	大阪市—浜松市	免許
990	〃	〃	加古川町—舞鶴市	〃
861	一般貸切貨物	隅田川運送株式会社 発起人総代　竹内　孝一	東京都一円	〃
862	〃	三河島運送株式会社 発起人総代　寺野福三郎	〃	〃
863	〃	滝野川運送株式会社 発起人総代　深井　登代	〃	〃

864	〃	南千住運送株式会社 発起人総代 中田 幸二	〃	〃
865	〃	日暮里運送株式会社 発起人総代 長谷川多三郎	〃	〃
870	〃	神戸海産運輸株式会社 発起人総代 木原 仙松	兵庫県一円	免許 神戸市中央市場に発着する水産物に限る。
953	〃（霊柩）	泉佐野市	泉佐野市一円	免許
571	一般乗合旅客	宇和島自動車株式会社	宇和島市—松丸町	〃

第三十四号

昭和二十六年三月二十七日

運輸審議会会長 木村 隆規

運輸大臣 山崎 猛殿

答 申 書

自動車運送事業経営免許について

諮問にかかる自動車運送事業経営免許申請について審議の結果次のように措置されることが適当であると認める。

番号	事業の種類	申請者	事業の区域又は区間	摘要
162	一般乗合旅客	岐阜乗合自動車株式会社	鷺山水門—鷺山中洙	免許
798	〃	新川自動車株式会社	滑川町—東加積村	北加積村—東加積村として免許
874	〃	浜松市	(1)成子町—西伊場町 (2)西伊場町—鴨江町	免許
962	〃	広島電鉄株式会社	(1)大竹町—岩国市 (2)岩国市新町—同市錦見	〃 〃
693	〃	周防自動車株式会社	(3)岩国市—広島市	〃
882	一般貸切旅客（大型）	名古屋観光自動車株式会社 発起人総代 家城礼四郎	愛知、三重、岐阜県一円	〃
755	一般積合貨物	能登運送株式会社	穴水町—三崎村	〃
884	〃	益田通運株式会社	(1)萩原町—岐阜市 (2)萩原町—高山市	〃 〃
885	〃	中津貨物自動車株式会社	中津町—名古屋市	〃
886	〃	高岡地方貨物自動車運送株式会社	(1)金沢市—福井市 (2)津幡町—七尾市	却下 〃
887	〃	挙母陸運株式会社	(1)挙母町—名古屋市 (2)挙母町—岡崎市	免許 〃
888	〃	濃飛トラック運輸株式会社	(1)荘川村—岐阜市 (2)高山市—白川村	〃 〃
889	〃	郡上トラック運輸株式会社	(1)八幡町—岐阜市 (2)中有知村—名古屋市	〃 〃
890	〃	加茂運輸株式会社	久田見村—名古屋市	〃
891	〃	中濃トラック運輸株式会社	(1)関市—上之保村 (2)美濃町—岐阜市 (3)関市—名古屋市	〃 〃 〃
892	〃	太田運輸株式会社	(1)古井町—名古屋市 (2)鵜沼町—岐阜市 (3)古井町—岐阜市	〃 〃 〃
894	〃	恵那貨物自動車運送株式会社	大井町—名古屋市	〃
895	〃	名貨運送株式会社	名古屋市—多治見市	〃

番号	事業の種類	申請者	事業の区域又は区間	摘要
896	〃	伊賀運送株式会社	四日市市―名古屋市	〃
897	〃	三重陸運株式会社	四日市市―名古屋市	〃
898	〃	三重県貨物自動車運送株式会社	津市―名古屋市	〃
899	〃	松阪陸運株式会社	松阪市―名古屋市	〃
900	〃	南勢運送株式会社	宇治山田市―名古屋市	〃
901	〃	志太貨物自動車株式会社	(1)焼津町―三島市 (2)焼津町―浜松市	〃 〃
904	〃	島田貨物自動車株式会社	(1)島田市―清水市 (2)島田市―浜松市	〃 〃
905	〃	遠州貨物自動車株式会社	浜松市―名古屋市	〃
906	〃	北設自動車運送株式会社	稲武町―飯田市	〃
636	〃	岡山県貨物運送株式会社	千田村―府中町	〃
681	〃	福山通運株式会社	(1)井原町―岡山市 (2)笠岡町―井原町	却下 〃
936	〃	九州産業交通株式会社	熊本市―久留米市	免許
937	〃	日本通運株式会社九州支社	宮崎市―鹿屋市	〃
938	〃	伊万里運送株式会社	伊万里町―久留米市	〃
939	〃	唐津陸運株式会社	(1)唐津市―佐世保市 (2)曲川村―東有田町 (3)鬼塚村―久留米市	〃 〃 〃
957	〃	日本通運株式会社九州支社	(1)大分市―延岡市 (2)津久見町―野津町 (3)佐伯市上岡―同市三四八三	〃 〃 〃
958	〃	京築貨物輸送株式会社	(1)中津市―八幡市 (2)小倉市―門司市	〃 〃
762	一般貸切貨物	静岡協同自動車株式会社 発起人総代　鈴木　忠吉	静岡県一円	〃
955	〃	株式会社吉井貨物自動車 発起人総代　佐藤徳次郎	福岡県一円	却下
961	一般乗合旅客	広島郊外バス株式会社	可部町―大林村	免許
767	一般貸切貨物	共栄運輸合資会社 発起人総代　渡辺次郎吉	愛知県一円	却下
817	〃	南海貨物自動車運輸株式会社 発起人総代　福森　信一	大阪府一円	〃

第四十三号

昭和二十六年三月一日

運輸審議会会長　木村　隆規

運輸大臣　山崎　猛殿

答申書

自動車運送事業経営免許について

諮問にかかる自動車運送事業経営免許申請については審議の結果次のように措置されることが適当であると認める。

番号	事業の種類	申請者	事業の区域又は区間	摘要
676	一般貸切貨物	天龍貨物自動車株式会社 発起人総代　松島　薫	伊那地区一円	免許
677	〃	信濃貨物自動車株式会社 発起人総代　滝沢　佳太	長野県一円	区域を上高井郡外八郡及び長野、上田二市として免許

◉運輸省告示第八十八号

運輸審議会において次のように決定があつたから、運輸審議会一般規則（昭和二十四年運輸省令第七十五号）第十條の規定によつて、これを告示する。

昭和二十六年四月二十七日

運輸大臣　山崎　猛

御坊臨港鉄道株式会社外四社旅客運賃改訂について

標記の件につき運輸審議会に諮問中のところ、次のとおり答申があつた。

第三十五号

昭和二十六年三月二十九日

運輸審議会会長　木村　隆規

運輸大臣　山崎　猛殿

答申書

御坊臨港鉄道株式会社旅客運賃改訂について

昭和二十六年三月十九日付鉄監第三一五号をもつて諮問の御坊臨港鉄道株式会社旅客運賃改訂については、審議の結果次のとおり答申する。

主文

御坊臨港鉄道株式会社の現行旅客運賃一粁当り三円を三円八十銭に改めることは、妥当と認められるから本件は認可することが適当である。

理由

同社は昨年五月、他の鉄、軌道とともに旅客運賃の改訂を認められたが、その後の実績に徴し、年間二百余万円の欠損をまぬがれない見込なので、現行旅客運賃一粁当り三円を三円八十銭に改訂して収支の均衡をはかろうとするもので、本件は認可することを適当と認める。

第三十六号

昭和二十六年三月二十九日

運輸審議会会長　木村　隆規

運輸大臣　山崎　猛殿

答申書

京福電気鉄道株式会社旅客運賃改訂について

昭和二十六年三月十九日付鉄監第三一五号をもつて諮問の京福電気鉄道株式会社（越前線及び京都線）旅客運賃改訂については、審議の結果次のとおり答申する。

主文

京福電気鉄道株式会社越前線（対粁制運賃区間）の現行旅客運賃一粁当り一円四十五銭を一円六十五銭に、京都線（区間制運賃区間）一区運賃六円を区間調整により五円に改めることは、妥当と認められるから本件は認可することが適当である。

理由

一、同社の越前線は、従来対粁制旅客運賃制度を採用し、昨年五月運賃改訂の際、一粁当り一円三十銭のところ一円四十五銭に引上を認められたが、昭和二十三年六月、福井市を中心とする震災被害甚大をきわめ、前後二回にわたり一億円の増資と一億五千万円の借入を行つて鋭意復旧につとめているが、未だ完全に復旧するに至らず、このため多額の保修費を要し、年間三千七百二十余万円の欠損を生じている。

二、同社の京都線は、従来区間制旅客運賃制度を採用し、昨年五月の運賃改訂に際し、一区五円を六円に引上を認められたが、本線中、特に嵐山線は最近京都市営バス、京都観光バス、帝産観光バス、京阪観光バス及び近畿地方一円よりの貸切バスの進出きわめて顕著なるものがあり、そのため京都線は旅客数量において五・五パーセント、収入において六・〇パーセントの減少を来たしている。

三、以上の事由により越前線と京都線とを併せて年間三千九百余万円の欠損をまぬがれないので、越前線の現行旅客運賃一粁当り一円四十五銭を一円六十五銭に、京都線の現行運賃区間を調整し、一区運賃六円を五円に、それぞれ改訂して、企業の健全化をはかろうとするもので、本件は認可することを適当と認める。

第三十七号

昭和二十六年三月二十九日

運輸審議会会長　木村　隆規

運輸大臣　山崎　猛殿

答申書

福井鉄道株式会社旅客運賃改訂について

昭和二十六年三月十九日付鉄監第三一五号をもつて諮問の福井鉄道株式会社旅客運賃改訂については、審議の結果次のとおり答申する。

主文

福井鉄道株式会社対粁制区間の現行旅客運賃一粁当り一円四十五銭を一円六十五銭に、均一制区間（福井市内線）の現行旅客運賃五円均一を六円均一に改めることは、妥当と認められるから本件は認可することが適当である。

理由

同社の最近における旅客輸送状況は、福井、武生間が国鉄線との並行関係にあるうえに、福井県乗合自動車の進出、福井市の罹災復興に伴う沿線疎開者の復帰、学区制改正に伴う通学生の減少、又は通学区間の短縮、沿線農漁村の不況に伴う一般利用者の減少、定期乗車券発売制限緩和に伴う普通旅客より定期旅客への移行、軽車両の利用激増による近距離旅客の減少等幾多の理由によつて、数量において一・三パーセント、収入において一〇・二パーセントの減少を来たし、そのため年間約一千七百三十万円の欠損をまぬがれないので、対粁制区間の現行旅客運賃一粁当り一円四十五銭を一円六十五銭に、均一制区間の現行旅客運賃五円均一を六円均一に改訂し、もつて収支の均衡化をはかろうとするもので、本件は認可することを適当と認める。

第三十八号

昭和二十六年三月二十九日

運輸審議会会長　木村　隆規

運輸大臣　山崎　猛殿

答申書

琴平参宮電鉄株式会社旅客運賃改訂について

昭和二十六年三月十九日付鉄監第三一五号をもつて諮問の琴平参宮電鉄株式会社旅客運賃改訂については、審議の結果次のとおり答申する。

主文

琴平参宮電鉄株式会社の現行区間制旅客運賃一区七円を八円に改めることは、妥当と認められるから本件は認可することが適当である。

理由

同社は従来区間制旅客運賃制度を採用し、昨年五月他の鉄、軌道とともに旅客運賃の改訂を認められたが、国鉄線との並行関係にあるため、その後の実績に徴し、年間四百五十余万円の欠損をまぬがれない見込なので、現行区間制旅客運賃一区七円を八円に改訂して企業の健全化をはかろうとするもので本件は認可することを適当と認める。

右改訂後もなお年間百四十余万円の欠損を残すこととなる見込であるが、国鉄線運賃との関係上、この程度の引上は適当と思われる。

第三十九号

昭和二十六年三月二十九日

運輸審議会会長　木村　隆規

運輸大臣　山崎　猛殿

答申書

加悦鉄道株式会社旅客運賃改訂について

昭和二十六年三月十九日付鉄監第三一五号をもつて諮問の加悦鉄道株式会社旅客運賃改訂については、審議の結果次のとおり答申する。

主文

加悦鉄道株式会社の現行旅客運賃一粁当り二円五十銭を三円に改めることは、妥当と認められるから本件は認可することが適当である。

理由

同社は昨年五月、他の鉄、軌道とともに旅客運賃の改訂を認められたが、その後の実績に徴し、年間百六十余万円の欠損をまぬがれない見込なので、現行旅客運賃一粁当り二円五十銭を三円に改訂して企業の健全化をはかろうとするもので、本件は認可することを適当と認める。

右改訂後もなお年間八十余万円の欠損を残すこととなる見込であるが、これは対向バス運賃との関係上、この程度の値上は適当と思われる。

昭和年間法令全書（第25巻-35）
第XVIII期　第18回配本

二〇一五年一月九日　発行

出典　印刷庁
発行人　成瀬雅人
印刷所　㈱平河工業社
製本所　誠製本㈱
発行所　株式会社原書房
東京都新宿区新宿一―二五―一三
振替口座〇〇一五〇―六―一五一五九四番
電話〇三（三三五四）〇六八五番（代表）

ISBN978-4-562-05035-2